JN123944

再改訂版

基礎から学ぶ

音楽療法

編著／古賀 幹敏

著／石内貴代美　江口奈々子　遠江 亮子

中垣 美子　枡田 素子　宮本　幸

海鳥社

序文

古賀幹敏

　大学入学前から、「音楽」とは何なのだろうとの疑問を抱いていた。その答えを見いだせるのではと直感的に飛び込んだ「音楽療法」の世界で半世紀が過ぎてしまった。過ぎた流れの長さと学び得たものの少なさに驚いている。

　それでも、この半世紀の学びの継続が出来たのは松井紀和先生の元での、多くの示唆に富む実践を体感したこと、また豊かな知識に基づいたスーパービジョンの賜物であったと感謝している。学びの少ない不出来な弟子であったと恥じ入るばかりなのだが。

　縁あって長崎の活水女子大学での教員生活を終えた時に、海鳥社の杉本雅子氏より再改訂の話を頂いた。初版より10年近い時の経過があり、音楽療法を取り巻く社会環境も大きく変化してきた。幸い優秀な音楽療法士の仲間に再改訂版の寄稿を快諾していただいた。

　共著者である宮本幸氏は、精華女子短期大学で教鞭を執る才媛で、音楽療法士のみならず作業療法士でもあり、今後の活躍に大きな期待をしている。江口奈々子氏は、薬剤師の背景を持ちながら音楽療法士として精力的に活動をされている。中垣美子氏は筆者の主宰する勉強会に長く在籍され講義中の質問にはハッとすることが多い。ライフワークの合唱指導から事例を著していただいた。石内貴代美氏は、石内音楽療法研究所を設立され地方自治体との協同活動を始めとして、音楽の持つ地域協同体形成に尽力されている。

再改訂にあたり、活水女子大学の教え子である遠江亮子氏にも症例の加筆・修正をお願いした。枡田素子氏は、長崎リハビリテーション学院で非常勤講師として音楽療法講座を担当される音楽療法士であると同時に、公認心理師でもある。今回は心理学・心理テストについて執筆をお願いした。

　今回、団塊の世代が後期高齢者の年代となり「高齢者領域の実践楽曲200」の内容に大幅な変更を行った。選曲の準備段階では、石内音楽療法研究所の皆さんに大変お世話になりました。紙面を借りてお礼申し上げます。

　誰にも"音-楽"する権利がある。障害のためにその権利を行使できないのであれば、障害を越えて一緒に"音-楽"したいと願ってきた。その時にこそ音楽療法の姿が現れてくると信じて、これからも"音-楽"の時間を多くの方と持ちたいと祈念している。

[再改訂版]
基礎から学ぶ
音楽療法

目　次

序文 ……………………………………………… 古賀幹敏 1

I 音楽療法の歴史

音・音楽 ………………………………………………… 10
　音楽の定義 10 ／音の性質 11
　聴覚 12 ／音の種類 13

音楽の歴史 ……………………………………………… 14
　西洋音楽史 14 ／日本音楽史 19

欧米での音楽療法の歴史 ………………………… 宮本 幸 23
　呪術・古代 23 ／中世・ルネッサンス時代 24
　近代 25 ／現代 26

日本での音楽療法の歴史 ………………………… 宮本 幸 27
　明治以前 27 ／明治 28 ／大正 29
　昭和 30 ／平成 32 ／令和 32

音楽療法のスタイル …………………………………… 33
　「音楽聴取」とは 33
　音楽聴取を主としたもの（受動的音楽療法）34
　音楽活動を主としたもの（能動的音楽療法）36
　実践プロセス 41

音楽療法活動の実際 ………………………………… 44
　アセスメント（査定）44 ／目標設定 46 ／プログラミング 46
　実践 46 ／記録・評価 50

II 小児領域の音楽療法

小児の基礎知識 ……………………………………… 54
　発達について 54 ／人の身体的発達 55 ／人の心理的発達 60
　コミュニケーションの発達 61 ／認知機能の発達 62

乳幼児期の音楽 ……………………………………… 64

発達障害 ·· 67
　発達障害とは 67 ／障がい児の歴史 68

障害の分類 ··· 70
　脳性麻痺 70 ／知的障害 71 ／ダウン症（ダウン症候群） 72
　LD（学習障害） 74 ／自閉症 74 ／ADHD（注意欠陥・多動性障害） 76

【症例報告】
療法的視点における重症心身障害児・者のための音楽活動
　·································· 宮本 幸 77
　はじめに 77 ／療育報告（対象と方法） 77
　結果 81 ／考察 85 ／結語 88

Ⅲ 成人領域の音楽療法

精神医学の歴史 ·· 90
　欧米の歴史 90 ／日本の歴史 91

心理学 ···································· 枡田素子 93
　心理学とは 93 ／心理学の歴史 93 ／基礎心理学 97
　応用心理学 100 ／社会全体の動きとしての健康と障害 104

精神分析 ── 分析の自我防衛について ················ 105
　精神分析のはじまり 105 ／防衛機制 107 ／自我機能 109

精神障害の音楽療法 ··································· 110
　統合失調症 111 ／気分（感情）障害 113
　神経症 115 ／パーソナリティ障害 116

精神科における音楽療法の実際 ························ 117
　音楽の治療的特性 117 ／能動的音楽療法 118
　受動的音楽療法 121 ／創造的音楽療法 121

心理テスト ·· 123

IV 高齢者領域の音楽療法

高齢者の基礎知識 ‥‥‥‥‥‥‥‥‥‥‥‥‥‥‥‥‥‥‥‥128
高齢期における心身の機能 128 ／心理、社会的側面 130
高齢者疾患の特徴 131

高齢者が起こしやすい疾患と障害 ‥‥‥‥‥‥‥‥‥‥‥132
脳血管障害 132 ／パーキンソン病 134
うつ病 135

認知症 ‥‥‥‥‥‥‥‥‥‥‥‥‥‥‥‥‥‥‥‥‥‥‥‥135
認知症とは 135 ／認知症の症状 136
認知機能検査 138

高齢者領域の音楽療法の実際 ‥‥‥‥‥‥‥‥‥‥‥‥‥139
思い出と音楽 139 ／記憶 140 ／回想法 141

【事例報告】
予防医学の視点にたった高齢者の（30年間）コーラス活動
‥‥‥‥‥‥‥‥‥‥‥‥‥‥‥‥‥‥‥‥中垣 美子 143
はじめに 143 ／目的 143 ／方法 144 ／結果 148
考察とまとめ 152 ／社会還元充実活動時・後期の取り組み 154

【活動報告】
「一般社団法人」の立ち上げと活動内容について ‥‥‥石内貴代美 158
はじめに 158 ／一般社団法人を作った経緯 158
一般社団法人で仕事をするということ 159
石内音楽療法研究所の事業 161 ／まとめと課題 164

【事例報告】
A町介護予防事業と自主サークルの連携 ‥‥‥‥‥石内貴代美 166
はじめに 166 ／結果 166

高齢者に多く使用される薬剤 ‥‥‥‥‥‥‥‥‥‥江口奈々子 169
アルツハイマー型認知症 169 ／脳血管性認知症 170
レビー小体型認知症 171 ／パーキンソン病 172

　　　薬剤性パーキンソニズム 174 ／睡眠障害 174
　　　夜間せん妄 175

　【症例報告】
　胃瘻から経口摂取に意欲を取り戻した個別歌唱　‥遠江亮子　176
　　　はじめに 176 ／対象者および目標 177
　　　方法 178 ／経過および結果 180 ／考察 183

V　高齢者領域の実践楽曲200

　伴奏 ‥‥‥‥‥‥‥‥‥‥‥‥‥‥‥‥‥‥‥‥‥‥宮本　幸 186
　　　伴奏の重要性 186 ／伴奏の歴史 186
　　　前奏 188 ／間奏 189 ／後奏 190
　　　伴奏例「故郷（ふるさと）」における伴奏の展開 192

　実践楽曲200 ‥‥‥‥‥‥‥‥‥‥‥‥‥‥‥‥‥‥‥‥‥196
　　　高齢者領域の実践楽曲の背景 196 ／高齢者用参考曲目 201
　　　高齢者参考曲一覧 210

　　　音楽療法関連人物表 222 ／参考文献 228 ／索引 236

I

音楽療法の歴史

音・音楽

音楽の定義

音楽とは、一体どのように定義することが可能であろうか。ある詩人は、「心の思いを言葉にした時に、その言葉の間からすり抜けてしまったものが音楽になった」と言葉にしている。また、ワーグナーも同様のことを述べている。音楽とは、言葉による表現が尽きた時から始まるのかもしれない。辞書・辞典の多くを要約すると、人間の思いや考え、感情を音で表現した芸術である、といったものになろうか。

その音楽の起源は何か、との問いにも、多くの学説が今日まで立てられてきた。主なものに、舞踏との密接な関連で発生したとするリズム起源説、異性を呼び求める性的本能とするダーウィン学説がある。これら以外にも、ルソーの言語説、カルル・シュトゥンプの信号合図説、カール・ビュッヒャーの労働起源説などがある。

例えば労働起源説による楽曲は多く存在する。わが国の田植え歌や大漁歌などは、確かに労働起源説を首肯させる。しかし、すべての楽曲について労働起源説をあてはめることは不可能であろう。

ただ1つの学説で音楽の起源は解明されるとは思えない。個々の起源説のどれが正しいのかではなく、音楽の持つ多面性がこのように多くの学説を生み出してきたといえよう。

しかし、音楽を使用して療法活動を行なう以上、何らかの定義が必要になってくる。いろいろな定義はあろうが、筆者には民族音楽学者ブラッキングのいう「音楽とは、人によって組織づけられた音響である」が、最も適していると思われる。

この音・音楽（音響）の受容器官である耳と、音楽（音響）の基礎をなす音について、次に述べてみたい。

音の性質

　音の速さは、気温により変化する。気温が１度上がると秒速で60cm速くなる。通常言われる秒速340mは、摂氏15度を基本にしている。つまり摂氏０度では、秒速は331mになる。

　また、どこを（気体、液体、固体）伝達していくかによっても、音の速さは異なる。以下にまとめておく。

　　空気中：秒速 340m

　　水　中：秒速1500m

　　鋼　鉄：秒速4900m

　音によって起こる現象には、反射、共鳴、うなり、回折、屈折、ドップラー効果などがある。

　反射は、音波が壁などにいったん当たって跳ね返る現象であり、音楽ホール設計時には重要な要素になる。

　回折とは、音が障害物の後ろに回り込み、隙間を通り抜けて聞こえてくることである。障害物があると見えなくなってしまう視覚情報と異なり、聴覚情報（音）は、障害物があっても耳に到達する性質を持っている。

　ドップラー効果は、1842年にオーストリアの物理学者であったドップラーが発表した、移動する音源が高く、あるいは低く聞こえる現象である。近づいてくるサイレンの音が高く聞こえ、やがて低くなっていくなど、我々も日常生活の中で体験している。

　目をつぶれば見たくないものを見えなくしてしまえるのに対して、音は両手で耳を塞がない限り否が応でも耳に侵入してくる。つまり、音・音楽を素材として治療に用いる時には、音の持つ侵襲性をいつも考えておくことが必要となろう。

　臨床現場でよく聞く報告に、音楽療法場面には実際に参加していない対象者が、ベッドの上で一緒に曲に合わせて歌っていたとか、テンポに合わせて指や手を動かしていたといったものがある。療法士としては嬉しい報告であるが、別の観点から考えると、「聴きたくもない音楽」が参加していない対象者の耳に有無を言わさず届いている可能性があることを、音楽活動時には常に忘れてはならないだろう。

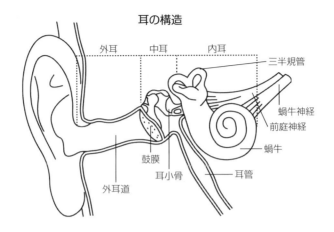

耳の構造

外耳　中耳　内耳

三半規管

蝸牛神経

前庭神経

蝸牛

鼓膜

耳管

耳小骨

外耳道

聴覚

　我々が音を感じるまでに、音の伝達はおおよそ次のようになっている。

〈空気振動～鼓膜～耳小骨～蝸牛～中枢〉

　音を聴取する器官である耳は、外耳、中耳、内耳に分かれている。

　外耳は耳介と外耳道からなっている。耳介は音源定位（音から物の位置を同定すること）に関与し、外耳道は2～3cmの長さである。

　中耳は鼓膜、耳小骨、耳管からなっている。耳小骨は鼓膜側から、槌骨～砧骨～鐙骨で構成されていて、鼓膜の振動を順次拡大して内耳に伝える役割を担っている。この耳小骨までが物理的振動の領域である。

　胎児期の20週までに完成している内耳は、蝸牛、三半規管からなっている。蝸牛内部にはコルチ器官、基底膜、リンパ液がある。コルチ器官には、伝えられた音の周波数を分析する有毛細胞があり、基底膜の振動をこの有毛細胞で神経インパルス（活動電位）に変換して大脳中枢へ信号として送り出す。基底膜は入り口で高周波（高い音）に、先端では低周波（低い音）に対応して振動する。

　また内耳には、音の聞こえには関与しないが、自分自身の体の傾きや動いている速さ、体のほかの部位に対する頭の位置を知らせる三半規管がある。

　人間が聞き取ることのできる音の周波数は、20～20000Hz（ヘルツ）の範囲とされている。楽器で一番音域の広いパイプオルガンは、最低音が16.35Hzから最高音の8372.02Hzまでの周波数を持っている。このためオルガンの最低音は耳から聞くことはできないが、振動を通し皮膚刺激として感じることができる。

音の波形

波形Ａ

波形Ｃ

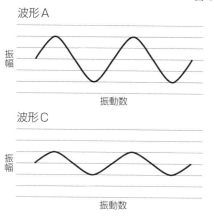

波形Ｂ

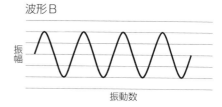

- 波形ＡとＢは振幅が同じで振動数（周波数）はＢが多い。つまり、ＢはＡより高い音であり音量は同じである。
- 波形Ａと波形Ｃは振動数（周波数）が同じで振幅はＡが大きい。つまり、ＡはＣより強い音で高さは同じである。

聴力は個人差や民族差はあるものの、一般には10〜20歳代がピークで、30〜40歳代からすでに聞こえは悪くなっていき、60歳代からは急速に衰えていく。このため、高齢者には、低めの声でしっかり話しかけることが必要であるとよく言われる。もちろん、話しかけている自分自身が相手からしっかり見えるようにしておくことも大切である。

加齢による難聴以外に、難聴には次のものがある。

　伝音性難聴：外耳〜中耳の障害を基礎にした難聴。耳垢、鼓膜破裂、中耳炎
　　　　　　　などが原因になる。中耳炎などが原因でダウン症児に難聴（50
　　　　　　　〜70％）が多いことはよく知られている。

　感音性難聴：内耳の障害による難聴。

　混合性難聴：伝音性難聴と感音性難聴が同時に混在している。

　　　　　　　このほかに心因性の難聴がある。

音の種類

音は純音、楽音、雑音にそれぞれ分けられる。

　純音：単一の振動数を持つ音（音叉の音）

　楽音：次の３つのものを含んだ音を指す。

　　　　①周波数＝１秒での振動数（音の高さを決定）サイクル、Hzで表記
　　　　　する。

②振幅（音の強弱を決定）

③倍音成分（音色に関与）

雑音：純音、楽音以外のものを指す。

音楽の歴史

　音楽の歴史は人類の誕生とともに始まったと言っても過言ではないだろう。旧石器時代の洞窟に描かれた踊りや楽器を鳴らす姿が、現代まで当時のままの姿をとどめている。しかし、音楽の場合「音」が立ち昇った次の瞬間には消えてしまう特徴のため、原始・古代における音楽がどのようなものであったかは、推測の域を出ない。

　今日のわが国で行なわれている音楽療法で使用される音楽の多くは、西洋音楽を基礎にしていると言ってもよいであろう。このために西洋における音楽の歴史を概観しておくことは重要なことである。

西洋音楽史

　西洋音楽の源流の１つにギリシャ音楽がある。このギリシャ音楽について、遺跡に残った絵画などから、キタラやリラなどの竪琴、アウロスと呼ばれる笛などの楽器の存在をうかがい知ることができる。

　ギリシャでは、プラトンやアリストテレスらが音楽が人の心に与える影響について著述し、音楽の素養があることが市民として望ましいとされていた。また、数学者として有名なピタゴラスは、弦の長さが音程に与える影響を調べ、その比率についての発見を行なった。西洋ではないが、古代中国においても、人として学ばなければならないものの１つとして音楽があげられている。

　ローマ帝国の成立後、帝国内で迫害を受けていたキリスト教が国教となり、政治の世界に大きな影響を与え始める。そして中世になってグレゴリウス１世により集大成されたのが、グレゴリオ聖歌である。

　グレゴリオ聖歌は、教会旋法（現在の長・短調とは異なる音階）でできており、無伴奏で歌われる神への祈りとして人々の間に大きな信仰心をもたらしたと

言われている。現代の五線譜とは異なるネウマで聖歌は記譜されていた。

　一方、宗教的な立場から離れ、楽しみや娯楽としての音楽もまた、人々の間に存在していた。12世紀以降には、単旋律であったグレゴリオ聖歌とは異なる多声音楽（ポリフォニー）が生まれる。

　やがてルネサンスの時代を経て、バロック時代（16世紀末〜18世紀半ば）を迎える。「いびつな真珠」の意味を持つバロックを代表する音楽家は、バッハとヘンデルであろう。

　バッハは、その作品がジャズの演奏テーマにされたり、「ラヴァーズ・コンチェルト」（4拍子）として知られるポピュラー作品の原曲である「メヌエット」（3拍子）や、オルガン曲として有名な「トッカータとフーガ ニ短調」などの作品を残している。ヘンデルは、ハレルヤコーラスで知られる「メサイア」や「水上の音楽」を残している。

　このバロック時代に特筆すべきことは、現在のミュージカルの起源ともなるオペラが、初めて上演されたことである。

　オペラはギリシャ悲劇をもとに1600年ごろにイタリアのフィレンツェで起こった。最初のオペラは1597年ごろに開演されたとされるが、資料が散逸しているため明確なことは分かっていない。やがてヨーロッパ各地にオペラは拡がっていった。ブルボン朝下、ヴェルサイユ宮殿でリュリがフランス・オペラを創作・発展させた。18世紀後半には、ウィーンでモーツァルトがオペラの傑作と言われる「魔笛」を作曲する。

　このオペラからオペラコミック、オペレッタなどが派生した。その後、ワーグナーは「楽劇」と名づけた総合芸術を始めたが、これも広い意味でオペラと言えよう。映画「地獄の黙示録」（1979年制作）でワーグナー作曲の「ニーベルングの指輪」の「ワルキューレ」の一部が使用されていたので、ご存じの方も多いかとは思われる。

　また、商業性の高いミュージカルも第一次世界大戦後にアメリカのブロードウェイで大きく発展した。現在、ミュージカルはアメリカだけでなく、イギリスのロンドンでも「ロンドンミュージカル」として隆盛を見ている。わが国においても近年、ミュージカル公演が1年を通して行なわれ、「キャッツ」、「レ・ミゼラブル」、「オペラ座の怪人」などは繰り返し上演され、多くの観客を集めている。

日本の能楽や歌舞伎も、オペラと言って差し支えないであろう。

　なお、本書は音楽療法の臨床で関係する範囲にとどめているので、西洋音楽史全般に興味のある方は、成書を参考にしていただきたい。

　わが国でポピュラー音楽に対してクラッシック音楽と言われる場合は、バッハ以降の西洋音楽を指すことが多い。次にバッハ以降の西洋音楽の流れを概観したい。

［古典派］

　ハイドン、モーツァルト、ベートーヴェンに代表される時代である。ソナタ形式と呼ばれる器楽曲の作曲様式が確立された時代でもあった。また、チェンバロ、ハープシーコードから現代のピアノまで、鍵盤楽器が作り出された時代でもあった。

　ハイドン：「パパ・ハイドン」とも呼ばれ楽団員にも慕われた音楽家であった。108もの交響曲（シンフォニー）を作曲し、交響曲の確立と発展に大きな貢献をした人物として知られている。交響曲第9番「驚愕（びっくりシンフォニー）」やおもちゃのシンフォニーなどが有名である。

　モーツァルト：「天才」と呼ばれる作曲家で、非常に多くの作品を残している。「フィガロの結婚」や「ドン・ジョヴァンニ」をはじめとした数多くのオペラを書き、ピアノソナタの3楽章は「トルコマーチ」として知られている。交響曲も数多く作曲しているが、その中の40番はポピュラー曲にアレンジされ「愛よ永遠に」として演奏の機会も多く、それと知らずに耳にしている方も多いのではと思われる。モーツァルトのライバルとされたサリエリとの確執を描いた映画「アマデウス」が公開され話題にもなった。

　ベートーヴェン：「楽聖」として知られる作曲家であり、わが国で年末に全国各地で演奏される交響曲第9番「合唱付」を残している。また、この時代に生まれ発展したピアノの完成に大きく関わっており、現代の車の開発に関与するテストドライバーに似た一面を持っていたとも言われる。音楽家としては致命的とも言える難聴に悩まされ「ハ

イリゲンシュタットの遺書」を書いたが、苦難を乗り越え、以降に
も数多くの優れた作品を残した。全曲を聞いたことがなくても「ダ
ダダ、ダーン」の出だしが真似される交響曲第5番「運命」をはじ
め、「エリーゼのために」や「月光」「悲愴」などのピアノ曲を残し
ている。

[ロマン派・国民楽派]

　古典派以降、ロマン派・国民楽派が生まれた。本来ならば分けて記述すべきで
あるが、関係の深い部分もあるので、まとめて記述する。言葉からも理解できよ
うが、フランス語の詩や物語を指す「ロマンス」が語源である。

　　シューベルト：「歌曲の王」として有名であり、「魔王」「野ばら」などは1度
　　　　　　　　　は耳にしたことがあるであろう。「美しき水車小屋の娘」「冬の旅」
　　　　　　　　　「白鳥の歌」などの歌曲集とともに、交響曲第8番「未完成」も有
　　　　　　　　　名である。

　　ショパン：わが国では、ロマン派の音楽家としては最も有名な作曲家であろう。
　　　　　　　　「子犬のワルツ」をはじめ数多くのピアノ曲を作り「ピアノの詩人」
　　　　　　　　として知られている。ピアノ曲「ノクターン（夜想曲）」の1つは、
　　　　　　　　カーメン・キャバレロ（ポピュラーピアニスト）によってアレンジ
　　　　　　　　され「トゥー・ラブ・アゲイン」として映画「愛情物語」の挿入曲
　　　　　　　　になっている。最近では、平原綾香によってショパンのピアノ曲に
　　　　　　　　歌詞が付けられ発表されてもいる。同時代に活躍したメンデルスゾ
　　　　　　　　ーンのピアノ曲「春の歌」も同じように歌詞が付けられ、「水虫の
　　　　　　　　唄」として数十年前にフォークソンググループにより発表された。

　この時代にパリやウィーンなどの音楽の中心地から離れた国々では、各国を代
表する作曲家が現れた。その代表的な作曲家は、チェコのドヴォルザークや同国
のスメタナなどであろう。その中でもロシアのチャイコフスキーは、交響曲をは
じめとして多くの作品を残しており、「白鳥の湖」や「くるみ割り人形」などの
バレエ音楽の作曲家として有名である。

［近代・現代］

ドビュッシー：バレー史上に輝かしい名を刻むニジンスキーのバレー音楽「牧神の午後への前奏曲」をはじめとして、いろいろなジャンルの音楽作品を残している。その中でもピアノ曲の「アラベスク」はよく知られており、劇中の挿入曲として、またコマーシャルのBGMなどに使用される機会が多い。ピアノ曲「亜麻色の髪の乙女」もドビュッシーの代表作の1つであるが、グループサウンズ全盛期（昭和40年代）に同名の題名を持つ全く内容の異なる流行歌がヒットし、近年もその歌が女性歌手によって歌われリバイバルヒットしたことも記憶しておきたい。

ラヴェル：スペイン国立舞踊団の依頼により作曲されたダンス音楽「ボレロ」により知られる作曲家である。長い間、わが国で人気のテレビ番組であった「水戸黄門」の主題歌が、このボレロのリズムを基礎にして作曲されているのをご存じの方も多いであろう。また、第一次世界大戦で右腕を失ったピアニスト（哲学者ヴィトゲンシュタインの弟）のために書かれた「左手のためのピアノ協奏曲」や、「水の戯れ」「ドリー組曲」などのピアノ曲も有名である。

　ラヴェルが作曲したボレロはスペインの民俗舞踏を起源とするダンス音楽である。ダンス音楽では、前述したニジンスキーを擁したディアギレフ率いるロシアバレエ団に「春の祭典」を提供したストラヴィンスキーも記憶しておきたい作曲家の1人である。

　ダンス音楽の1つにタンゴがある。タンゴは19世紀末、アルゼンチンのブエノスアイレスで生まれた。4分の2拍子で、4つの8分音符を強く打ち出す特徴を持っている。やがてタンゴはヨーロッパに渡り発展し、コンチネンタルタンゴとして確立された。アルゼンチンタンゴ、コンチネンタルタンゴともに、わが国でも多くのファンを得ている。

［ジャズ］

　音楽の歴史の最後に、すでにわが国に定着したジャズについて記述したい。

　ジャズは20世紀前半にアフリカ系音楽とヨーロッパ系音楽が融合してアメリカ

・ニューオリンズで生まれ発展した、最大のポピュラー音楽と言えよう。

　その要因の 1 つとして、アメリカの南北戦争（1861～65年）終結後に軍隊で使用した大量の楽器が出回ったことがあげられる。また、学校教育を受けることができなかった黒人が自分たちのために自由に音楽で遊んだこと（演奏）もあげられよう。

　その後、黒人による社会進出の一手段として、演芸や音楽などが利用された。これはわが国においても盲人の方たちが、琵琶、箏、三味線などを生きる術として活用していたことと重なる。やがて1930年代にはジャズの典型とも言えるスウィングジャズ、ビッグ・バンドなどが姿を現し、その後も、クールジャズ、モダン、フュージョン、ソウル、フリージャズ（ハーモニー、リズムにこだわらずアドリブを展開していく）へと形を変えながら発展している。

　わが国でも、戦前からジャズメンはいたが、第二次世界大戦直前から終戦までジャズは敵性音楽とされ、演奏する機会を奪われていた。

　このジャズとクラッシック音楽とが融合された曲として、ガーシュウィンの作曲した「ラプソディ・イン・ブルー」がある。この曲は今も演奏曲目として人気を保っている。

日本音楽史

［明治以前］

　音楽の始まりについては、西洋と同じように日本でもはっきりとしたことは分かっていない。ただ文字がない古代においても、我々の祖先は折々に歌い、踊り、楽器を奏でていたのは間違いない。太鼓を叩いたり、膝にのせた楽器（琴とされる）を演奏していたりする古墳時代（3 世紀後半から 7 世紀）の埴輪が出土している。楽器といっても、古代では両手で拍子をとったり、地面を足で打ち鳴らしたりすることが多かったであろうし、石や動物の骨、貝殻など手近にあるものを利用していたと思われる。

　飛鳥・奈良時代には、仏教の伝来とともに声明（仏教音楽）がわが国に紹介され、やがて日本の音楽に大きな影響を与えていった。また、この時代に中国から音楽が輸入され、一部は「雅楽」として宮廷に定着、室町時代に盛んになった狂言のもととなった「猿楽」も、奈良時代に日本に伝来している。

平安時代になると、ペルシャ（現・イラン）を起源とする琵琶がもたらされた。琵琶は盲目の僧たちにより演奏され、薩摩琵琶と筑前琵琶として現代に続いている。

16世紀の半ばには胡弓や三味線が伝えられた。続いて現在の福岡県久留米で賢順という僧が筑紫箏の流派を生み出し、やがて京の八橋検校が筑紫箏を発展させ、数多くの箏曲を世に送り出した。箏には、山田流、生田流があり、それぞれの流派で得意とする楽曲がある。指につける爪も流派により異なる。

江戸時代になると、テレビの時代劇などでも見かけるが、民衆の間では三味線などが流行した。「風が吹けば桶屋が儲かる」という諺も生まれた。風が吹いて砂が飛び、それが目に入って目の悪い人が増えると、彼らが商売に使う三味線が必要になる。そうすると、三味線に使う猫皮が必要になるため猫が殺され、その結果、増えた鼠が桶をかじるので、桶屋が儲かると、本当とも嘘とも知れない話があったためと言われている。

琵琶、箏、三味線などの演奏家は盲目であることが多かった。室町、江戸、明治時代にかけては演奏家の組織があり、その最高位を「検校」と呼んでいた。

幕末の戊辰戦争では官軍の楽隊が品川弥二郎が作詞した、わが国初の行進曲「宮さん宮さん」を打ち鳴らしながら行軍している。演奏された「宮さん宮さん」のメロディーの一部が、プッチーニ作曲のオペラ「蝶々夫人」に取り入れられているのも興味深いものである。

［明治・大正時代］
明治に入ってわが国では、国の政策として盛んに洋楽（西洋音楽）が取り入れられた。その一環として、アメリカ留学をした伊沢修二が音楽取調御用掛に任じられ（1879年）、学校制度の中で音楽教育が始められた。

やがて『小学唱歌集』が出版された。このころの楽曲は、輸入された外国曲に日本語の歌詞を後からつけたものがほとんどであった。

ルソーが作曲したとされる「むすんでひらいて」や、スコットランド民謡の「蛍の光」などが思い浮かぶであろうし、オードウェイの曲に犬童球渓が歌詞をつけた「旅愁」などもその１曲である。「むすんでひらいて」は最初は「見渡せば」（「見渡せば 青やなぎ」の歌詞）の曲名で紹介され、後に軍歌として歌詞を

つけられるという変遷をたどった曲でもある。このように現在で言えば、いわゆる「メロ先」（メロディーが先にあり、後から歌詞をつける）の楽曲が数多くあったわけである。

　また、日本に伝えられた後に、原曲のリズムから日本人にあったリズムへの変更を行なった「故郷の空」（スコットランド民謡）などもある。ヨーロッパの童謡とされる「ちょうちょう」は、日本生まれの曲として思っている方も多いのではないだろうか。

　「蛍の光」はド、レ、ミ、ソ、ラ、ドの5音で音階が成立する。5音で音階が成立するものを「ペンタトニック」、あるいは4音（ファ）と7音（シ）がないので「ヨナヌキ音階」とも言われる。

　日本人の原リズムは2拍子で、かつ付点8分音符と16分音符がひとまとまりとなったパターンが2回で構成されている。「大黒様」、「うさぎとかめ」、「花咲か爺」などは、このリズムパターンで全曲ができていると言ってもよいだろう。また、作曲された時点では8分音符のリズムであったものが、歌い継がれて広がっていくに従って付点8分音符と16分音符のリズムパターンになっていった「あの町この町」の例なども、日本人の持つ原リズムについての示唆を与えていると思われる。

　このようなことから、2拍子系の日本にはワルツはむずかしいとされていた。そのようななか、明治35（1902）年に日本初のワルツとして「美しき天然」（「天然の美」とも言われる）が田中穂積により作曲されたのは、特記されてよいであろう。作曲は佐世保海兵軍楽隊の楽長・田中穂積で、音楽の嘱託教師を務めていた女学生のためにこの曲を作曲したと言われている。作詞は、滝廉太郎作曲の「花」の作詞者として有名な武島羽衣であった。

　3拍子の曲として、アメリカ本国では3拍目から歌い出される（弱起の曲）「いとしのクレメンタイン」が、わが国で歌詞をつけられ「雪山讃歌」として歌われ始めると、曲の歌い出しは1拍目（強拍）に変更された。

　このように、わが国の音楽の歴史には、自分たちにとって演奏しやすい形に上手く変更しながら外国曲を取り入れてきた時期があったと言えよう。

　明治やそれ以降に紹介された外国曲の1000曲近くが、第二次世界大戦に入って敵国の音楽（敵性音楽）であるという理由で演奏禁止になっていたなかで、

「埴生の宿」と「庭の千草」のみが演奏を許可されていたのは特筆に値する。「埴生の宿」は「ビルマの竪琴」が映画化される際に主題歌として用いられていたので、ご存じの方も多いであろう。

大正に入ると、子供のための歌を作るべきだとする作詞家や作曲家が童謡運動を始めた。現在でも、そのころ作られた曲が歌われている。鈴木三重吉（作詞）や成田為三（作曲）、北原白秋（作詞）などが、その代表である。

大正時代には特筆すべきことがある。それは「大正琴」という日本生まれの楽器が生み出されたことである。それ以前は中国やチベット、沖縄などから輸入された楽器がすべてであったが、森田伍朗によって初めて日本生まれの楽器が製作されたのであった。

[現代（昭和～現在）]

昭和に時代が変わり軍靴の音が近づくにつれて、軍部からの統制が強くなり、軍国調の曲の作曲、使用が強制されるようになった。このためであろうか、ある年代の方たちが「軍歌以外に音楽は知りませんから」とおっしゃるのを耳にすることがある。このようなことは、なにもわが国に限ったことでなく、ヒトラーが政権をにぎっていたドイツでも、敵国の音楽であったジャズなどの演奏が禁止されていた。ドイツでは、ユダヤ人であるという理由だけで演奏家としての地位を奪われた音楽家は多い。

もちろん軍歌以外に流行歌も歌われていた。特に娯楽のない第二次世界大戦直後の時期には、日本各地にダンスホールが数多く作られ、一大ダンスブームが起きた。この時期には、タンゴが各ホールで絶え間なく演奏されていた。このため、地域差はあるにせよ、現在の高齢者の多くにとって、タンゴは青春期から成人前期にかけての思い出の曲になっていると思われる。

同じ時期に流行したものに、いまひとつロシア民謡がある。戦後のうたごえ運動（平和運動）と歌声喫茶の隆盛により、当時の若者たちの間で大流行した。昨今、このうたごえ運動を体験した方が歌声喫茶に回帰して、当時の歌を歌い昔を懐かしんでいる様子がテレビの報道番組でも散見されるようになった。高齢者領域の音楽療法実践の際には、数曲のロシア民謡を常に準備する必要があろう。

このような第二次世界大戦後に起こってきた音楽のいく筋かの流れと、戦前か

ら続いていた流行歌の流れとが融合され、東京オリンピック以降、ムード歌謡な
る新しいジャンルが生まれ、「テケテケテケ」の言葉に代表されるエレキギター
の登場へと、音楽シーンは変化していった。

　グループサウンズの時代が続き、ベトナム戦争への批判や大学紛争のさなかに
フォークソングが隆盛を極め、その後、現在に繋がる新しいスタイルの音楽が生
みだされてきた。

　またジャズに関しては、戦前・戦後を通じて少数ではあるが、熱狂的な愛好者
の存在を記憶しておきたい。

　本書のⅤ章では、現在高齢の方たちにとって懐かしく思われるであろう曲を、
筆者の体験の中から200ほど選曲をして提示している。これらの曲は明治・大正
と歌い継がれてきており、多くの高齢者にとっては馴染みのものであろう。昭和
の時代の曲に関しては昭和30年代〜50年代前半までを中心に選択している。実践
の際に何らかの役に立てていただければ、著者としては望外の喜びである。

欧米での音楽療法の歴史

呪術・古代

　諸外国の音楽療法の歴史の歩みを、まず見ておきたい。

　心身の病気を治すために音楽が用いられた例は大変古く、神話や伝説としても
残されている。例えばギリシャ神話では、竪琴の名手で吟遊詩人オルフェウスが
音楽の力を用いて病を治癒させたとされる。また、「旧約聖書」サムエル記16章
14〜23節の中には、イスラエル王サウルの心の病を、羊飼いの若者ダビデが竪琴
を弾いて治したという逸話もある。

　アメリカの民族音楽学者アラン・ポール・メリアムは、原始時代の音楽家は、
社会の中で祈禱師のような宗教家的役割を果たしていたと指摘している。彼らは、
民衆より嫉み嫌われ軽蔑されながらも、部族にはなくてはならない重要な存在で
あったという。つまり、原始時代の音楽家は古代における音楽療法士であったと
言えるかもしれない。

　古代エジプト（紀元前5000年ごろ）においては、魔術・宗教・医療の３領域

が分化し、それぞれ独自の役割を果たしていた。それでも、僧侶や医師らは音楽を魂の治療薬とし、詠唱活動を医療に組み入れていたという。音楽は、人間の嗜好や情緒、身体的健康に強く影響すると考えられていたからである。紀元前600年ごろに七賢人の1人タレスが、スパルタで流行したペストを音楽の力で治した話はよく知られている。寺院や神殿には専門の音楽家がおり、情緒障害を持つ人々や精神障害者に治療用の音楽が処方されていた。

　ギリシャの有名な哲学者たちは、音楽の持つ影響力について説明を試みている。例えば、アリストテレスのカタルシス効果は現代でもよく用いられる。これは、音楽には情緒を発散させる力があり、興奮する音楽によって興奮がかえって沈められるというものである。この考え方は、アメリカの精神科医アルトシューラーの「同質の原理」（Iso Principle：最初に提供する音楽は、対象者のその時の情緒に合った曲を選択するべきであるという説）の原点ともなっている。また、アリストテレスの師であったプラトンも「音楽は魂の薬である」と述べている。

　このころ、その後2000年以上もの間、医学界に影響力を与えた「四体液論」がヒポクラテスによって提唱された。四体液とは、血液、粘液、黄疸汁、黒胆汁で、それぞれ独特の性質を持ち、これらのバランスによって健康、不健康は決まるとされた。

中世・ルネッサンス時代

　ローマ帝国の崩壊後、キリスト教がヨーロッパに浸透するにつれて、人々は病気に対する介護や治療を真剣に行ない始める。しかし、このような歴史の流れの中にあっても、多くの精神病患者は悪魔に見入られた人とみなされ、監禁や虐待を受けていた。しかし、精神科領域では、音楽はうつ状態（絶望）、狂気などへの対処法の1つとして用いられた。

　この時代、音楽は上流社会、貴族社会の教養や趣味の1つであり、その庇護のもとに大きく発展した。病気に対する考え方にキリスト教の影響が強くあるものの、医療においては古代ギリシャの「四体液論」が影響力を持っており、音楽が医療面で活用される機会を与えられていたようである。

　ルネッサンス時代になると、人体解剖学や生理学の発達を基礎に臨床医療が進歩し、科学的な医学の取り組みが開始された。しかし、一般の治療現場では、

「四体液論」をもとに治療が行なわれていた様子がうかがえる。このころの音楽は前述の治療以外に情緒安定に有効であると認識されており、医者によって予防学的に処方され、使用されていたようである。

　18世紀には、当時最高のカストラート・テナーといわれた声楽家のファリネリが隣室で歌った歌が、政務にも就けなかったスペインのフェリペ5世の極度のメランコリー状態を癒したとされている。その後、フェリペ5世は政務に復帰し、ファリネリは政治の世界でも重要な地位を築いたという記録がある。

　音楽が治療に与える効用はヨーロッパの医者たちの間で支持されたものの、18世紀後半になると、自然科学を基本とした医療行為が中心になり、徐々に全体論的な治療感を持つ医者の間でしか音楽は使用されなくなっていった。この後、近代科学や病理学が発展し、新しい医療器具を用いて疾病の原因を除去する治療法が確立された。

近代

　19世紀に入り、ギリシャ時代に認識されていた音楽の心理的効果やカタルシス効果が再注目された。1804年には、ペンシルベニア大学のアトリーによる『病気の治療における音楽の影響についての卒業小論文』が発表された。1806年にはサムエル・マシューが『病気と治療と病状の緩和における音楽の効用について』を著し、心身の病気の治療に対する音楽の効用を要約した。これは、後にアルトシューラーの「同質の原理」へと繋がっていく。

　この後、様々な病院や施設で音楽プログラムが実施され、その活動が報告されていった。1892年には、精神に障害を持つ対象者に対し、恒常的に音楽プログラムを導入したブルーマーが『音楽、その心との関係』という論文を発表した。1899年には、神経学者のコーニングによる『睡眠前と睡眠中の音楽療法の使用——クロマトスコープによる投影図形の補助的使用情緒障害の治療への貢献』という音楽療法の基礎的研究の起源ともいえる論文が発表された。

　20世紀になると、第一次世界大戦での傷病兵に対する心身への治療の1つとして音楽療法が取り入れられるようになった。その中で、エヴァ・ヴァセリウスは、雑誌『音楽と健康』など多くの著書を出版し、また、1903年に「全ニューヨーク療法団体」という初の音楽療法団体を組織した。

1919年にはニューヨーク市立コロンビア大学で音楽療法のクラスが導入され、イギリス生まれのピアニスト、マーガレット・アンダートンが音楽療法の指導にあたった。彼女は、心理的外傷を持つ対象者に対しては音楽鑑賞を、身体的外傷を持つ対象者には音楽の演奏活動を中心に行なうと述べている。そして前述のヴァセリウス同様に、音楽家は患者に接する前にセラピストとしてよく訓練されていなくてはならないことを強調している。アンダートンの治療方針の中に受動的と能動的な音楽療法の兆しが見え始めている。

その後、ウィレム・ヴァン・デ・ウォールが、第一次と第二次世界大戦の間、精神病院や刑務所にて音楽活動を展開し、『施設内での音楽』を著した。

1926年に病院内音楽活動協会を設立したイサ・マウド・イルセンは、音楽家、看護師、病院経営者であった。彼女は、病院内における音楽活動の豊富な経験をもとにして、音楽を効果的に使用するには対象者の音楽嗜好性に合った音楽の選択が重要であると述べていて、クラシック音楽のみではなく、患者の嗜好に合わせる必要から、民族音楽や器楽曲も処方箋に組み入れている。これらは、対象者のニーズを中心として捉えるという現代の音楽療法へと繋がっているといえよう。

音楽の治療的側面に確信を持ったハリエット・エイヤー・セイモアは、1920年に『あなたのための音楽』という初心者向けの音楽療法の手引書を著した。彼女の指導のもと、ニューヨーク市では病院や刑務所で音楽活動が行なわれるようになり、医療現場での音楽の導入も試みられ始める。1929年、デューク大学附属病院の手術室以外の回復室も含めた病院全体で、音楽を導入するという画期的な出来事もあった。

現代

1940年代ごろから大学院レベルの音楽療法士の養成が始まった。ミシガン州立大学、カンザス大学、シカゴ大学、パシフィック大学、アルヴェルノ大学などの学部、大学院に音楽療法コースが開設された。歴史的に見れば、コースの卒業生は最初の専門的訓練を受けた音楽療法士であり、その多数は精神病院が職場になった。カンザス大学では、後に「音楽療法の父」と呼ばれるガストンが中心になり、メニンガークリニックとの協力関係の中で、音楽療法臨床実習施設を世界に先駆けて設けた。

　1950年には、全米音楽療法協会（NAMT）が誕生し、やがてNAMTは公認音楽療法士（RMT：Registered Music-Therapist）の資格制度の確立を行なった。

　また1971年には、アメリカ音楽療法協会（AAMT）が発足している。このAAMTの設立は、NAMTとは幾分異なるセラピストの教育制度を確立したためであった。こうして、しばらくNAMTとAAMTの共存状態が続いたが、1998年に両者が統合され、AMTA（アメリカ音楽療法学会）が設立された。ここからアメリカの新しい音楽療法の歴史が開始されることとなった。　　　　　　［宮本幸］

日本での音楽療法の歴史

明治以前

　日本において、音楽や音楽活動がどのように人々の生活の中で利用され、療法としての歴史を歩んできたのかをたどってみたい。

　まずは、日本最古の歴史書である『古事記』に、アマテラスが弟のスサノオの乱暴ぶりに怒り、天岩戸に引きこもった際、音楽が効果的に活用されたというエピソードがある。世の中が暗闇に沈み、神々も困り果てた末、引きこもった岩戸の外でアメノウズメが面白おかしく手拍子を打ち「とんとん、とととん」と踊り、「やんややんや」と囃し立てた。歌や踊りで大騒ぎする音に驚いたアマテラスが、かすかに開けた岩戸を力自慢の神が開け放ち、天界は再び明るさを取り戻すことができた。

　886〜890（仁和2〜寛平2）年の4年間、菅原道真が讃岐（現在の香川県）の国司であった際、「雨乞いの踊り」を行い、翌年から村人たちが感謝の意味で踊った。1207（承元元）年に法然上人が讃岐を訪れ、その踊りを見て念仏を唱えさせたことにより念仏踊りとなり、供養のための盆踊りの行事として定着していく。このため、念仏踊りは盆踊りの起源ともいわれている。

　近年、テレビドラマ化や映画化されて話題になった小説に夢枕獏の『陰陽師』がある。その主人公安倍晴明の友である 源 博雅は、平安時代の管弦の名手であり、後醍醐天皇の孫で、公家で雅楽家でもある。盗賊に家を襲われた際、彼の篳篥の演奏の魅力のおかげで盗賊が改心し涙を流して事なきを得たなどの数々の

逸話が残っている。

明治

1871（明治4）年、日本はドイツ医学を輸入した。京都府栗田口青蓮院には栗田御殿（病院）が創設され、その付属として<ruby>癲狂院<rt>てんきょういん</rt></ruby>が設けられた。東京府では、1872年に加賀屋敷に設けた孤児教育所の中の1つに癲狂室を設け、精神障害者を収容し始めた。1873年には、東京府病院が建設され、医員の1人であった中井常次郎の意見が認められ、1876年、東京府癲狂院の建設が始まった。同時に『精神病約説』3巻の出版により、わが国において初めて西洋の精神医学が紹介された。

1874年の医制発布により、病院建設は許可制となった。その後、日本で最も古い精神病治療施設を含め明治以前までにあった5つの病院（永井病院、武田病院、七山病院、石丸病院、小松川病院）に加え、各地に病院が増加した。それに伴い、精神病院内での音楽に対する考え方も変化していくこととなる。

明治時代の音楽活動は、精神療法または感動法と呼ばれ、娯楽、慰安としての役割を担っていた。特に明治時代前半における音楽活動の目的は、病院の開放や待遇の改善であり、そのほか、気分の転動や精神状態の軽減を行なうためのものでもあった。

1881年、精神病院の必要性を唱えていた中井常次郎が東京府癲狂院の院長となり、それまでの拘束の方針を取り除き娯楽品を購入するなど、理想の形に一歩近づいた。精神病者に対する娯楽による癒しの流れは、東京の根岸病院の病室区分にも現れ、遊戯室、作業室、開放部などが創設された。1884年、京都府に岩倉癲狂病院が開設、当時の土井栄吉院長の著書『精神病者の看護の方法』の中に、蓄音機、尺八、横笛、歌かるたなどが娯楽として記載され、娯楽による癒しの流れが広がっていった。

1887年、ドイツ留学中に精神病院を見学してきた<ruby>榊淑<rt>さかきはじめ</rt></ruby>が中井常次郎の後を継いで、東京府癲狂院の院長となり、患者の処遇がさらに改善された。また、榊は院内での音楽活動を「精神転導法」とした。このころ、相馬事件と呼ばれる精神病史に残る事件が発生した。これは、精神に変調を起こし幽閉された旧相馬藩主が、陰謀であるとして救出を訴えた事件である。

　1889年、癲狂院は東京府巣鴨病院と改称され、1901年、呉 秀 三が東京府巣鴨病院の３代目院長となった。当時、音楽療法は精神療法として考えられていた。呉は、ドイツ留学の際、開放的なアルトシェルヴィッツ精神病院で学んだ作業療法と生活指導を主軸とする開放的な Koppe 方式を導入。呉は榊と同様に音楽を「精神療法」の１つと考えていた。

　明治20年代から巣鴨病院では楽器の購入が始まり、病院に外部から音楽講師を受け入れた様子も見られる。1900年には戸山脳病院の開院式で西洋音楽が演奏され、軍隊の病院でも慰問を目的に音楽が使用された。1902年１月12日、巣鴨病院にて第１回音楽会が講堂で行なわれている。開催目的は患者を拘束する手枷、足枷を禁止し焼却するためとされ、患者に対する処遇を人道的なものに切り替えるために音楽が重要な役割を果たした出来事でもある。呉院長の呼びかけにより、精神病者の慰安救済を目的に、患者の処遇改善、保護室の改造などの精神衛生運動を行なった。この年、王子精神病院（1901年設立）や東京精神病院の院長を歴任した門脇真枝が、音楽活動の方法と効果について一文を書いている。1904年８月には、「病院への寄付は曲を選びたい」とした門脇の発言があることから、対象者に対する曲の適・不適が、当時すでに考えられていたとも推察できる。対象者が聴いていた音楽は、具体的な曲名までは分からないが、「日本、西洋ノ音楽、詩吟」とある。

　このように、明治時代後半になると、音楽の目的には感情の誘発と精神症状の軽減も加わることとなった。また、音楽会は社会性の向上も目的とされた。榊保三郎の「音楽は、慰め爽快になり、気を発散、自然に病苦を忘れ心身開闊にして面白く……」という言葉にも表れている。

大正

　1912（大正元）年、日本で最初に作業療法の言葉が紹介された精神病学書『袖珍精神病学』を松本高三郎が出版した。その中で精神療法は、①作業療法、②戸外療法（運動）、③名前なし、の３つに分類され、音楽は③名前なしに区分され、活動として行われていた。代表的なものに巣鴨病院の「加藤山と将軍池」の音楽活動がある。

　これは、仲間の医者たちから「ドクトルモッコ」と呼ばれた加藤普佐次郎が先

頭に立ち、病院従事者と患者が一緒に1919年から6年の歳月をかけて庭園を作った活動のことで、日本での作業療法の成果の1つとされており、加藤山は、この加藤の名前を冠したものである。これは、日本の代表的な庭園として1928（昭和3）年にイギリスで紹介された。この作業の目的は、山や池を作ることではなく、主として患者に集団への参加の機会を提供することと、患者が身体を動かすことであった。「山が高くなるに従って、頂上でかわるがわるに歌（唱歌・軍歌・讃美歌・民謡）を歌い、仲間の作業の気分を大いに盛り上げた」という看護者・前田氏の文章が残っている。詳細は伝わっていないが、「池堀唄」が当時作られたとされている。

　同じ作業をすることで生まれる一体感に加え、音楽が持つ「一体感を作り出す機能」が大いに活用されたと考えられる。このように一部ではあったろうが、病院内での音楽活動が作業療法の補助であったり、精神療法として活用されていたことは事実であろう。

　また松澤病院においてもレコードが3倍に増えている記録があり、音楽活動を精神療法の1つとして考えていたと思われる。

昭和

　戦時中は、音楽が士気を鼓舞するために利用された経緯もあり、第二次世界大戦後、急速に発展することとなる。アメリカから輸入されたランディンによる"An objective Psychology of Music"と、ポドルスキーによる"Music Therapy"の2冊が研究者の間で話題となっていた。日本で初めて音楽療法について書き記したのは、1962（昭和37）年『生活の芸術』の著者桜林仁であろう。桜林は、当時東京芸術大学助教授であったが、武蔵野音楽大学においても教鞭をとり「日本音楽心理学音楽療法懇話会」などの研究会を主宰した。また機関誌『音楽療法研究年報』を武蔵野音楽大学の教え子らと出版し、長らく日本の音楽療法を指導してきた。彼は「音楽療法はおおまかに音楽による心理療法（精神療法）である」と定義している。

　その後、1967年と1969年にフランス生まれのチェリストであるジュリエット・アルヴァンがイギリスから来日したのをきっかけに、音楽療法活動は広がりをみせる。山松質文は、大阪市立大学名誉教授であった1966年に『ミュージックセ

ラピィ——音楽による心理療法』を著している。また、来日したアルヴァンに影響を受け、彼女の症例集を訳した『心身障害児のための音楽療法』も出版している。特にトランポリンなどの運動に音楽活動を加えた心理療法を用いて、おもに自閉症児の療育に関わっていた。これは「山松方式」と呼ばれる独特のもので、トランポリンの上で患者に対する主セラピストと生で演奏する音楽家が2人で1組になる形式で、二人三脚方式と呼ばれるスタイルをとっていた。山松は「ミュージックセラピィ研究会」を創設し、児童領域の音楽療法の拠点となり、山松の死後も引き継がれている。

　アルヴァンの影響を強く受けた遠山文吉は、音楽教育学を基礎として障がい児教育に従事した。その中で、アルヴァンの技法を取り入れ、子供の感覚やニーズを重視した音楽療法的音楽教育を養護学校（当時）において展開してきた。

　1967年、加賀谷哲郎が日本音楽療法協会を設立した。加賀谷方式は、保護者も含めた集団でレコード音楽に合わせた活動を行なうものであった。現在は、「磁場の会」「日本ミュージック・ケア協会」として活動が引き継がれている。

　1980年代になると、松井紀和、村井靖児らによって精神科領域でも音楽療法が次第に取り入れられるようになった。山梨日下部病院長で精神科医であり、精神分析家でもあった松井紀和は、すでに1950年代後半に精神力動の面から音楽活動を捉え、精神病院での治療的活動の一環として早くから音楽療法を導入していた。1975年に日本臨床心理研究所を設立し、毎年夏季には「音楽療法セミナー」を開催して、全国から多数の音楽療法実践家を集め、育成し、音楽療法の啓蒙活動に携わっている。

　また、村井靖児は国立下総療養所で精神病院における音楽療法を実践するとともに「東京音楽療法協会」を設立した。彼は、音楽療法の心理療法的アプローチを目指して、嗜好拡大法・調整的音楽療法・音楽によるイメージ誘導法（Guided Imagery and music: GIM）などの音楽療法の技法を研究した。

　1986年には「バイオミュージック研究会（後にバイオミュージック学会に発展）」が設立された。聖路加看護大学学長であった日野原重明が会長を務め、医学・心理学・音楽心理学などの側面から基礎的研究が行われた。

平成

　1990年代になると、高齢者人口の増加にともない、高齢者領域における音楽療法も盛んに行なわれるようになってきた。岐阜県音楽療法研究所が設立され（2013年廃止）、特別養護老人ホーム、老人保健施設などにおける音楽療法が実践されてきた。また、前述の桜林仁、山松質文、松井紀和、村井靖児の4人が発起人となり、1994（平成6）年4月、臨床音楽療法協会が設立された。1995年には、バイオミュージック協会と臨床音楽療法協会が1つとなり、「全日本音楽療法連盟」を設立した。全日本音楽療法連盟は、公認音楽療法士の資格認定や音楽療法士の育成に関するカリキュラムのガイドラインの作成、音楽療法士の医療保険点数化などを目指した活動を行なってきた。しかし、全日本音楽療法連盟は臨床音楽療法協会と日本バイオミュージック協会の2団体が組織として、そのまま存続するという変則的な形態であった。音楽療法の国家資格化を見据えて、2001年両組織が統合合併し、「日本音楽療法学会」（会長：日野原重明、副会長：松井紀和）の設立となった。その後、日本唯一の音楽療法の全国組織として、その役割を担っていくことになる。

　この後、日本各地の音楽大学に音楽療法コースが設定され、数多くの卒業生が輩出されている。同時に、コース生以外の実践者を暫定的に日本音楽療法学会認定音楽療法士として認定してきた。この暫定的な制度は、新認定制度として変更、延長されており、音楽療法士の質を一定のレベルに担保するために、現在ではすべての志願者に記述テスト、実技、面接を課す制度へと変更されている。同時に、それまで臨床現場で経験を積み重ねてきた臨床家をその経験や研究業績をもとに暫定的に認定してきた制度は、新認定制度として改変された。新認定制度修了者は、音楽療法コース卒業生と全く同一のテストを課せられている。

令和

　令和に入り「日本音楽療法学会」は、一般社団法人として新たな一歩を踏み出した。音楽療法士の技能・技術の向上のサポートを始め、音楽療法を受ける方たちへの責任と社会的責務を持っての啓蒙活動にも取り組み始めている。 ［宮本幸］

音楽療法のスタイル

「音楽聴取」とは

　音楽療法には大きく分けると、歌ったり楽器演奏をしたりなどといった能動的音楽療法と、音楽聴取を主体とする受動的音楽療法がある。また、提示の仕方、対象者のありようによって能動的とも受動的ともなる創造的音楽療法（作詞・作曲・振付けなどの創作）が考えられよう。

　音楽聴取といっても、積極的に聴く場合とただ漫然として聞く状態とでは、聴取後の結果が大きく異なることが、先行研究で指摘されている。

　聴取を中心とした楽曲についての効用を、ポドルスキーは、『音楽処方』と題して出版している。この『音楽処方』では、ドビュッシー「ピアノのために」は高血圧に、ラヴェルの「高雅で感傷的なワルツ」は胃腸障害に効果的であるといった解説が行なわれていた。現在では、「音楽処方」は採用されていない。ただ、「この音楽」は「この症状」に効くといった考え方は非常に魅力的であると思われる。モーツァルトの音楽を聞くと胎教によいだとか、学習能力が上がるとかと話題になっていたのは、それほど古い話ではない。ヒーリングミュージックの多くも、この考え方を基礎にしていると言えよう。もちろん、「眠れない夜のために」と題された CD を朝まで聞いてしまったといった、笑い話に似たようなこともあるようではあるが。バッハのゴルトベルク変奏曲は、不眠に悩む伯爵のために作曲されたとされている。バッハの好敵手と言われたヘンデルは、自分の作曲した音楽は、たんに娯楽のためだけでなく、聴衆の健康に必ず役に立つものとして、作曲・演奏活動を捉えていた。

　また作曲家であり音楽批評家でもあったシューマンは、「音楽新報」の中で、聴衆が演奏会を聴いた後で聴く前と同じ心の状態では、演奏会は成功したとは言えないと述べている。今日では、このような音楽聴取（もちろん能動的音楽活動も可能ではあるが）前後の気分測定に POMS（Profile of Mood States）を用いた研究・論文などが発表されている。POMS は、性格・人格検査の 1 つであり、15歳以上に適した質問紙法である。6 つの尺度、65項目の質問で構成され、気分

の状態を知ることができる。

　筆者自身は、聴取を中心とした音楽の療法的な活用は重要なものと考えている。いつの日か対象者についての多くの生理的・心理的・社会的情報分析がなされ、その上で対象者の問題に対応できる音楽の範疇や個々の楽曲までもが選択できるのではないか、そのような日がいつか現実のものになって欲しいと思っている。このことは、とりもなおさず能動的音楽療法活動においても、提供する楽曲選択に大きな基準を与えることになると思われる。

　次に受動的音楽療法と能動的音楽療法について見てみよう。

音楽聴取を主としたもの（受動的音楽療法）

受動的音楽療法には次のようなものがある。

① RMT（＝ Regulative Music Therapy：調整的音楽療法）

　　東ドイツ（当時）のシュヴァーベが不安神経症に対して行なった。音楽聴取時に、音楽・自分の身体・浮かび上がってくるいろいろな考えの３つに注意を振り子状に向ける練習を対象者に行わせた。

② GIM（＝ Guided Imagery and Music：音楽によるイメージ誘導法）

　　ヘレン・ボニーにより開発された。聴取に使用される楽曲はクラシック音楽に限られている。自身のヴァイオリン演奏時の体験をもとに、変性意識状態に対する音楽の使用方法について研究を続けた。対象者を旅人と呼び、ガイド役の治療者がサイコセラピストとして心理療法を行なうものとして、位置づけられよう。個人にも集団にも用いられる。

　また、方法論ではないが「ゲート・コントロール理論」と呼ばれるものがある。大脳中枢に刺激が到達した時に人は痛みを感じるが、この理論は、痛みの到達と同時に別の快感を伴う刺激が大脳中枢に流入すると痛みが薄められる、といった考え方を基礎にしている。慢性の痛みに対して運動することに意識を集中させることで、その痛みを軽くする昨今のリハビリテーションなども「ゲート・コントロール理論」の応用であろう。

　音楽は、運動することが困難な対象者にも、代わりの刺激として用いることが可能であろう。緩和ケアにおける音楽療法のありかたにも、この理論は多くの示唆を与える。

　聴取を使用した「振動音響療法」についても記述しておく。これは、聴覚刺激の音楽だけでなく、振動刺激としての音を利用した療法である。わが国では、「ボディソニック（体感音響装置）」として知られている。この装置は、椅子や床パネル、またはベッドに備え付けられた装置により、音楽とともに振動を人体に伝えるものである。

　チェリストでありロケット工学の権威でもあった糸川英夫博士は、「ボーンコンダクション理論」を提唱した。弦楽器などの演奏時に、演奏者が楽器を通して直接感じる振動があり、この振動音をボーンコンダクション（骨伝導）と名づけ、音楽が人に与える生理的・心理的影響の大きな要因と指摘した。この骨伝導による共振は、頭蓋骨は8000Hz以上から仙骨は250Hz以下というように、それぞれの部位で異なる周波数を持っているとされる。特に恍惚感や陶酔感を生み出すことから、古皮質や旧皮質に作用すると考えられている。

　我々が発声をした時にも同様のことが起きている。気導音として外耳〜鼓膜〜中耳〜内耳に伝わる音と、声帯振動〜頭蓋骨〜内耳に伝わる音がある。

　振動を作り出す方式については、優れた専門書が出ているので、それを参考にしていただきたい。いくつかの音響機器の会社から数多くの製品が出されており、今後も発展する分野であろう。

　以上、音楽聴取を主にした方法をいくつか述べてきたが、最後に脳波との関係について述べておきたい。

　α波ミュージックという言葉が一人歩きするほどに、音楽と脳波についての関係はさまざまな方面で語られている。脳波は脳の微細な電気活動を測定するもので、脳の状態を知るのには非常に役に立つ指標である。

　脳波は、以下のように分けられている。

　　δ（デルタ）波：1〜3Hz　深い眠りの状態

　　θ（シータ）波：4〜7Hz　ウトウトしている状態

　　α（アルファ）波：8〜13Hz　落ち着いてゆったりとした状態

　　β（ベータ）波：14〜30Hz　活動を行なっている状態

　α波やβ波はいくつかの段階に分かれている。このため、それぞれどの波が脳のどの部位にどのように現れているかが重要で、数値のみでは単純に言い切れないとされている。

音楽活動を主としたもの（能動的音楽療法）

　わが国で最も多い音楽療法のスタイルであろう。アメリカにおいて近代の音楽療法が精神科領域から発展してきたのと同様に、日本においても精神科領域の活動にその源泉を見ることができる。

　精神科作業療法の三種の神器の１つに音楽が入っているのは、それほど不思議なことではないだろう。精神科領域での対象者との音楽活動の多くは、合唱が中心であった。都立松沢病院の精神科医であった蜂谷英彦氏は、集団音楽療法での合唱において歌声にうなりが生じることに着目し、その治療的意味を指摘した。筆者が音楽療法に初めて足を踏み入れたのも、精神科病院での統合失調症者の集団歌唱（合唱）であった。

　もちろん、楽器を用いて器楽活動を行なっている音楽療法士も多いが、導入のしやすさや楽器の数の問題、１度に多くの対象者に音楽活動をとの施設などの要望もあり、集団歌唱を用いることが多い。このほかにも、音楽が背景にあって身体の動き、ダンスなどを中心とした活動も多く見られる。

　100人の音楽療法士がいれば100の音楽療法理論・技法があると言われているが、筆者にとって興味・関心のあるいくつかの能動的音楽療法について次に述べてみたい。

分析的音楽療法：精神分析を基礎として、即興演奏と心理療法を結びつけたもの。音楽表現には、対象者の無意識が表現されているとの考えを基礎にしている。この表現された無意識に対して治療者側からの対応がなされることにより、対象者が今現在直面している問題についての解決を目指す。

再動機づけ活動：思考と言語活動を刺激して対人技術を向上させる。障害や認知症を持つ高齢者へのアプローチの１つ。

創造的音楽療法：あらゆる人の人格構造の中にミュージックチャイルドと呼ぶ「音楽的自己」があると考えるポール・ノードフ、クライブ・ロビンズによって行なわれた。即興音楽を活動の中心に据えている。その実践の理論的な背景には、オイリュトミーの創始者であるシュタイナーの人智学がある。本項で最初に述べた創造的音楽療法と同じ名称ではあるが、同一のものではない。なお、オイリュトミーとは、

精神科学、芸術を用い音楽と身体運動の一体化が人をより高く成長させるという考え方で、古代ギリシャに始まる全人的陶冶の思想を基礎にしている。

神経学的音楽療法：コロラド州立大学のタウトにより提唱された。音楽の脳神経細胞に与える刺激を利用した療法である。大きく、①運動領域、②認知領域、③言語・発話領域の3つに対象領域を分けており、それぞれの領域について活用される音楽刺激が分類されている。

FMT（脳機能回復促進音楽療法）：1対1の個人療法で、スウェーデンのラッセ・イェルムによって開発された。言葉を使用せずに、楽器操作（主に打楽器）を通して脳に働きかけ機能回復を目指す。21種類の独自のコードシステムを使った音楽を用いる。

山松方式（二人三脚方式）：心理療法家の山松質文が自閉症児に対して行なった音楽療法の形態である。トランポリン上の自閉症児に対応する心理療法士と、その児童の動きに合わせた音楽を担当する音楽療法士の2人で行なうものである。

加賀谷方式：発達障害児に対して加賀谷哲郎が行なった音楽療法である。「いつでも、どこでも、だれでも」との標語のもとに、レコード音楽（当時）を使用して音楽に合わせた活動を行なっていた。筆者自身が参加させていただいた時には、母親と一緒に子供たちが集団で音楽に合わせて楽しそうに身体を動かし、ホール中を動き回っていたのが印象的であった。

また、〜方式といったものではないが、松井紀和の提出した BASIC TONE と BED-MUSIC について触れておきたい。

BASIC TONE は、長年精神科医として音楽療法を実践してきている松井が、表現活動の一種として、また精神療法として活用しうる方法として報告したもので、それぞれの活動の頭文字を繋げたものである。

　B：Beating（リズム打ち）　ドラムでも何でもよいが、手近にあるものを使って対象者の「今の気持ち」を表現してもらう。対象者にとってむずかしい場合は、治療者側がモデリングを示したり、叩きやすいよう

に、夏、祭り、台風、夢、希望などのテーマを設定したりする。感想や会話の時間を持つ。

A：Association（連想）　音楽聴取後に音楽から連想したものを対象者に喋ってもらう。提供する音楽は、既成のものでも即興的なものでもよい。答えにくい時には、景色、形、色など、具体的な答をいくつか準備しておくとよい。また、動作での表現も面白いと思われる。最後に会話の時間を持つ。

S：Story Construction（物語構成法）　Association を発展させたもの。性格検査に用いられるTAT（主題統覚検査）の音楽版と言えよう。物語る中に対象者の心の内や関心のあるものが投げ込まれることを利用したものである。いく種類かの音楽の準備と治療者側からのタイミングのよい質問も必要になるかもしれない。最後に会話の時間を持つことが必要であろう。

I：Imitation（模倣）　治療者側の音楽的表現や動作の模倣を対象者に行なうよう勧める。反対に対象者の動作や音楽的表現を治療側が模倣する。相手へ注意を向けることや表現へのウォーミングアップに繋がる。最後に感想などを話す時間をとる。

C：Communication（音による交流）　準備した2つの楽器を使って「音による話し合い」をする。先に枠を決めておくと活動しやすいと思われる。枠とは例えば何回やり取りするか、1回につき何秒くらい音を出すか、ある状況（食事に誘う、借金の催促）の設定などである。最後に会話の時間を持つが、聴いている集団などがあれば、集団にも感想を求めると会話の発展が期待できる。

T：Touching Each Other（身体接触）　小集団で利用しやすい。音楽に合わせて相手の身体の一部に触れたり、音楽の強弱と触れる力加減を調節したりする。ダンスなどへ発展させていける。集団交流の促進に役立ち、集団凝集性が高まりやすい。感想を述べ合う時間を持つ。

O：Observing Others（他者の観察と表現）　Touching Each Other と同様に小集団で利用できる。①自分がしているつもりで、相手の動きから相手の気持ちを言う。②表現された音・音楽から表現した相手を当

てる。会話を通して、他者を感じること、また自分自身についての他者からの感想を聞くことで、主観的に思っている自己と見られている自己との一致や不一致に気づかされる。

N：Non-constructured Ensemble（約束事のない即興合奏）　小集団での活動である。テーマを決めたり、拍子や音階の指定（5 音音階など）をすると行ないやすい。また、主役（交代）のメンバーを決めて、ほかのメンバーは合わせていく方法もあろう。筆者自身は、この方法を身体活動に応用している。音楽に合わせて、腕や脚だけであったり身体全体などと指定して、主役メンバーの動きにほかのメンバーが合わせていくものである。このような活動の後には、時間を設定しなくてもメンバー間での会話が自然に発生する。

E：Effective B.G.M.（効果的背景音楽）　楽器に限らず、音声や身近にあるものを利用して、映像や他者の動きに合わせて BGM を創っていくもの。

　紹介してきた技法は、特に集団と記述されていないものは、個人にも活用できるものと思われる。むしろ、ここに記述してある通りに活動を行なうよりは、記述されたものを療法士 1 人ひとりが対象者との関係や、自身の技量・技術を計りながら、工夫をして自己の臨床に活用していくことが大切だと思っている。

　BED-MUSIC は、BASIC TONE 同様に活動の頭文字を繋げた名称で、発達障害児の個人を対象とした技法である。以下に、それぞれまとめてみたい。

B：Background Music（背景音楽）　遊戯療法的な音楽療法時に用いるとされている。音楽は、静かで変化の激しくないものが推奨されている。快い音楽で、対象児の活動促進に用いる。別の観点から見れば、対象児が音楽に注意を集中するあまり活動を中止させてしまうような音楽であってはならないことになる。

E：Echo-Technique（反響技法）　心理劇などで使用される鏡映法に似たものとしている。自閉的であったり、感覚運動段階にある子供が、音楽（外の世界）に気づきやすくする技法である。プレバーバル（前言語的）な段階でのコミュニケーションを確立させる優れた技法であろう。これには、ただ単に対象児の声や動きを真似することではな

く、対象児から出されたものを少し美しくして対象児に戻すことが、音楽療法士に求められていよう。

D：Dialogue（対話）　音による対話（二者関係）を創り出す技法である。実際に考えられる音の組み合わせは、声と声、声と楽器、楽器と楽器などがある。しかし、発達障害児は言葉によるコミュニケーションがスムーズにはいかない場合が多々見られる。このため、対象児の出している音声（抑揚、発声の高低や強弱）に対応するために、メロディー楽器の利用が適切であろう。

M：Modeling（モデリング）　治療者との信頼関係が生まれ、ある程度のコミュニケーションが成立した段階で、治療者が音楽活動や言語の手本を対象児に示す技法である。特に対象児が集中できる時間や、認知・動作に表れる特徴を理解しておくことは重要である。

U：Unaccomplished-Technique（未解決技法）　導音から主音、不協和音から協和音へといった音楽の持つ完結性を利用する技法である。W. キャノンが提唱したホメオスタシス（恒常性）の原理が基礎にある。未解決な部分を穴埋めしたくなる欲求を引き出すとともに、穴埋めできた時の達成感や成就感は、発達障害児にとって非常に大切な体験となろう。

S：Stimulative-Technique（刺激技法）　対象児に合わせるこれまでの技法とは異なるもので、提供された音楽に対して対象児が示す反発や攻撃性を音楽活動の中に誘導していく技法である。このため、提示される音楽は、対象児の持つテンポやリズム、情緒性とは、やや異なるものになる。

I：Iso-Technique（同質技法）　アルトシューラーの同質の原理を拡大、発展させたものである。Stimulative-Technique とは異なり、対象児の情緒、欲求、動作、テンポなどに同質の音楽を提供するものである。言うは易く行なうは難しの技法でもある。外に表れる動きのテンポや強弱、リズム感といったものは、把握しやすくはあるが、内在化している情緒や欲求などに合わせるのは、治療者側にとって非常にむずかしいものである。

　Ｃ：Call-Technique（呼びかけ技法）　音楽療法の開始や終わりの挨拶などに同
　　　じ呼びかけ（音楽）を使用したり、何かの課題について同一の音楽
　　　を使用するものである。例えば、挨拶にいつも同じ音楽を使用する
　　　ことで、対象児は予測が可能になり、安心・安全感を感じることが
　　　可能であろう。筆者も重症心身障害児に身体の部位別に音楽を使用
　　　することで、重症心身障害児自身が音楽と身体部位との関連性を理
　　　解していった体験がある。認知面での発達にも役立つ面を持ってい
　　　る技法であろう。

　臨床では、対象児の発達段階に合わせていくつかの技法を組み合わせて使用し
ていくことになるが、時間的経過の中で使用される技法は、次のようになること
が多いと考えられる。
　　　治療初期に用いられる：Echo-Technique, Modeling
　　　治療中期に用いられる：Dialogue, Unaccomplished-Technique, Stimulative-
　　　　　　　　　　　　　　　Technique
　　　治療全期に用いられる：Background music, Iso-Technique, Call-Technique
　しかし、大切なことは、音楽療法士１人ひとりが、目の前にいる対象児をしっ
かり見て、聴いて、感じることだと思われる。その感じたものから、対象児にと
ってどのような音楽をどのように提供することが彼・彼女にとっての発達を促進
することに繋がるのかを判断していくことであろう。

実践プロセス

　音楽療法が実際に行われる時には、対象者が個人の場合と集団の場合とが想定
される。集団も参加する人数により、小集団（２〜８人）、中集団（10〜30人）、
大集団（30人以上）に分けられる。なお（　）の人数は、おおよその数値であり、
治療者の経験や技量とも関係して変わるであろう。
　かつて、１人の心理療法士が見ることのできる集団は７人程度が限界だとされ
ていたが、集団治療における経験の積み重ねや研究の蓄積により、10〜12人程度
まで小集団として治療が可能ではないかという議論も起きている。
　参加人数による集団の分け方とは異なり、対象者の参加方法に基準を求めた集

団もあり、クローズドグループ、オープングループと呼ばれる。

クローズドグループは、開始時に参加者が決定され、その参加者のみで集団活動が行なわれる。参加者数はおおよそ７、８人までが多く、小集団と言えるだろう。途中の欠員への対応は基本的には行なわず、残った参加者のみで活動が継続される。同時に終決までの期間（活動回数）が決定されている。臨床場面では、欠員を補充したりして活動が継続されることもある。

オープングループは、活動への参加を対象者自身が決定し、集団活動中の出入りも自由である。また、ある回数で活動が終決するといった期間が決まっているものではないので、いつでも参加できるし、対象者が急に来なくなるといったことにも対応できる。病院、施設などで行なわれている音楽療法での集団活動は、中集団や大集団を中心としたオープングループが多いと思われる。

このような集団での音楽活動を療法として位置付けるためには、集団精神療法についての知識が必要になろう。以下に概略を述べたい。

集団精神療法とは、集団の力を使って参加しているメンバーの精神病理を癒し、精神的健康を増進させることを目的として行なわれる療法の１つである。

1905年にボストンの内科医プラットにより結核患者に対して行なわれた教育と指導が、その始まりだと言われている。同じ場所、同じ時間、同じ問題を共有しながら、集団の持つ力（集団力動）をメンバー個々に活用して問題解決を目指すものと言えよう。つまり、同様の問題を抱えた多くの人々が、気持ちや体験を共有して話し合い、お互いに感情的に精神的に支え合う場であり、集団である。

スタンフォード大学のヤーロムは、集団精神療法の治療因子として次の11の項目をあげている。

①希望
②普遍性
③情報の共有
④愛他主義
⑤家族体験の修正
⑥社会能力
⑦模倣
⑧人間関係の学習

⑨集団凝集性

⑩カタルシス

⑪実存的要素

そのなかでも特に、凝集性と「今、ここで（here and now）」起きている相互作用に大きな治療的意義を見出している。

また、集団にも発達段階があるとして、次の3段階をあげている。

　第1段階：依存性

　第2段階：葛藤・支配・反抗

　第3段階：受容・信頼感・親近感・凝集性

集団精神療法の1つとして、モレノが創始した心理劇がある。特徴として次の項目があげられる。

①即興劇である

②劇中での主役がいる

③観客（進行する劇を見る役割［劇に参加しないメンバーがなる］）がいる

④監督と補助自我（劇の進行を助け、役者［対象者］の補助を行なう）がいる

⑤ステージは数段からなる円形を基本とする

音楽活動を集団精神療法として見た場合、松井紀和は次の特性があるとしている。

①情緒的解放を起こしやすく、退行した水準での集団凝集性を高める。退行した水準とは、一度発達した正常な思考や表現が前の形式に戻ることで、例えば、論理的な考え方が、音楽（猫でもよいが）好きな人に悪い人はいないなど、非論理的な考え方になることをいう

②集団内緊張を緩和し、情緒的交流を促進する。言語に比べて情緒的で曖昧なため、対立的でないコミュニケーション機能を持つ

③表現された瞬間に快・不快の感情や、上手い・下手の認知反応が起こる

④何らかの協応と社会的行為（他者の注視や相手に合わせる行為）が生まれやすい

⑤役割取得が比較的容易である

このような特性を持つ音楽活動では、

●集団からの注目や評価が生まれる

- また逆に、集団からの無視や排除にあうこともまれではない
- 集団との一体感を持つこともあれば、反対に孤立感を募らせることもある
- 集団であるがゆえに安心感を持つメンバーもいれば、集団だからこそ不安感や拒否感を持つメンバーも存在する

このように集団の持つ力は、メンバー個々にとってプラスの側面だけでなくマイナスの側面をも持っていることを理解することが必要である。つまり、集団精神療法として音楽活動を行なう時には、その特性や、それゆえに生み出される集団力動をメンバー個々に用いて、プラスの側面は最大限活用し、マイナスの側面はその影響を最小限にすることが、治療者には求められている。だからこそ、「今、ここで（here and now）」集団に起きている現象を把握する力と、その後どのように集団を操作していくのかの技術が必要とされる。

そのためにも、まずメンバー個々を、また集団を「見て、聴いて、感じる」ことが、何をさておいても大切なことであろう。

音楽療法活動の実際

音楽活動を療法として成り立たせるためには、以下に述べる手順が必要となる。

①アセスメント
②目標設定
③プログラミング
④実践（音楽活動）
⑤記録・評価

以下、それぞれについて説明したい。

アセスメント（査定）

対象者をよく知るために行なわれる。目標を設定するにしても、基本的なデザインを決定するためには、どのような活動（能動的、受動的）をどのくらいの時間をかけて行なうのか、個人なのか集団なのかなどは必須のものである。アセスメントの良し悪しが、その後の治療の成果を握っていると言っても差し支えない

だろう。

　成人・高齢者であれば、直接本人から聞き取ることも可能であろう。しかし、状態（精神疾患・認知症など）や状況によっては、本人から聞き取ることが不可能な場合もある。このような時には、カルテや看護・介護スタッフ、および家族から間接情報として確認するほかはない。

　ここで、対象関係（他者との関係）について少し述べておきたい。

　対象者から「スタッフＡは鬼みたいな奴だ」とか、反対にスタッフＢを最大限に褒めちぎる話を聞くことがある。逆にＡ、Ｂのスタッフが対象者について正反対の評価をしていることもある。このような人物評価の情報は意味がないのではなく、その評価の中に対象者とスタッフとの関係性が表れていると考えられる。

　アセスメントは、あらかじめ作成した調査項目について○×などを用いて簡単に行なう「抜粋アセスメント」などを用いると便利であろう。確認しておきたいことは多々あるかと思われるが、現在の家族環境、個人史としての生育歴（できれば３世代にわたって）、教育歴、職歴、既往歴、趣味（特に音楽についての情報）、およびキーパーソンなどが分かっていることが重要である。

　続いて、対象者の可能な行動や欲求が把握できると、目標設定が行ないやすくなる。幼児、児童は、やはり保護者からの聞き取りが主になろう。しかし、実際に対象児・者と音楽活動を行なう中で理解できるものも多い。このようにセッションの過程で行なうアセスメントを、ランニングアセスメント（現行アセスメント）と呼ぶ。

　音楽の好みのジャンルを尋ねるよりも、開始前のBGMへの反応や曲当てなどのゲームを通して、好みのジャンルが把握できるであろう。幼児・児童では、リズム優位なのか、それともメロディー優位であるかの判断が可能であろう。これにより対象児の発達段階についての示唆が与えられよう。また、音量や音域についての閾値（いきち）などにも配慮をしたい。

　同時に、音源による興味の喚起に違いがあるのかどうかの確認も大切であろう。歌声（男声・女声・音域など）、木質系（木琴・カスタネット・スリットドラムなど）、金属系（トーンチャイム・ツリーチャイム・メタルなど）による受容の違い、保続音（オルガン・ヴァイオリン・アコーディオンなど）と減衰音（ピアノ・ギターなど）、あるいは、打音などのように起点と終点が同じである音への

興味の示し方である。

　上記に述べてきた以外に、心理学・医学分野で作成されてきた発達診断テストや知能テスト、人格テストなども参考になろう。別項で簡単な解説を行なっているので参照していただきたい。

目標設定

　アセスメントを基礎にして目標設定を行なう。目標には長期目標と短期目標があり、常に目標の現実性について検討を行なう必要がある。短期目標は対象者自身にとっても分かりやすい数字などを提示したものが便利であろう。

　また、治療者の技術や経験、それに伴う得手・不得手についての認識をしっかりしたうえでの目標設定が求められる。

プログラミング

　まず、治療構造を決定する。個人・集団（クローズドかオープン）・頻度と時間および期間、以上の各項目が決定されたのちに、以下の手順でプログラミングが行なわれる。

- 使用楽曲の整理、準備
- 内容（歌唱、楽器、鑑賞、運動、創作）
- セッション全体の流れ

実践

　計画されたプログラミングを行なうにあたっては、治療者の実践技術が問われる場面であり、得手・不得手はあろうが、細心の注意を持って臨むべきであろう。筆者は、観察技術、対象児・者との交流技術、音楽技術の３つが、実践時の技術として重要であろうと考えている。

　以下に各項目について述べる。

［観察技術］

　どれほどの音楽技術を持とうと、また交流技術を持っていようと、対象児・者の「今、ここで」の状態を正確に把握しなければ、提供する音楽も言葉かけもト

ンチンカンなものになってしまうであろう。

　まずは、対象児・者の行動、表情に気づくことが必要である。その気づきが対象者の欲求の把握に繋がっていくであろう。特に自分で身体移動ができず言語での表現がむずかしい重症心身障害児・者や認知症の方の、かすかな呼吸の変化、ため息、瞳の動き、視線、指先や手足のわずかな動きに注意を怠らないようにしたい。両耳を両手で塞ぐことでしか侵襲を防ぐことのできない音楽であればこそ、拷問にならないよう常に気を配るべきであろう。

　次に集団での活動では、集団全体への注視が欠かせない。集団がまとまっているのか、それともバラバラになっているのか。活動に集中しているのか、心ここにあらずの状態なのか。小さな集団に分かれて競争しているのか、そっぽを向き合っているのか。交流は言葉でなされているのか、非言語でなされているのか、などの集団把握が必要であろう。それに伴う集団力動への配慮が、治療者に求められている最大のものであろう。

　「音楽療法のスタイル」の集団精神療法の項でも述べたが、人は集団から受け入れられ、保護され、生きる勇気を与えられるが、逆に傷つけられ、絶望の淵に追いやられることもある。集団の素晴らしさと怖さを、常に心にとどめておきたい。

［対象児・者との交流技術］

交流技術には、以下の各項目があげられよう。

● 対象児・者との言語交流

● 対象児・者の非言語的表現の受け止め

● フィードバック

● メンバーの交流促進

● 音・音楽による交流

　言語交流では言葉だけでなく、音声に含まれる声の質にも注意を向けたい。かつて精神分析医のサリヴァンは、面接時には患者の話している内容よりも、その声の響き（声質）に耳を傾けたと述べている。この声の響きは非言語的表現の1つであろう。非言語的表現とは、動き、姿勢、着席位置などである。オープングループでの対象者の着席位置や座席移動などには、多くの示唆がある。

治療者からのフィードバックは、まさに「今、ここで」で示されることが必要で、このフィードバックがメンバー間の交流促進のモデルになり得る。治療者によるフィードバックは、言語、非言語による表現だけでなく、音・音楽表現も選択肢の1つになろう。

[音楽技術]
ある意味では、音楽療法の成否を決定づける最大の技術となる。
①目標に適した音楽活動選択
　　音楽療法での目標は、対象関係、認知、身体発達、言語発達、身体麻痺のトレーニングなど多岐にわたると考えられる。例えば、障害のある腕のトレーニングには、直接働きかける楽器演奏などが考えられるが、BGMの音楽に合わせて身体を動かすといった間接的な働きかけも選択できる。このように、求められている目標に対して音楽活動の何を用いれば1番効果的であるかの選択・決定を行なわなければならない。
②楽曲や音楽活動の配列
　　Ⅲ章「精神科における音楽療法の実際」の項でも述べるが、曲の配列によって曲の持っている情緒的な効果を強めたり、弱めたりすることが多々ある。別れをテーマにした曲を1曲だけでなく数曲続けることで、より一層深い情緒的体験をすることが可能であったり、また逆に、それまでと全く異なる曲調の曲を挿入することで、それまでに作られてきた個人・集団の感情的体験を変換させることも可能であろう。
③対象児・者の音楽活動を援助する編曲、伴奏
　　伴奏についてはⅤ章「高齢者領域の実践楽曲200」で述べる。ここでの編曲とは、コードなどを原曲の通りに演奏するのではなく、対象児・者の現在の活動にあった形にメロディーやコード数を変更することを指している。
④歌詞幕、歌詞カード、歌集、先読み
　　集団歌唱時での歌詞提示にはいろいろな方法があり、それぞれ長所・短所がある。筆者自身は、歌詞幕を使用することが多い。これは、「今、ここで」起きている音楽活動体験を、ほかのメンバーがどう感じ、どのように考えているのかを共有する体験として、参加しているメンバー個々に提供できれば

と思っているからである。また、高齢者集団での歌詞幕は、習字によるものが1番読みやすいようである。歌詞集などは手元で読みやすい利点がある。

⑤操作可能な楽器の選択、楽器の創作

　視覚に重い障害があれば、木琴や鉄琴などでのメロディー演奏は難度が高い。しかし、腕の移動を要求されないハーモニカやオカリナであれば、演奏のしやすさは格段に高まる。

　手指の運動に困難さを示す対象児などは、既製の楽器が要求する動きが困難であることが多い。このような場合には、やはり対象児にあわせ演奏しやすく改良した楽器が必要であろう。

⑥場面にあった音量、テンポ、ダイナミクス

　伴奏や鑑賞時に提供する音楽の音量・テンポについては、対象者の年代や集団の大きさによっても変わってくる。高齢者集団の場合、常にテンポをオリジナルよりも若干遅くとは、よく言われている。しかし、学校唱歌などのように1語1音で作曲されている曲などは、オリジナルテンポでもよいと思われる。

　鑑賞時、聴衆が演奏にあわせ小さな声で一緒に口ずさんだり、手拍子をしたりと、自然に参加する場合もある。できれば、対象者の口の動きや手拍子を活かすような音量、テンポ、ダイナミクスに配慮した演奏へと変換できるように心がけたい。

⑦対象児・者の適応水準にあった音楽活動

　適応水準とは松井紀和の提唱した作業仮説で、対象者の好みや欲求を満たす活動で、持っている能力の少し上の課題が与えられると、対象者の活動が最も活発になるという説である。あらゆる作業・活動学習に応用できる仮説だと考えられる。対象児・者にとって現在可能な水準の少し上の活動にこそ、活動意欲の維持・強化が図られると考えてよいと思われる。

　しかも、水準は体調の良し悪しにも関係することであるから、治療者は常に活動の幅に注意が求められる。この上限と下限との間で活動の決定がなされる必要があろう。ベストスコアがいつも出せるわけではないのであるから、アベレージスコアを基準にして活動・目標設定がなされる必要がある。

　例えば、コミュニケーションについて松井は、発達的に4つの水準を設定

している。初めにコミュニケーションを求めない段階から、対象を持たない言語的・非言語的自己表現へと進み、次に特定の対象に向けた言語的・非言語的自己表現を経て、最後に集団、社会での現実的な欲求実現を目指すコミュニケーションへと変化する段階を設定している。

　対象を持たない言語的・非言語的表現に音楽を合わせることによって、音楽のある自己表現が継続され、やがてその表現の途中で音楽がなくなった時に、音楽の向こうに音楽を提供していた人物に対して音楽の提供を求める表現が起きてくることは、音楽療法場面では経験することが多い。

この過程は、まさに松井のコミュニケーションでの適応水準の第２段階から第３段階への発達に音楽の特性を上手く生かしたものとして考えられよう。筆者自身も同様の体験をしている。詳しくは『音楽療法の実際』６章（牧野出版）を参照されたい。

この適応水準の仮説とアルトシューラーの提出した同質の原理（Iso-Principle）の２軸を活動選択の基本にしておくと、実践場面では大いに役立つと思われる。

アルトシューラーの同質の原理は、「使用する音楽は対象者の情緒的な状態と同質のものでなければならない」とする考え方で、多くの音楽療法士に支持されている。例えば、同じ難易度の曲であっても、気持ちにあわない曲よりも気分にあった同質の曲のほうが、より活動性も増すであろう。

同時に提供する音楽のジャンルも大きな意味を持っている。対象児・者の求めているジャンルでなければ、難易度があっていても、やはり活動への意欲は高まらないであろう。

記録・評価

記録と評価は常に表裏をなすものであり、同時に音楽療法での活動内容の適切性や妥当性を導き出すものである。

アセスメントでも述べたが、児童・成人・高齢者の各領域で多少の違いはあるかもしれないが、診断名、病歴（ある場合）、問題行動・訴え、音楽関連（好みの曲・ジャンル・可能な活動〔歌唱、楽器演奏、創作、鑑賞〕）、治療目標・治療構造（場所、時間，頻度，活動）などは、最低限記録しておく必要があろう。

　現在までに音楽療法での独自の記録と呼べるものが、児童領域（MCLなど）や高齢者領域でいくつか提出されてはいる（MCL-S、卯辰山式<ruby>卯辰山式<rt>うたつやましき</rt></ruby>など）。しかし、未だに確定的と言えるものはないのが現状である。

　記録は、記録者の自由記述に近いものと、あらかじめチェックする項目を決めて記録するものとに分かれている。チェック項目を決めていると、多人数での記録に際して時間的な節約に繋がると同時に、療法での変化について非常に分かりやすくなる。当然、多人数の症例の比較などには有効であろう。

　集団の場合には、着席などについては図を用いると、変化に気づきやすくなると思われるので、図の使用に工夫をこらしたい。加えて集団では、最年少と最年長の年齢、男女別の比率、障害についての情報、音楽嗜好、音楽活動の平均的水準などの記録をとっておくと、活動の円滑化が図られ、活動内容の変更にも有効な資料となる。

　一方、チェック項目を決めずに治療者が自由記述する方法もある。これはチェック項目がないために、症例の比較などには適さない側面を持っている。しかし、治療者自身が音楽療法活動のなかで起きてきた現象について、何を見つめ、何を感じ、そのことについてどのような反応（音楽活動）を選択し、その結果どのようなものが生み出されたかといった、音楽療法士と対象児・者にとっての実践プロセスを考察する重要な記録になる。

　評価については、設定された目標がどのくらい達成されたかの指標になるわけであるが、活動を担当してきた音楽療法士が行なう場合と、別の療法士が行なう場合とが考えられよう。どちらの評価方法がよいと議論を重ねるよりも、何のための評価であるかを明確にしておく必要があろう。

　客観的に評価しやすく、あらかじめチェックされていた項目などの評価と、主観的ではあるが、外からはうかがい知ることが困難な治療者と対象児・者の間に起きた「今、ここで（here and now）」の出来事・関係性の評価とは、求める評価が異なっていよう。科学として求められている音楽療法の評価について無視することはできないが、優れた精神療法として「人と人の間で」成立する音楽療法のあり方についても思索を深めていきたい。

II

小児領域の音楽療法

小児の基礎知識

発達について

「発達」とは従来、誕生してから思春期や青年期までを指すとされてきた。しかし、現在では人は人生の最後の瞬間まで成長・発達するものだと言われている。このような発達論の変化は正しいものだと思える。

まずは新生児〜乳幼児〜児童期までの発達を概観してみたい。言うまでもないことではあるが、発達には個人差が非常に大きく、表記している月数はおおよその目安であり、決定的なものではない。個としての素質と環境の相互作用により、時間的な差や程度に違いが起こってくることを忘れてはならない。

発達については、遺伝・環境要因から成熟・学習説まで、多くの学説が存在してきたが、発達の過程においては、次のような共通の特徴がある。

①発達は連続的である。

　ある時期に発生したことが、その後の発達に影響を与える。

②発達には一定の順序がある。

　歩行するまでに、寝返り〜座る〜はらばう〜つかまり立ち〜歩く、といった順序が必ず見られる。把握についても、10段階の順序性に従って発達する（ハルバーソン、1931）。

③発達は直線的ではなく螺旋状に上昇する。

　幼児は昨日できたことが今日はできなくなっていたりと、前進後退を繰り返しながら成長する。

④発達は一定の方向性を持っている（上部から下部、中心から末端へ）。

　粗大運動は、身体の上部から下部（目〜くび〜肩〜腕〜胴〜脚〜足）

　移動、姿勢（頭の持ち上げの後に首の座りができるようになり、次に寝返りができるようになる順序を持っている）

　微細運動は、身体の中心から末端（肩〜腕〜手〜指先）

⑤発達には個人差がある。

　②、③、④の一定の流れはあるが、いつごろ出現するのか、出現したものが

どのくらいの時間をかけて次の発達段階に進むのかは、1人ひとりの幼児によって異なっている。

⑥発達には臨界（敏感）期がある。

幼児の発達過程には、ある年齢までに発達していないと、それ以降には獲得することが非常にむずかしい時期がある。これを臨界（敏感）期という。フランスで発見されたアヴェロンの野生児においても、音声言語面での発達についてほとんど進展がなかったとの報告がなされている。

また、現在では一部の鳥類にしか見られないとされているが、ローレンツの刻印づけの研究（孵化した時に初めて見たものを母親と思い込む）もあげられよう。

人の身体的発達

人は妊娠後、ほぼ38週を経て出産にいたる。

多くのほ乳動物は、生後数時間ほどで立ったり歩いたりできるが、新生児が立ったり歩いたりできるのは、おおよそ1年も先のことである。このようなほかの動物との違いについて、スイスの生理学者ポルトマンは、人間は生理的早産であるとの説を唱えている。

人は誕生後すぐに、7点以上であれば正常とされるアプガーの採点法（呼吸、心拍数、皮膚の色、筋緊張、反射）で健康状態のチェックが行なわれる。

新生児の聴覚や嗅覚は早くから発達していて、母親の声や臭いをすぐに覚え認識できると言われている。視覚は、胎児のころから発達する聴覚と異なり、出生時から発達し始めると言われている。出生時の視野はせまいが、固視や追視の能力がある。誕生後は20cm（授乳時の母親の顔との距離）ほどに焦点があるとされ、6カ月で0.15、12カ月で0.3ほどの視力を持つとされている。

また出生後1年で、体重と身長はそれぞれ約3倍、1.5倍に増加する。

［新生児（0～1カ月）の原始反射］

反射とは、一定の刺激に対して一定の反応が起きる現象である。原始反射には次のものがある。

口唇探索反射：頬に触れるものがあると、顔を向けて口にくわえようとする。

吸啜反射：乳首や指が口に入ると吸いつき飲み込む（授乳を可能にする）。

　これらの原始反射は、新生児の生命維持に必要不可欠である。

　把握反射：手のひらに触れるとしっかりつかもうとする。

そのほかに、バビンスキー反射、非対称性緊張性頚反射、モロー反射、自動歩行反射などがある。これらの反射については、人類が樹上生活をしていた名残ではないかとする説もある。

　これらの原始反射のほとんどは、生後4～6カ月ほどで消滅する。これは、6カ月過ぎて脳の皮質が発達し、原始反射に対する抑制が働き始めるためである。新生児にこれらの原始反射が見られない時は、神経系の異常が疑われる。また、6カ月を過ぎて原始反射が残っている場合は、何らかの異常（脳性麻痺など）が疑われる。

　「子供の宮殿と呼ばれる子宮から出ていかざるを得ない新生児は、その悲しみのために、泣き声をあげるのだ」とは、詩人の言葉であるが、新生児の泣き声は、地域を問わず「ラ」の高さだとされている。泣く理由はさまざまであるが、泣くことで、空腹、痛み、不快感を周りに知らせることができる。やがて、泣くと両親（特に母親）の注意を引きつけることができることをすぐに学習する。

　新生児は、16～18時間ほどの睡眠をとっている。この睡眠中50%をレム睡眠が占めている。レム睡眠は浅い眠りとされ、成長するにしたがって減少していく。

［乳児期（1～12カ月）］

1～3カ月：手は軽く握ったままである。

　　　音に敏感になり、大きな音に対してびっくり反射をしたり泣き出したりする。

　　　睡眠中に笑っているかのような表情をする（生理的微笑）。やがて周りからの働きかけに反応する微笑（社会的微笑）へと変化する。この微笑をスピッツは「3カ月無差別微笑」としている。

　　　快・不快が見られるようになる。

　　　声のする方や鳴っている音の方に顔を向ける。

　　　ゆっくり動くものを目で追う。

　　　あやし遊びや揺さぶり遊び、触れられることを楽しむような行動をする。

クーイングが見られる。「アー」、「ウー」などの喃語が出る。

3〜6カ月：手を舐めたり口に入れたりする。

　基準（反復）喃語（「ダダダ、ババババ」）が始まる。

　3カ月無差別微笑が見られる（母親の顔や大人の顔に対する微笑）。

　イナイイナイバアや単純な動作（ゆっくりと左右に体を揺するなど）の繰り返しを喜ぶ。

　恐れ、怒りが見られるようになる。

　首がすわる。

　おもちゃを取ろうとして手を伸ばし始める。

4〜5カ月：目の前にあるガラガラなどをつかむ「リーチング」が出てくる。

　ガラガラを取りたいという「目的」と、手を伸ばして取るという「手段」を意図的に合致できるようになる。

　寝返りができるようになり、助けや支えがあれば座れるようになる。

　情動のコントロールができるわけではないので、喜んでいるからと言って刺激を長時間与え過ぎるようなことがあってはならない。

6〜9カ月：手のひらを利用して物をつかむ（手掌把握）。また、つかむ・振るだけでなく、叩くことができるようになる。

　1人で座れるようになり両手が自由に使えるようになるため、両手を使っておもちゃや楽器をつかむようになる。おもちゃを片手からもう一方の手に持ち替えたり、簡単な動作の模倣（バイバイなど）が可能になる。

　8カ月には、「8カ月不安」（スピッツ）と名づけられた「人見知り」が出現する。この8カ月不安は、3カ月無差別微笑と違って、母親と母親以外の人物の区別ができるために表れてくる。異なった観点から見れば母親との間に愛着が形づくられ、母親と子の対象関係が成立し始めたとも言えるであろう。

　ハイハイが始まる。

　母親の語りかけを喜び、高低のある歌いかけに反応をする。

　母国語に非常によく似たリズムやイントネーションを持ったジャーゴン（意味不明の）言語を発声し始める。

9〜12カ月：「ハイハイ」での移動を行ない、つかまり立ちが始まり、やがて

伝い歩きをするようになる。自分1人で立つようになり、このころになると手掌把握だった手指の運動が、親指とほかの指の腹を使って物をつかむようになり、両手に積み木などを持って打ちあわせるようになる。やがて親指と人差し指で小さなものをつまめるようになり、物を容器に入れたり出したりして遊ぶ。

母親が物を指し示すと、母親の指先ではなく、指された物を自分でも見る（共同注視）。

模倣活動も盛んになり、母親の動きや発声・言葉の真似をし始める。

よちよちではあるが1人で歩き始めるので、移動できる空間が広がり、興味がある物へ接近したり、音源探しなどを積極的に行なう。また、後追いが始まる。

[幼児期]

1歳〜1歳半：物やおもちゃをつまんで遊ぶ。積み木を2つ重ねることができるようになる。自分1人で集中して遊ぶ。

　書くものを5本の指で握りこみ、なぐり書きが始まる。模倣活動も上手になり、大人の真似をしたがる。遊び歌などを利用して動作の模倣ができるようになる。

　言葉では、「ママ」、「マンマ」、「ブーブー」などの一語文を使い始める。ハイガード（両手を上にあげて）での歩行は、それほどしっかりしたものではないが、母親から少し離れてはまた戻ってくる。しかし、興味をひくものがあると、そちらに近寄って行く（探索行動）。このハイガードでの歩行は、両手がしだいに下がってきて、上手に歩けるようになり、興味の範囲が広がる。自立の一歩が始まったと言えよう。

1歳半〜2歳：しっかりと安定した歩行ができるようになり、低い段差などはよじ登れるようになる。

　ボール投げの遊びをするようになる。

　指先も器用に使えるようになるため、絵本のページなどをめくり始める。繋げたり、積み上げたり、色別に並べたりといった構成的な遊びを始める。

　なぐり書きが変化し、図形としてはくずれているが、ぐるぐる円を描く
ようになる。

　言葉数も急速に増えて、一語文から二語文に変化する。物の名前と言葉
が一致し始め、大人の言ったものを指さしたりする。

　鏡に映った自分が自分だと分かる（自己認知の確立）。

　照れ、共感が表れる。

2歳～2歳半：その場でジャンプができるようになり、ピョンピョンと跳ぶ。

　小走りができるようになり、体のコントロールが上手になる。追いかけ
っこをよろこぶ。

　「ジュース、のむ」、「パパ、かいしゃ」などの二語文を使うようになる。

　ブロックをはめこめるようになる。

　自分でいろいろなことをしたがり、自己主張が出てくる。

　第一次反抗期がこの時期に表れ、現実や空想、願望が混在し、大人の目
には"嘘"をついているように見える。

2歳半～3歳：片足立ちをしようとする。両足で交互に階段登りができる。

　手首のひねりが上手になる。

　横線が書けるようになり、続いて縦線、円の順に書けるようになる。

　イメージする力がついてくるため、見たて遊びやふり遊びが始まる。

　「なぜ」や「どうして」などの質問をし始める。

　照れ、気まずさ、誇り、恥が見られる。

3歳～4歳：想像（イメージ）することが可能になり、「ごっこ遊び」が登場
する。

　チョキや3本指、4本指の指出しができるようになり、十字が書けるよ
うになる。

　ボール蹴りができるようになり、片足跳びも少しできるようになる。

　力のコントロールが上手になり、手首の回転が楽にできるようになる。

　テンポ変化に合わせた動きが可能になり、聴覚と動きの統合ができるよ
うになる。手と足のそれぞれ独立した動きも可能になるため、遊びが広
がる。

　1歳で0.3ぐらいだった視力は、この時期には1.0以上になると言われて

いる。

　使用する言葉も増えて多語文が出始め、複雑な会話ができるようになる。「なぜ」や「どうして」などの質問が増える。これは、起きている出来事の原因を知りたいという認知の発達があるからである。

4歳：運動機能が発達し片足で5秒ほど立てるようになり、片足跳びなどもしっかりできる。

　　　「ごっこ遊び」もいろいろな道具を使って計画的になる。

　　　両足をそろえて前にとぶ。

　　　眼を閉じて10〜15秒ほど立てる。

　　　四角（正方形）が描ける。

5歳：片足で10秒以上立てる。つま先立ちも10秒ほどは可能。

　　　親指と中指、親指と薬指、親指と小指がくっつけられる。

　　　数回程度ならスキップが可能。

　　　三角形が描け、6歳近くなると菱形も描けるようになる。

[児童期]

6歳：ひし形が描けるようになる。

　　　手指の巧緻性が高まり、きつね指ができる。

　　　閉目片脚立ちができる。

人の心理的発達 ――― マーラーの発達論

　精神分析医、児童精神医学者であったマーガレット・S・マーラーは、その著書である『乳幼児の心理的誕生』で、生後3歳までの母子関係と自我の発達について以下のように記述している。

　　　正常な自閉期 ――――――― 0〜2カ月

　　　共生期 ―――――――― 2〜6カ月

　　　分離・個体化期　分化期 ――― 6〜9カ月

　　　　　　　　　　練習期 ――― 9〜15カ月

　　　　　　　　　　再接近期 ―― 15〜24カ月

　　　　　　　　　　個体化期 ―― 24〜36カ月

　正常な自閉期は、自己と外界の区別がなく、絶対的な一次的自己愛の状態であり、後半にかすかに母親を認識するとされている。

　共生期は、以後の分離・個体化期の基礎になると言われ、母親と融合している時期である。この時期には３カ月無差別微笑が見られる。

　分離・個体化期における第１段階の分化期は、外界への興味が高まると同時に、スピッツの言う８カ月不安（人見知り）が生じる。

　第２段階の練習期は、はいはいからよちよち歩きの時期で、外界への好奇心がより一層高まる。身体移動ができるようになり、探索活動がさかんになり、「イナイイナイバア」を喜んで行なう時期でもある。

　第３段階の再接近期は、第２段階の練習期に起こってくる分離不安から生じるものとされている。この時期には、母親へのまとわりつきと飛びだしという全く逆の行動が特徴的に出現する。母子分離と子どもの発達にとって最も重要なポイントとしてマーラーはとらえている

　第４段階の個体化期は、個体化の完成と情緒的対象恒常性が確立され始める。

コミュニケーションの発達

　誕生直後から母親は赤ん坊を抱きしめ、赤ん坊とのコミュニケーションを行なっている。この身体的な触れ合いの重要さについて、アメリカのハーロウはアカゲザルの子ザルの実験を通して、子ザルは授乳装置のある針金製の人形と柔らかい布製の人形とでは、授乳以外の時間はほとんど布製の人形と一緒に過ごしていた、と記述している。

　言葉によらないコミュニケーションの重要さは言うまでもないが、次に言語的コミュニケーションについて述べたい。

　１カ月ごろ：のどの奥を鳴らすようなクーイングが表れる。

　３カ月ごろ：喃語（アー、ウー）が発せられる。

　６カ月ごろ：規準（反復）喃語（ダダダ、ババババ）に変化する。

　９カ月ごろ：ジャーゴン言語が表れる。

　１歳〜１歳半：初語（意味のある言葉）、一語文が出る。

　１歳半〜２歳：命名期。指さし、物の名前を言う、「ナニ？」を多発する。
　　　　　二語文を使う。

2歳〜2歳半：羅列期。単語を羅列する。比較の言葉（大きい、小さい）が出る。

2歳半〜3歳：模倣期（なぜなぜ期）。因果関係の理解が始まって原因と結果に興味をもち始め、「どうして」、「なぜ」を盛んに使用する。質問をして、大人を困らせるが、大人の言葉を模倣する。物を壊したり整理したりするのも、この時期に盛んに行なう。

3歳〜4歳：成熟期。語彙が増大すると同時に、発音の発達が見られる。

4歳〜：適応期。抽象化が可能になる。

認知機能の発達

ジーン・ピアジェは、認知・思考の発達を「感覚運動期」、「前操作期」、「具体的操作期」、「形式的操作期」の4つの期に分けている。

感覚運動期（0〜2歳）：十分な言葉を持っていないため、身体（動作・感覚）を使って思考する。舐める、触る、叩く、見るなど動作や感覚を利用して自己や外界を知る。

この時期を次の6段階に分けている。

第1段階（0〜1カ月）：原始反射の時期

第2段階（1〜4カ月）：第一次循環反応（繰り返し行動）
単純な動作を繰り返す。目の前で両手を合わせるなど、自分の身体に関しての体験の繰り返し。

第3段階（4〜8カ月）：第二次循環反応
目と手の協応により、おもちゃや楽器を扱えるため、行為（ガラガラを振る）－結果（音が鳴る）に興味・関心が高まり、同じ行動を繰り返す。第一次循環反応とは異なり、外界に関係したものになる。

第4段階（8〜12カ月）：目的を達成するために手段を選んで行動する。布やハンカチを取りはずして、下にあるおもちゃなどを取ろうとする。

第5段階（12〜18カ月）：第三次循環反応
目的を達成するために試行錯誤を繰り返し、新しい手段や方法を発見する。

　　第6段階（18〜24カ月）：目的を達成するための行動を頭で考え、それ
　　　に適した行動をとる。
前操作期（2〜7歳）：前操作期は、第1段階と第2段階に分けられている。
　　第1段階（2〜4歳）：前概念段階
　　　　象徴機能の言葉が発達して「見たて遊び」「ふり遊び」や「ごっこ
　　　　遊び」が盛んに見られる。イメージや言葉を利用して思考する。
　　第2段階（4〜7歳）：直感的段階
　　　　論理的・関係的思考は未だ発達していないため、論理よりも目の前
　　　　にある見え方に影響を受ける。高さの異なるコップに同量の水を入
　　　　れると「見かけ」の高さから、高いコップの水が多いと答えること
　　　　などがある。つまり、足したり引いたりしなければ量は変わらない
　　　　といった"保存の法則"が、まだ理解できていない。
　　　　また、子どもの空間認知能力を調べるために、有名な「3つ山実
　　　　験」を用いた。これは「高さ」「大きさ」「色」の異なる3つの山を
　　　　配置して、見る地点によって異なるはずの山の景色の違いが理解で
　　　　きるかの実験で、9〜10歳くらいから理解できるようになるが、こ
　　　　の実験を通して、幼児の自己中心的な思考について記述している。
　　　　他人も自分と同じ夢を見ると思い込む。また、すべてのものに心が
　　　　ある（アニミズム）と考えている。
具体的操作期（7〜11歳）：前操作期と異なり、具体的な物や具体的な物を使
　　　って活動をしても「見た目」、「見かけ」に惑わされずに思考できる。前
　　　操作期での水量とコップの関係でも、コップの形による水面の高さには
　　　惑わされることがなく、保存の概念が成立する。量の保存は7〜8歳、
　　　重さは9〜10歳、体積は11〜12歳で理解できるようになると言われてい
　　　る。
　　　「3つ山」実験においても、見る位置によって3つの山の見え方は違っ
　　　てくることを理解し始める。やがて、それぞれの見る地点での見方や、
　　　近くのものは大きく見えるなどの遠近感が理解でき、前操作期での自己
　　　中心的な思考から、客観的、統合的な思考へと変化していく。
　　　具体的にイメージできる物や出来事に関して、感覚に影響を受けず、論

理的に理解、思考できる。

形式的操作期（11〜15歳）：具体的な物や出来事がなくても、抽象化して論理的思考ができる。

現実から離れて仮説推理や演繹的思考ができる。「考えている」ことそのものを「考える」ことが可能になる。「何も思い浮かばない」と言った「思いが浮かんでいる」ことが理解できる。

乳幼児期の音楽

　新生児は、高い音をよく聞き分けると言われている。確かに大人から赤ん坊へは、高い声の調子で話かけている。しかも、多くの場合は単純な言葉を使い、規則的なテンポやリズムを繰り返している。イギリスのマザーグースなども、その典型的なスタイルを持っていると言えよう。

　特に新生児期は、1日のうち16時間以上を睡眠に費やしている。3カ月までの乳児期には、ゆっくりしたテンポと単純なリズムの繰り返しで、かつメロディーの起伏がゆるやかな静かな歌が適していると言えよう。また、ガラガラを静かに動かすと、鳴っている音を楽しみ、目もガラガラを追いかけるようになる。

　4カ月を過ぎると把握反射がなくなりリーチングができるようになるので、握ったり振ったりすると音が出る楽器などが発達を促すものとして必要になる。叩くことも可能になるので、叩くと音が出るいろいろな素材でできた太鼓などが活用できると思われる。また、落ち着いた歌声で歌われる子守歌やあやし歌を好む。赤ん坊にとって好ましいと感じる音であれば楽しむようになっているので、好みの音や音量などに注意して音環境を整えたい。

　7カ月を過ぎるとハイハイやつかまり立ちをするようになり、手助けがあれば自分で膝の曲げ伸ばしをする。リズミカルな声かけや歌によく反応する。

　喃語の発声を楽しんでいる様子がうかがえるため、赤ん坊の出している声の高さや長さ、強さを真似て声を出し、赤ん坊とのコミュニケーションをとることができる。触れ合い遊びを喜ぶこの時期には、あやし歌に含まれるリズミカルな歌詞にあわせた身体運動などを利用して、赤ん坊との交流を図ることができる。

　10カ月ごろには手遊びやリズム遊びを楽しめるようになる。歌にあわせて自分から身体を揺らしたり、簡単な振りの一部を真似したりすることができる。また、ねじると音の出るオモチャなども楽しめるようになる。

　1歳を過ぎるころには初語が出始め、声の幅や強さ弱さといったものが広がりを見せ始める。歌い始める。もちろんリズムはしっかりしたものでなく、メロディーのような音の抑揚がわずかに認められる程度ではあるが。身体の動きの広がりにともない、リズミカルな動作ができるようになり、音楽と運動との協応的な活動が、短い時間ではあるが見られる。

　2歳近くになると、簡単なメロディーなら部分的には歌えるようになる。このころから音程の幅も拡がり、長2度、短2度から3度を経て、4度、5度の歌唱も可能になってくる。歩く、走るなどの活動が上手になって、自分から音楽のテンポに合わせた動きができるようになり、長い時間、音楽に合わせた楽器活動やリズム運動が続けられる。

　2歳までの発達課題は、基本的対人関係の形成と、次の段階での心身の発達を促進するための身体活動や運動機能の成熟といえるであろう。

　声による赤ん坊と母親との音楽的やり取り、会話を通じての愛着関係の構築、子守歌などを歌い聞かせる時に一緒に行なう「揺らし」や「身体への軽い接触」が、触覚や固有覚（深部感覚）などを刺激して、より一層愛着関係を作りあげていく。

　認知面においても、叩けば音が出る楽器などの使用は、単純な感覚運動的知能や因果関係への気づきをもたらす。音楽の持つ運動促進的な機能は、運動機能の発達や成熟に大きく寄与するであろう。

　3歳のころには仲間との遊びが増えて、いわゆる「ごっこ遊び」が出現する。また、手と足が別々の動きを要求される三輪車に乗れるようになり、それまで以上に音楽にあわせた動き（ジャンプ、走る、行進）が活発に見られる。

　4歳になるころまでには、しっかりとした踊りができるようになり、音楽の聞こえてくる所では、じっとしているよりも、つねに踊りを踊っている。さらに、ただ単に動いているかのようであった以前の時期とは違って、上手に自分の身体をコントロールして音楽に非常にあった動きを見せる。同様に声のコントロールも上手くなり、オクターブ程度の音域が出せるようになっている。ただ、すべて

音符通りに正しい音程で歌えるわけではない。

　4歳以降は簡単なメロディーであれば、正しい音程で歌えるようになる。楽器操作も仲間と一緒に楽しむようになり、簡単な合奏などができるようになる。スキップや足踏みなどができ、リズミカルなダンスをするようになる。

　4歳までの発達課題は、音楽活動がより深くかかわるであろう。語彙数が爆発的に増えて、同時に発音も明確になるこの時期には、言葉遊びを支えるリズムやメロディックな音楽の要素が欠かせないものになるし、言葉の発達に大きく関与するものと思われる。

　また、空想や遊びの内容を拡げていく音楽（プレイソングなど）は、子どもの自発的な活動の手助けになり、子ども自身の持つ表現活動を支え、現実と空想の世界を充分に体験するための道具として比類ないものであろう。身体的にも移動能力がほぼ完成するこの時期は、子どもにとって音楽の持つ意味はさらに重要性を増す。

　5～6歳にかけては長い歌でも正しい音程で歌えるようになる。また、仲間との合奏も複雑な曲でも可能になってくる。次の発達段階である学童期以降の音楽活動や音楽学習に必要な基本的な技能・技術をおおよそ習得する。

　幼児期の最終段階にも、音楽は大きく関わっている。前段階で「ごっこ遊び」などを体験をしながら、子どもは少しずつ自分や他人の性別を認識し始める。

　この時期の性的同一性の発達課題にたいして、男性性や女性性の明らかな音楽（テレビドラマや漫画などのテーマ音楽）は、自分の性についての認識をもたらすであろう。オモチャ選びにおいても、例外はあるにしても、この時期までに男児は乗り物や銃を、女児は人形や調理器具などと、性別に合った選び方をしている。もちろん、性差を生む要因には、脳の発達やホルモンといった生物学的因子が関与しているとは思われるが、同時に、子どもを取り巻く社会的圧力の存在があることも忘れてはならない。

　また、合奏や合唱を通して集団へ参加することもあろう。この参加を通して、集団の目的や集団の中での自分の役割を理解するとともに、その役割の出来・不出来により積極性や自主性が高まることもあれば、劣等感や罪悪感（自分のせいで上手くいかない）なども生じる。このような体験は、初期の道徳性へ繋がっていくと考えられる。

　当然ではあるが、発達課題と音楽の関係は幼児期で終わるものではない。幼児期から学童前期、青年期・成人期と続き、人によっては人生の最終章まで音楽と「ともにあること」があるであろう。

発達障害

発達障害とは

　人の成長・発達には一定の順序があり、同時に各年代に応じた到達度が見込まれている。生後3カ月での首のすわり、7、8カ月でのハイハイ、12カ月での立ち上がりや歩行が身体・運動面で見られる。言語では、生後2カ月ごろのクーイング、6カ月ごろの喃語からジャーゴン言語を経て、1歳の初語に始まり、2歳での二語文、3歳での三語文といったものが、順序性をもって発達する。

　しかし、脳や身体、対象関係、生育環境に問題がある場合には、順調な発達が期待できない。つまり、心身の発達において偏りや遅滞を生じる。発達障害とは、まさにこの心身の発達における偏りや遅滞がある状態を指しており、前述した言語の発達や知能における発達が、成長とともに期待される範囲を大きく逸脱している状態にあると言えよう。

　特に発達途中にある子どもたちにとって、その障害のために、本来なら体験できる多くのこと、つまり人との関わりや仲間と一緒になって遊び・学ぶといったことなどを十分に体験することができないままに時間の経過を見ることも出てこよう。

　音楽はこのような障害を持つ子どもにとって、優れた感覚刺激（触覚、聴覚、運動）になり得ると思われる。言葉を持ちにくく、自由に体を動かすことができない状態にあっても、自分の気持ちの表現や発散に繋げることができよう。このことは、情緒の安定を生み出し、他者との関係性を持ちやすくするであろう。

　かつての障害者基本法では、知的障害、身体障害、精神障害の3つを障害として定義していた。しかし、2005年の発達障害者支援法の施行以後、広汎性発達障害（自閉症、高機能自閉症、アスペルガー症候群、レット症候群、小児期崩壊性障害）、注意欠陥・多動性障害、学習障害が対象になった。

発達障害者支援法（2005）の定義によれば、「『発達障害』とは自閉症、アスペルガー症候群その他の広汎性発達障害、学習障害、注意欠陥多動性障害その他これに類する脳機能の障害であってその症状が通常低年齢において発現するものとして政令で定めるものをいう」としている。昨今話題になっている不登校や引きこもり（内閣府発表：総計150万人）の40％近くは、発達障害の可能性があるともいわれている。

　発達障害の診断には、DSM（アメリカ精神医学会による分類）やICD-10（世界保健機関による分類）が使用される。

　ここではまず障がい児の歴史について簡単に触れておきたい。

障がい児の歴史

　16世紀前半にエラスムスは、その著書『幼児教育論』で初めてラテン語で「自由な者」を意味する子どもに対して、それまでの刑罰を基礎にした教育からの脱却を訴えた。近代教育の父と呼ばれるコメニウスは、幼児期の教育がその人の生涯を決定するとして、教育の平等について言及している。その後、ジャン・ジャック・ルソーは少年エミールを主人公にした小説『エミール』の中で、自然主義・自由主義教育を主張した。

　教育の歴史の中で、障がい児はどのような扱いを受けてきたであろうか。

［古代時代］

　古代都市国家のアテネ、スパルタにおいては、障がい児は遺棄されていたとされている。プラトンやアリストテレスらも障がい児を育てることについて否定的な考えを著書で記述している。ローマでも障がい児は川に投げ捨てられていたとされている。

　わが国においても『古事記』の「流された水蛭子（ひるこ）」伝説に見られるように、障がい児は遺棄されていた。

［中世・近世時代］

　キリスト教が社会生活の基礎であった時代、ヨーロッパにおいては、教会や修道院の片隅で障害のある者を世話していたようであった。このようなわずかの例

外はあったにしても、障がい者は哀れみや嘲笑の対象でしかなかった。マルチン・ルターも、盲・聾唖以外の障がい者は魂のない肉の塊である、と言っている。

　一方、わが国でも子どもの「間引き」が行なわれていたことから、障がい児は保護の対象外であったと思われる。また江戸時代にも、因果応報観から、障がい者をごくつぶし、生まれぞこないという言葉で表現しており、やはり蔑視の対象になっていたと思われる。ただ、室町時代ごろから盲人については、針・あんまや音楽の方面での活動が見られる。しかし、ごく一部を除いては人間扱いをされておらず、教育に至っては全くの対象外であった。

[近代・現代]

　ジャン・ジャック・ルソーの子どもに対する考え方に共鳴したスイスのヨハン・ハインリッヒ・ペスタロッチは、その著作『シュタンツだより』『育児日記』などで、子どもが持つ可能性に触れている。18世紀末、フランスの医師ジャン・イタールによる「アヴェロンの野生児」に対する教育記録は、重度発達障害児への教育の可能性を導いた。イタールから指導を受けたエドワード・セガンは、知的障害児への教育において多くの業績を残した。イタール、セガンの業績に学んだイタリアのマリア・モンテッソーリは、発達手段に使用する教具を開発するなど、感覚運動教育を基礎に独特の教育方法で成果をあげている。

　これらの野生児の研究・記録は、初期発達における臨界（敏感）期についての議論を生じさせた。中でも、1970年に救出された「少女ジェニー」の記録は言語獲得の臨界（敏感）期論議に一石を投じている。これは、13歳まで部屋に監禁・隔離されて育ったジェニー（ジーニー）が、救出時には話すことができなかったものの、以後の教育によりかなりの言語獲得ができたというものである。

　わが国では明治時代に入って文明開化の政策が行なわれ、児童教育も組み込まれたが、心身障害児には関心が全くと言ってよいほどなかった。

　このような時代の中にありながら、1878（明治11）年には京都盲唖院が設立され、盲児・聾児の教育が行なわれている。1887年には石井十次が岡山孤児院（児童養護施設）を設立した。また1891年には石井亮一が「滝乃川学園（知的障害児）」を開設した。

　明治・大正にわたって障害児教育は、わずかながら進展は見せていたものの、

昭和に入っても障がい児を取り巻く環境はそれほど進まなかった。しかし終戦後、1963（昭和38）年に糸賀一雄が障害の重くてもすべての子どもに発達の可能性があるとして、重症心身障害児施設「びわこ学園」を開設した。

1979年には、養護学校の義務化が行なわれ、通学困難な障がい児へも、在宅や施設への訪問教育が行なわれるようになった。平成に入ると、精神薄弱は知的障害と名称を変え、2005（平成17）年には発達障害者支援法が施行され、子どもの自立・社会参加を標榜して視覚障害・聴覚障害・知的障害・肢体不自由に発達障害も加えた特別支援教育が開始されるに至っている。

障害の分類

障害が何にかかわるかにより障害は次の3つに分類される。
①身体・運動機能にかかわる障害：脳性麻痺、視覚障害・聴覚障害、虚弱
②知的機能にかかわる障害：知的障害（精神遅滞）、LD（学習障害）、ダウン症
③社会性にかかわる障害：広汎性発達障害（自閉症、アスペルガー症候群）、
　　　　ADHD（注意欠陥・多動性障害）

脳性麻痺

胎児期から新生児期（生後4週まで）に脳に受けた損傷で起こる障害。姿勢・運動・筋緊張の異常が見られる。発生率は1000人中2、3人ほどである。

損傷の原因としては、出生前は体内感染・栄養障害など、出生時は低酸素脳症・脳外傷など、出生後は脳外傷・中枢神経感染症などがある。中でも早期産による脳性麻痺の増加が指摘されている。

脳性麻痺そのものが進行することはないが、二次障害が発生することもある。これは、麻痺のない部位のみを使い続けるため、筋肉や骨、また神経系に偏りや異常が起きるためだと言われている。

脳性麻痺の分類には、症状と麻痺の部位によるものがある。

[麻痺の症状]

痙　直　型：筋肉の緊張が常にある。自分の意志とは無関係に急に伸びたり動い

たりする。脳性麻痺の70％を占めている。

アテトーゼ型：筋緊張と筋緊張低下が極端な形で現れ、ある動作をしようとする時や精神的に緊張していると、ほかの部位にも不必要な力が入り意志に関係なく手足が動く。脳性麻痺の20％を占める。

失　調　型：筋肉を協調して動かせず、姿勢や四肢の運動の調整がうまくとれない。

硬　直　型：筋肉が硬く、手足の曲げ伸ばしがなかなかできない。

［麻痺の部位］

四肢麻痺：全身の麻痺があり、両腕、両脚が同程度の障害。

片麻痺：身体の左右どちらか片側の麻痺。脚より腕の障害が重い。

両麻痺：全身の麻痺があり、両腕より両脚の障害が重い。

対麻痺：両脚に麻痺があり、両腕・胴体には麻痺がない。

大島の分類

					IQ
21	22	23	24	25	
20	13	14	15	16	75
19	12	7	8	9	50
18	11	6	3	4	35
17	10	5	2	1	20
走る	歩く	歩行障害	座れる	寝たきり	

脳性麻痺は運動障害を起こすが、それに加えて知的障害を重複することがある。特に重症心身障害児は、重度の運動障害と重度の知的障害が重複している。大島の分類の１～４に相当する。なお、大島の分類とは、縦軸にIQを20、35、50、70、80の５段階に分け、横軸に身体活動を寝たきり、座れる、歩行障害、歩く、走るの５段階に分けた表で、重症児は縦軸２段階目のIQ35と横軸の座れるの４枠内に区分されている。大島分類のほかに、横地分類や富田分類もある。

知的障害

知的障害とは、知的発達に遅れがあって他者とのコミュニケーションや学習に支障を来す状態を指し、発達初期に出現し、適応行動の欠如などもある。言葉の理解や使用に問題があり、本人にとって危険な状態に対応できなかったり、時と

して社会規範の欠如も見られると指摘されている。

　近年、累犯犯罪者の中にも少数ではあるが知的障害者の存在が明らかになり、行政を中心としたしっかりとした対応（社会的教育など）の必要性が指摘されている。

　知能検査は認知・記憶・思考・判断・推理・言語などが統合して働くものとして考え、その発達状況をIQ（知能指数）に表したものである。

　IQによる分類は、以下のようになっている。

　　最重度：IQ20未満

　　重　度：IQ20〜34

　　中等度：IQ35〜49

　　軽　度：IQ50〜69

　知的障害の原因には、さまざまなものがあるとされている。脳の発達が妨げられる器質性知的障害は、全体の25％を占めているといわれており、主なものにはダウン症や猫泣き症候群のような染色体異常があるものや、遺伝子異常、感染症、出産時の事故などによるものもある。

　しかし、多くの知的障害を占める非器質性知的障害では、脳における異常が見られず、ほかの原因疾患などが明確でないケースが最も多い。養育環境の問題なども指摘されてはいるが、その原因についてははっきりしていないとされている。

　また、乳幼児には言語を多用する知能検査は適当でないため、発達を運動、言語、社会性などを含め多面的に捉える発達検査を用いる遠城寺式乳幼児分析的発達検査法・乳幼児精神発達質問紙（津守・稲毛式）などがある。これらは保護者や養育者への聞き取りを行なうので（間接検査法）、それぞれの観察力に左右されることがある。このほかには、田中・ビネー知能検査、新版K式発達検査、WPPSI知能検査（直接検査法）がある。適用年代などもそれぞれの検査法で異なっているので、詳しくは成書を参考にされたい。

ダウン症（ダウン症候群：Down Syndorome）

　1866年にイギリスの医師ダウンが報告したが、当時は蒙古症と命名されていた。染色体異常の一種で、21番染色体の数的、構造的異常が認められる。出生頻度は0.1％である。原因については、まだ決定的なものはない。出産年齢との相

関があるとされている。

　３つの類型があるとされ、以下のように分類される。

　　標準型21トリソミー：ダウン症の90〜95％を占めるとされている。

　　転　　座　型：ダウン症の３〜５％を占める。

　　モザイク型：ダウン症の１〜２％を占めており、知的障害が最も軽いとされ
　　　　　　　　ている。

　臨床的特徴は、筋緊張低下、共通の特徴的顔貌、また合併症では先天性心疾患が半数に見られる。斜視、視力低下、および軽度から中度の難聴もまれではない。肥満や呼吸器感染症にもかかりやすい。

　知的障害による言語発達の遅れがある。理解言語より表出言語が遅れ、難聴などによる発音の不明瞭さが加わることもあり、コミュニケーションに障害が出現しやすい。

　一般的には中度から重度の遅れがあると言われてきたが、最近では、異なった報告（軽度〜中度）もなされており、早期の療育・教育の必要性が指摘されている。文字学習は良好とされるが、抽象的思考を必要とする数概念は困難である。

　ダウン症児は、「おとなしい」「明るい」「人懐っこい」と言われており、人の中に入ることは苦手ではなく、むしろ好きだといえる。しかも他児の真似が好きだったり、対人関係の良さや能力によって周囲の働きかけが多かったりするため、幼児期には順調な成長・発達を見せることが多い。

　感情や情緒面は、しっかりした発達を示すことが多い。身体的な発達も遅れながらではあるが、ゆっくりとした成長を示す。

　このように発達の筋道は健常な子どもと似ている。ただ、知能の発達の遅れが見られ、その遅れも子どもによって差がある。

　実際に関係を持つと、かなり頑固であり、集中力や持続力に欠ける面を見せることがある。協調運動やバランス活動は得意ではないが、音楽のリズムに合わせて身体を動かすことは好きである。

　また、思春期・青年期に急激な退行を見せ、生活習慣の崩れや活動の低下を示すことが指摘されている。かつては20歳以前とされてきた平均寿命も、現在では50歳を超えると言われている。このため、青年期に達したダウン症者の示す「頑固さ」や「融通のなさ」への対応にも配慮する必要がある。

LD（学習障害：Learning Disabilities）

基本的には全般的な知的発達に遅れはないが、聞く・話す・読む・書く・計算する・推論する能力のうち、特定のものの習得と使用に著しい困難を示す障害を指す。

学習障害は、その原因として中枢神経系に何らかの機能障害があると推定されるが、視覚、聴覚、知的、情緒などの障害や、環境的な要因が直接の原因となるものではない。学習障害は障害として軽度ないしは部分的なために、実態の把握がむずかしく、出現率の調査にも同様の困難さがある。このため正確な数値は求めにくいが、わが国でのいくつかの調査・報告によれば、おおむね2％前後の数値を示すものが多い。

教育の現場でもようやく認識が進み始めたばかりで、学業不振や学習遅滞との判別がむずかしい。このために発見が遅れがちで、適切な指導が十分になされず、二次的な不適応症状の発生を見ることも稀ではない。後に述べるADHD（注意欠陥・多動性障害）との合併の有無についての配慮も必要とされる。

自閉症

1943年にアメリカの児童精神科医レオ・カナーとオーストリアの小児科医ハンス・アスペルガーよって報告された。カナーは「早期幼児自閉症」と、アスペルガーは「自閉性精神病質」と名づけ、論争が繰り広げられた。現在では、広汎性発達障害の中に、自閉症、アスペルガー症候群としてLD（学習障害）やADHD（注意欠陥・多動性障害）などとともに位置づけられている。

原因については、当初は心因論がカナーによって唱えられた。このため親の養育態度や性格が問題視され、多くの悲劇も生まれた。やがて、1960年代後半、イギリスのマイケル・ラターにより、自閉症は言語と認知の脳の器質的な障害が原因で生じるとの脳障害説が出された。おおよそ3分の1には脳疾患であるてんかん発作が認められる。

このような歴史的推移の中で、治療の枠組みにも大きな変化が見られた。初期には情緒障害として遊戯療法などを中心とした受容的精神療法が盛んであったが、やがて教育訓練的な治療や教育が中心となっている。特にエリック・ショプラーが作成したTEACCHプログラムは、視覚優位と言われる自閉症に対して、幼児

期から成人期にわたっての一貫したプログラムを提供し成果をあげている。

　次に述べる特徴が自閉症の診断基準として用いられている。

　①社会性の障害：孤立した遊びを好む、仲間をうまくつくれない、視線が合わ
　　　　ない、人との情緒的交流がない。

　②コミュニケーションの障害：言葉の遅れがある、エコラリア（即時性反響言
　　　　語＝オウムがえし、遅延性反響言語）、要求を疑問文で行なう。ごっ
　　　　こ遊び、物まね遊びがない。

　③反復性の常同的な行動や関心：こだわりの行動（同一性保持）としては、手
　　　　のひらをかざしてひらひらさせたり、くるくる回転したり、体をゆ
　　　　すったりする。数字や自動車・電車などの特定の物にしか興味を示
　　　　さない。いつも同じ道順を通る、物を置く位置が決まっているなど。

　①、②、③の症状が３歳までに出現した場合、自閉症と診断される。

　これ以外にも、多動やクレーン現象（相手の手を目的の場所までもっていく）、
触覚防衛（他人から触られたり抱きしめられたりするのが苦手であったりする）
などが多く見られる。このほかにも特定の食品しか食べないといった極端な偏食
が見られたり、多くの声や雑音が混ざり合う場所（教室やイベント会場など）は
苦痛であったりする。また、嗅覚が敏感な場合があり、他人の体臭や香水などが
苦手なこともある。

　加えて、相手の気持ち（欲求、感情など）を予測したり理解したりする能力
「心の理論」の獲得がむずかしいとされている。「心の理論」の有無を調べる「サ
リーとアン課題」は、自閉症児だけでなく、３〜４歳以下の子どもにも容易でな
いとされている。「サリーとアン課題」とは、サリーが自分のカゴに玩具を入れ
て部屋を出た後に、一緒に遊んでいたアンがその玩具をアンの箱に移した場合、
戻ってきたサリーは玩具を取り出すのにどこを探すかという質問である。これに
４歳以下の子どもは「アンの箱」と答える。玩具が移されるのを見ていないサリ
ーには、玩具が「アンの箱」にあることが分からないはずであることに気がつか
ないのである。

　現在、出現率は1000人に１、２人と言われている。男女比は４：１である。

　DSM‐Ⅳでは、自閉症、レット障害、小児期崩壊性障害、アスペルガー障害、
特定不能の広汎性発達障害が、広汎性発達障害としてあげられている。

自閉症児の発達の特徴として、粗大運動の発達のよさがあげられる。早くから走り回り、大人が危ないと思う高いところへも平気で登っていく。同時に記憶力のよさも指摘されている。時刻表や列車の種類などを機械的に覚えることは得意である。

　知的障害がほとんど見られない（高機能自閉症）児童もいるが、おおよそ70〜80％の自閉症児には、程度はさまざまであるが、知的障害が見られる。

　児童領域においては、数多くの治療法が実践されている。自閉症に対するTEACCHプログラムもその1つであるし、遊戯療法も古くから行なわれている治療法であろう。

　その中の1つに感覚統合法がある。感覚統合法は、アメリカの作業療法士であるジェーン・エアーズ博士が開発したものあり、発達障害の児童（学習障害児、自閉症児、知的障害児）に効果があるとされている。

　神経系の成熟の基礎となる、無意識下で自動的に調節されている体性感覚（前庭覚、固有覚、触覚）を特別に選んで刺激することで、中枢神経系を賦活させ、視覚や聴覚にも働きかけて、究極的には集中力を養い、社会性を発達させ、抽象的思考力や教科学習能力を向上させ得ると考えられている。南カリフォルニア感覚統合検査法による事前、事後の評価が不可欠である。

ADHD（注意欠陥・多動性障害）

　基本症状は不注意・多動性・衝動性の3つである。これらの症状の組み合わせから、混合型、不注意優勢型、多動性—衝動性優勢型の3病型に分類されている。年齢あるいは発達に不釣り合いな注意力、衝動性、多動性を特徴とする行動の障害で、社会的な活動や学業に支障を来すものであり、7歳以前に現れ、複数の場面で見られ、その状態が継続しているものである。また自閉症やほかの精神病を併発していないことが診断規定とされる。

　刺激（音や物）に反応しやすいので、刺激を遮断する必要も生じる。また自己不全感、自己卑下、無気力などが発生しやすい。成功体験は次の集中を生み出すので、指導・支援への工夫が求められる。

　薬物が治療の中心となる。70〜80％に有効であるとされているが、無効であったり悪化したりする例があることも指摘されている。

■■■■■■症例報告■■■■■■

療法的視点における
重症心身障害児・者のための音楽活動

はじめに

　音楽療法という言葉のもと、様々な領域での音楽活動・音楽の活用が盛んに行なわれている。重症心身障害児・者に対しての音楽療法も、数は多くないが実践され、報告書も出ている。その中で、対象児の呼吸や動作に音・音楽を合わせるとは書かれているものの、どのように合わせているかの具体的記述は少ない。

　今回、音楽活動を行なった中で、対象児の自発的な動きや快表情を引き出すことができた。これらのために用いた音・音楽、楽器を検証し、どのような音・音楽・楽器が重症心身障害児・者にとって受け入れやすく、彼らの興味を引き起こし、注意を集中をさせるものであるかを考察してみたい。

療育報告（対象と方法）

　久山療育園（福岡県久山町）は重症心身障害児施設として1967年に設立された。80床の入所施設を持ち、重症心身障害児通園事業、短期入所、地域療育支援などの事業を行なっている。設立に当たって園は療育の基本方針として、病院であり、学校であり、家庭であるとの理念を掲げ、対象者を技術論的にではなく全人的にとらえ、最善の職際的協力を進め、専門的職域の働きを全うすることを目指している。

〈対象〉

園の通園・外来利用の重症児・者。希望による参加。

　A女：脳性麻痺。地域の保育園に通う。当園へは週１回の通園。

　B男：脳性麻痺。県立養護学校小学部２年生。

　C男：脳性麻痺。ウエスト症候群。県立養護学校小学部２年生。

久山療育園での
音楽活動の様子

〈方法〉

　隔週土曜日午前10時半～11時半に園 1 階の通園訓練室にて実施。

　音楽活動前15分、活動後30分のミーティングを行なう。対象者は 3 名。スタッフ常時 5 名。

　固定・移動の VTR 2 台を使用し、活動終了後に撮影された内容について検証を行なう。同時に保護者への聞き取りを行なう。

音楽活動の内容

開始の歌：対象児の入室時に発声していた声の高さを基準にして作曲を行なった。音程は 4 音（ドレミファ）で作られ、必ず隣接音を使用、跳躍音程は含まなかった。対象児個別の名前に合わせたリズムと音の配列。曲全体の和音構成は 2 種類。和音の種類を少なくすることで、受け止める対象児の受容度を高めた。また、入室時の対象児の声の高さを歌の開始音として、調性を決定した。毎回同一メロディー曲を使用することで、「さあ、はじめるよ」との合図となった。

楽器活動：個々の対象児の好みの音色や触った感じ、外観などに注意して楽器を提示。参加者 1 人ひとりが現在できる動きで演奏可能な楽器の提示を試みた。既成の楽器では重症児にとって操作し難いものもある

開始の歌の楽譜

製作した楽器

　ので、新しい楽器の製作を行なった。演奏時における楽器の様々な特性を生かし、振動を好む対象児には水カリンバ、タンバーなど、対象児が触れるだけで演奏可能なツリーチャイム、視覚的にも興味を引きやすいツリーチャイム、カバサ、触覚ビーズ、握りやすく加工したバチを用いるなど、目と手の同時活動を促す提示を行なった。

集団活動：既成曲や即興による歌唱（発声）活動による気分の発散やリラクゼーションを主目的とした。

身体への働きかけ：音楽に合わせて、対象児の身体を擦る、揺らす、母親（保護者）との接触活動をするなど、リラクゼーションの提供をはかった。

ピアノでの個人セッション：個人の快表現の誘発、音楽を通したコミュニケーション（相互交流）、感情発散を中心とした活動である。

終わりの歌の楽譜

　終わりの歌．開始の歌と同様に音程の幅が広くなく、曲全体は４度の音程の中
　　で作曲した。ピアノ伴奏は２種類の和音を使い、歌詞は「バイバ
　　イ」の繰り返し。リズムや音の繋がり（メロディーライン）は４小
　　節単位の同一パターンを用いた。毎回使用することで終わりの合図
　　となった。

対象児の自発的な反応を促す音・音程とは

　対象児のその日の発声の音高を歌の基準音に設定した伴奏を行なう。開始時に
は泣き声であっても、その音を含む調性の即興を行なった。この時点で、泣き声
の高さを調性の中のどの音として位置づけるかが重要であろう。例えば主音とし
て見るか、属音として決定するか、これにより提供される曲の調性は異なってく
る。

　曲の速さは対象児の呼吸、手指の動き、腕の動き、足の動き、目の動き（等）
と同じ速さで提供する。リズムの決定も身体の動きや発声の一連の動きから取り
入れ、即興の曲の基本リズムとしている。即興を中心とした、音・音楽の提供の
中では、音域、音量、テンポ、リズム、音色に配慮した。

　リズム、テンポは前述の通りである。音色、音響特性も、対象者個人の好みに
合わせて提供を行おうと試みた。つまり提供される音がピアノのような減衰音な
のか、あるいはパイプオルガンのような保続音であるのか、またその音がどのよ
うな物理的過程を経て生み出されるかによっても、音の質が異なってくる。ギタ
ーの音は、ピック、指頭ではそれぞれ音色、質に違いがあることは周知の事実で
あろう。この音質によっても対象者の受け入れの違いがあると思われる。

　この視点にたてば、前述した通り、楽器音を出す際に必要とされる過程（打つ、

手指の握りの変化を見せた
A女

擦る、ひっかく、はじくなど）および楽器構造に注意する必要がある。金属系、木質の楽器音にどの程度の嗜好性を持っているかにも考慮しなければならない。

　また、音域・音量など変化の差が大きい場合に笑顔が見られることが多かった。

療法的視点とは

　対象児の好みの活動である音楽活動を行なう中で、対象児1人ひとりの動きや発声を促し、より積極的な活動への参加や対象児自身の発達を促すという視点を持つ。好みの活動のみに注目するのではなく、今現在対象児のレベルに合った適応水準活動の幅を広げる活動を行なうことが、次のステップへの基礎を形作ると思われた。楽しみの中に個々それぞれの目標・視点を明確にし、アプローチを行なった。

結果　参加者個別のまとめ ── 参加率の高いA女・B男の2名を選択

段階的な楽器の提示によって手指の握りの変化を見せた例

● A女
● 平成 X 年生まれ
● 病名は脳性麻痺、難治性けいれん。
仮死あり。出生時挿管されており、直後よく痙攣あり。痙攣のコントロールが

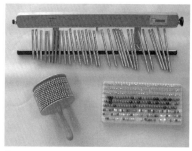  

左から、ツリーチャイム(上)、カバサ(左下)、触覚ビーズ(右下)／たまごマラカスとウインドチャイム／トライアングル

むずかしく重積すること（発作の持続時間が非常に長くなったり、頻発したりすること）もあり、現在でも挿管を要することがある。いろいろなことに興味があり、音楽は特に好きである。音楽活動開始以降、車椅子の駆動、ウォーカーの自力操作ができるようになった。人を見て手を振ったり「バイバイ」をするようにもなった。

参加開始時、母親からの報告は次の3点であった。

①好きな音はピアノの音であること

②物を握っては離してすぐに落としてしまい、握り続けない

③それ以外には、撫でる、叩くことにしか手を使わない

本児は、音楽活動参加初期は活動時間中泣き声をあげ、活動に参加できないことが多かった。まずは、活動の場が本児にとって快適な空間になるよう、好きなピアノの音を用い、泣き声に合わせた伴奏（BGM）を提示した。次々と楽器演奏が可能になるのに伴い、彼女が活動時間中に泣くことはなくなった。

さらに、母親からの報告②③により、楽器を使って手の操作性を高め得るのではないかと思われた。子どもの手指の発達を参考に、本児の好きな音楽活動の中でも、主に楽器を用い、物を保持できるよう促した。

まず初めに、本児にできる動き（触る、ひっかく）で演奏できる楽器の提示を行なった。少し触れてみることで演奏可能なツリーチャイム、ひっかくことを促す触覚ビーズやカバサを用いた。握り込みやすいと考えて提示したタマゴマラカスは減衰系の音色でないので、本児にとって興味をひく楽器ではなかったのであ

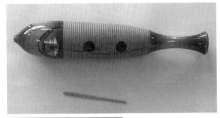

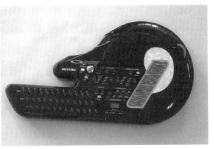

ギロ（左上）／フィンガーシンバル（左下）／
Ｑコード（上）

ろう。このため、握ってはすぐに離してしまい、集中力も続かなかった。

　そこで、本児の好みであるピアノの音色に近く、同質の減衰音であるウィンド
チャイムの提示を行なった。本児はウィンドチャイム（本体直径8.5cm）提示時
点で、かなりの興味を示した。やがてウィンドチャイムの"風受け用の取っ手"
（縦9cm、横5cm）の部分を握ることで、音が鳴るという体験をした。この時本
児にとって好みであった減衰音を持続させるために"取っ手"を離すことがなか
った。これが、物を握り続けて楽器を鳴らし続けた最初の活動であった。

　ついで本児が握り込みやすい太さのバチを用い、楽器の提示を行なった。握っ
たバチでトライアングルを打ち始めた。初期はセラピストが本児のバチを打ち下
ろす場所に楽器本体を差し出していたが、やがて目と手を同時に使い始め、セラ
ピストの援助がなくても楽器の演奏が可能になった。ピアノ系の減衰音を持つ楽
器のためか、活動は長く行なわれた。自分の目でトライアングルを注視し、握っ
たバチをトライアングルに打ち当てた。これが道具を使って何かを行なうという
初めての体験に繋がったと思われる。母親から、トライアングルの打音活動の後、
初めて日常生活の中でスコップを握って砂場で遊ぶようになったとの報告があっ
た。

　次にトライアングルを打つ上下の動きだけでなく、バチを握ったまま様々な方
向への動きを誘発できないかと試みた。握りの部分に補修を行なったバチを用い
て、ギロの演奏による左右の動きを誘発した。

　続いて、つまむことを促すためにフィンガーシンバル（直径約5.5cm）の提示

を行なった。フィンガーシンバル提示の初期のころは、円盤状本体の半分を握り、セラピストの持つもう1つのフィンガーシンバルに当てるようにして鳴らしていた。やがて徐々にフィンガーシンバルの小さなゴムの取っ手をつまめるようになってきた。その後のＱコードという電子楽器の操作では、直径2cmの音量つまみを自分から握り、左右に回転させ、動かすようになった。つまみを操作することで、自ら音量変化を楽しんでいた。

担当の作業療法士からの報告では、手指の操作能力が高まり、操作そのものに対しての興味が見られるようになってきており、また新しい場面への適応能力（適応力）が高まっているとのことであった。

ピアノによる個別の活動で自発的な笑顔・笑い声が見られた例

● B男

● 平成 X 年生まれ

● 病名は脳性麻痺、精神発達遅滞、てんかん。

新生児仮死あり。痙攣は現在内服にてコントロールできているが、時に重積^{じゅうせき}が見られ、酸素を必要とすることもある。両肘立位での頭部挙上、頭部のコントロールが以前よりも安定。

本児は顔の表情で快・不快の意志表示をした。ピアノでの個人セッションでは、集団活動で見られる快表情に加えて、声をあげての笑顔が見られた。

ピアノの音（セラピスト提示）と本児の声・息遣い・身体の動きの間では非言語のやりとり・会話が成立した。本児はやりとりを楽しみ、より積極的に応答している様子を見せた。セラピストの使用している曲は即興で、本児のその日の様子を見ながら、リズム・音色・音量・音域などを考慮した曲の提示を行なった。

特に反応のよかった音・音楽は、ピアノの高音域と低音域（5オクターブの開き）を使い、ある一定のリズムを用いながら、交互に和音を用いた鋭い音色であった。

ある日のピアノ個人セッションの即興曲の楽譜を86ページに示す。ピアノの音が一定のリズムを刻み始めると同時に、本児は頭部を上げ、目はピアノに注がれていた。（楽譜の1〜2段目）。音域が広がった鋭い音色の和音の提示には、声を上げ、身体を揺すって笑顔を見せた（楽譜の3〜4段目）。本児の笑い声と身体

自発的に笑顔を見せる
B男

の動きが最高潮に達し、若干の疲れを見せ始めると、ピアノの音色が柔らかくゆっくりしたものに変化。本児が息を吐き、身体中の力を抜くのを支える（楽譜の5段目）。このように、ピアノの音と本児の笑い声のタイミングが合うように休符を頻繁に用いて曲が構成されていた。

　作業療法士からの報告では、療法士が誘導を行なってもなかなか頭を上げないが、母親の誘導では頭部のコントロール性が最もよくなる、とのことであった。音楽活動中には、頭部をしっかり持ち上げ、自らの力で支えている場面が多く見られた。これは、母親の誘導時と同様の頭部のコントロール性が音楽により保たれていると考えられる。

考察

　音楽療法は受動的音楽療法と能動的音楽療法とに大別でき、その中でも楽器使用か人声のみか、また既成曲の使用か即興での構成かによっていくつもの組み合わせが可能となる。その選択は、セラピストの判断によって、その子の得意なものが歌か楽器かによって、提示するものは異なってくると考えられる。

　今回、対象児の自発的な動きを誘発する時、また笑顔などの快表情をする時の音・音楽・楽器を検証してきた。楽器も人声も使い、既成曲も即興曲も様々なものを使用して行なった音楽活動であった。

　まず、対象児の持っているテンポ・リズムなどを、提示する音・音楽の要素に採り入れることが必要であろう。既成曲を使用するのであれば移調の必要があると考えられるし、即興であれば対象児のあらゆる要素を採り入れ作曲することとなる。その結果、毎回使用する曲の中から固定の曲が生まれた。

　対象児の適応水準にあった演奏可能な楽器の提示で、より積極的に活動への参加を促すことができた。対象児の興味を引く様々な特性を持つ楽器 —— 素材・音質・音響などの分類と演奏における発達水準に合わせた難易度 —— を段階的に分類することが必要である。段階的に演奏水準を上げることで、楽しみながら手指の操作性の発達が見られた。また、その際に対象児の好む音色および音響の質に留意することが、楽器演奏への興味を促すことへ繋がると同時に、楽器操作の集中力や持続力を高めたと考えられる。対象児の好きな楽器名だけでなく、その楽器の持つ音の性質（減衰音・保続音）を把握し、音が生み出される過程や楽器構造に注目して演奏に必要とされる適応水準をわずかずつ上げる配慮が必要であると考えられる。前述のA女の例では、即時に音を生み出す楽器ならではの特性が生かされ、本児自身の操作の結果が表れた活動であったと考えられる。しかし、これらのことを充分に条件の中に取り入れている既製の楽器は少ないため、対象児の動きにあった新しい楽器の制作も必要とされる。

　強い音刺激は圧力になりやすく、対象児を驚かせたり、てんかん発作を誘発したりすることもあるので、音量に配慮し、突然の音刺激を提供しないよう注意することは必要であろう。しかし、繰り返される音楽の形（メロディーや和音進行）、予測可能な音楽の流れの中では、音の鋭さ、音域の広さ、急激な音量の変化は、対象児の笑顔を促すことが考えられる。結果で述べたように、B君の喜びの表現に音楽が寄り添い、本児の表現した休息の欲求を音楽が表現することで、音楽体験をより深く感じたのではないかと考えられる。また、外界との受動的な関わり方を中心とする本児にとって、能動的な関わりが持て、しかも音楽を使った非言語コミュニケーションでの相互交流体験になったのではないかと考えられる。この能動的体験は、本児にとってより確かな自己確認に繋がるものであろう。その際、音量の大小や高音域・低音域、音構成数の組み合わせといった要素だけでなく、音色・音質が配慮されるべきで、さらに変化のない単調な音の刺激でなく、音の緩急ともいうべきものが同時に提供される必要があると考えられる。以

上の要素を音楽活動で生かすためには、タイミングのよい休符の活用にも留意しなければならないと思われた。

結語

音・音楽の活用で、対象児の表情を変化させたり、発達を促したりすることが明確になったと思える。どのような音楽アプローチが、自発的活動が困難な対象児に対し、楽しみながら自発性を促すことができるのかを追求していきたいと考えている。

聴く、見る、演奏できるための条件を備えた新しい楽器の制作にも取り組みたいと思っている。重症児においては運動能力に多くの障害を持っているため、それらの障害を補う意味でも電子系楽器の利用も視野にいれなければと思われる。

[改訂にあたって]

現在、「久山療育園重症児者医療療育センター」へ名称変更し、病床数は94床である。全面改築工事された1回のホールでグランドピアノを使用しながら、対象者の変遷はあるが、月2回の音楽活動は継続中である。

音楽活動を担当することになってから17年が経過した。その中で変化を見せ、成長し、思春期を迎えたＡ女にとっての音楽活動の意味を振り返っておきたい。

手指が発達したことで、様々な楽器の演奏が可能になり、好みのピアノ演奏での自己表現が可能になったＡ女が、達成感を持ち、自尊心を高める結果になったと思われる。

発生に関しては、アレンジされた曲でも歌うことが可能になり、自己コントロール力が増し、声量も豊かに表現する様子が見られてきた。このことは、聴覚からの認知機能が高まり、即時反応活動の水準を上げることにも寄与したと考えられる。

松井紀和は「音楽は発散的であり、情動の直接的発散をもたらす」と指摘している。要求がうまく表現できないＡ女の苛立ちや、もどかしさが非言語である音・音楽を用いて、表現され、発散、解消されたと考えられる基礎となろう。セラピストとＡ女の音・音楽を用いた非言語交流は、Ａ女に安心感や安全感を生み出したと思われる。

（2017年12月、改訂補記）

［宮本幸］

III

成人領域の
音楽療法

精神医学の歴史

　人は、疾風怒濤の思春期を過ぎて青年期・成人期にいたるが、我々の人生には次々に課題が生まれてくる。そして、その課題をくぐり抜ける時間の連続が人生と言えよう。たとえ決定を先延ばしにしたとしても、必ず何らかの形で課題に相対さねばならない。

　職業を選択し、社会人としての歩みを始める。やがて、人生のパートナーを得て、次の世代の養育や教育が待ったなしに迫ってくる。社会的責任を否が応でも果たさねばならず、公私ともに重要で責任ある時間を送る時代が、青年・成人期であろう。

　これ以上ない充実した時間を送ることになるのであろうが、見方を変えれば、数多くの重要な課題の決定を迫られ、その重圧をひしひしと感じ、耐えていかなければならない時期とも言える。

　このような状況にあっては、体調や精神の変調に悩まされることも度重なる。

　自己治癒力（復元力）が続く間はよいのであるが、やがて心も体も疲弊して、自身で調整ができなくなってくることもあろう。このような精神の変化・変調に戸惑う時にこそ、音楽の持つ働きが改めて重要性を増してくるのではなかろうか。

　音楽は、古くは聖書の時代にサウル王の心の病を癒したとされ、現代では第二次世界大戦ののちにアメリカでの陸軍病院の精神を病む傷病兵を癒したとされる。このように音楽は、人の心と大きく関わってきた。

　この項では、精神医学の流れについて簡単に触れてみたい。

欧米の歴史

　ギリシャで「医聖」と呼ばれたヒポクラテスが、紀元前400年頃に精神病は脳の病気であると述べた。しかし、暗黒時代と呼ばれる中世では、精神病者は悪魔や悪霊に取り憑かれた者として忌み嫌われ、社会の片隅に追いやられ排除されていった。もちろん、慈善の対象として一部の精神障害者はキリスト教会での保護も受けていたが、時には迫害の対象ともなった。16〜17世紀の魔女狩りには、精

神障害者が含まれていた。

　やがてルネサンスを経て18世紀になると、フランス革命期にフィリップ・ピネルが時の革命政府の反対にもかかわらず、ビセートル病院やサルペトリエール病院の精神病者を鉄鎖から解放したことは有名である。

　19〜20世紀に入ると、ドイツでは骨相学を発表したフランツ・ガルの影響を受けて、「すべての精神病は脳の疾患である」と主張したグリージンガーが現れ、やがて精神病の分類に大きな功績を残したクレペリン、『体格と性格』を発表したエルンスト・クレッチマー、インクプロットによる人格検査法を作ったロールシャッハなどが、現在の精神医学の基礎を形づくっていった。

　現代精神医学の父と呼ばれるエミール・クレペリンは、第一次世界大戦後、戦勝国日本からの若き留学生・斎藤茂吉が差し出した手を握ることをせず、茂吉が多いに失望させられた人物でもあった。

　同じ時期、パリでヒステリー研究を行なっていたジャン・マルタン・シャルコーのもとで学んだフロイトが現れ、精神分析を創始、独自の理論と実践を展開した。フロイトの理論はアメリカに渡って力動精神医学として大きな発展を遂げた。

　ソビエトにおいてはイワン・パブロフが、精神現象を基本的に刺激－反射の枠組みでとらえ、高次神経活動として研究を進めた。

　20世紀半ばをすぎると、精神医学においても薬物療法が始まり、また学習理論を基礎とした行動療法などの隆盛が見られ、数多くの治療形態が生み出されている。学生運動との関連も言われる反精神医学運動、イタリアにおける精神病院の解体、このような流れの中で精神病院と言われる施設中心の医療から、地域を中心とした精神医療（脱施設化）へと大きな発展を見せ始めているとも言えるであろう。

日本の歴史

　江戸時代までの精神障害者に関する記録は、あまり多くはない。しかし、平安時代から安土・桃山時代において、いく人かの先達による精神障害者への治療の記録が遺されている。江戸末期から上層階級では、座敷牢と言った自宅での監禁も行われていた。

　1875（明治8）年、わが国で最初の公立精神病院として京都府癲狂院が設立

され、続いて東京に松沢病院の前身となる東京府（当時）仮癲狂院が設立された。この時期には、わが国精神医学の歴史に記憶される相馬事件が起きている。

やがて、わが国精神医学の祖とされる呉 秀 三が、クレペリンの大成した近代ドイツ医学とピネル以降のフランス人道主義的医療をわが国に導入した。「我邦十何万の精神病者は実に此病を受けたるの不幸の外に、此邦に生れたる不幸を重ぬるものと云ふべし」の文章で有名な論文『精神病者私宅監置ノ実況及ビ其統計的観察』（1918 年）を提出している。呉の精神障害者にたいする深い思いが満ちた言葉である。

精神障害者への偏見はいつの時代にもあったとはいえ、1900年に制定された「精神病者監護法」は、精神障害者を自宅に監禁することを認めた法律であり、精神障害者への偏見を助長し、精神障害者自身が治療を受けることそのものを不可能にしたものであった。しかも、大正から昭和へと軍国主義台頭の時代を迎え、2度の世界大戦の間、軍人にもなれず、工場生産にも参加できなかった精神障害者には、暗黒の日々が続いていたであろう。

戦後間もなく1950（昭和25）年に、「精神衛生法」が制定され、精神病者への自宅監禁は廃止された。

昭和30年代に入ると精神病院ブームと呼ばれるほどに私立精神病院の建設ラッシュが続き、精神病者は入院治療が受けられるようになっていった。やがて欧米と同じように薬物療法が導入され、このため電気ショック療法などのショック療法が減少していった。

アメリカの駐日大使だったライシャワーが暴漢に襲われたライシャワー事件（1964年）など精神障害者が関わり社会に衝撃を与えた事件もあったが、やがて作業療法士が養成され、作業療法の導入が行われてからは、閉鎖状態にあった精神障害者の病室からの解放も、徐々にではあるが進んでいった。現在では、薬物療法の進化や治療方法の進展が見られ、精神科医療は入院中心のものから外来中心・地域中心に大きく変化を見せ始めている。

このような流れの根底には、宇都宮病院事件（1983年に精神科病院で看護職員らの暴行によって患者が死亡した事件）をはじめいくつかの病院が起こした不祥事をきっかけとして、精神障害者の持つ人権や社会的権利についての世論が湧きおこったことも無関係ではないであろう。これに伴い、障がい者の自立支援や

雇用促進に関する法的整備も進められている。2015年には公認心理師法も誕生した。

心理学

心理学とは

　心理学とは、ひとの心の動きや行動を研究し、ひとや社会をよりよくするために役立てられる学問である。科学的でかつ、法則性をもった学問とされ、心の科学、行動の科学とも表現されている。

　心についての考察をたどると、紀元前のギリシャの哲学者プラトンやアリストテレスにさかのぼる。また、19世紀イギリスの自然科学者ダーウィンにも心理学の源流が見られる。

　哲学には時代を超えて今も私たちに恩恵を与えてくれる知見があるが、中には偏った法則性の下に成り立っていた思想もあった。例えば遠い昔、夜空の星や太陽は地球を中心として回っている（天動説）と信じられ、天動説で説明できないことは、信仰や神話などによって整合性が保たれていたし、矛盾を解明することは、当時の社会の中で重要な存在である神や信仰を否定する行為とみなされ、自由に研究をすることすら許されなかった。しかし、そのような背景の中で賢者たちは、長い年月をかけ膨大なデータを集めて検証し、法則性を見出して、惑星が動いて見える仕組み（地動説）を導き出した。以降、哲学や医学、科学などの学問では、感覚や思い込みではなく、普遍的でかつ客観的、法則性をもった根拠が重要不可欠となっていく。

　心理学の分野では、グスタフ・フェヒナーが刺激量の変化と感覚量の変化の関係についての法則を見出し、精神物理学を提唱した。この頃から、様々な分野から心の科学としての心理学が発展していったと考えられている。

心理学の歴史

［ゲシュタルト心理学］

　心理学は、ヴィルヘルム・ヴントが1879年にドイツのライプツィッヒ大学に

心理学の歴史

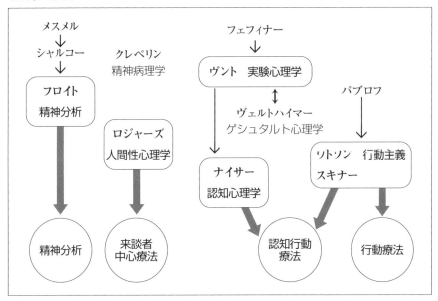

『臨床心理学概論』P41「各心理療法の学派から臨床心理学へ」を参考に作成

心理学実験室を作ったことに始まると言われている。ヴントは、対象者に自分自身の意識を内観させ、それを構成している要素を明らかにしようとした。そのため要素主義・構成主義と呼ばれている。

　しかし、小さな要素を突き詰めていくことでは説明がつかない現象も発見され、マックス・ヴェルトハイマー、クルト・コフカらは、全体的なまとまり・枠組みを捉える必要があると主張し、ゲシュタルト心理学を発展させた。まとまりとして捉えることで意味を見出せる例として、電光掲示板がある。電光掲示板には流れる文字やアニメーションが映し出されるが、よく見ると複数の電球が光っているだけである。しかし、電球一つひとつに注目するのではなく、光っている電球をまとまりとして見ると、掲示板に流れる文字やアニメーションが意味を持ってくる。

　音楽もまた、音と音のまとまり具合が重要になってくる。音響心理学の分野ではC・エーレンフェルスが、移調をしても同じメロディだとわかる（知覚的同一性が保たれる）ことから、旋律をゲシュタルトの一例と見なしたという報告があ

る。移調とは、音の上がり下がりやリズム・休符が全く同じ状態で、曲全体（キー）の高さを変えることを言う。「ちょうちょ」という曲をハ長調で演奏すると、最初の部分の「ちょうちょ　ちょうちょ〜」というメロディは「ソミミ　ファレレ」という音であるが、ト長調へ移調すると「レシシ　ドララ」の音で構成されることになる。多くの人は調が変わっても「ちょうちょ　ちょうちょ〜」というメロディであると感じる。これが知覚的同一性が保たれている状態である。

　さらにヴォルフガング・ケーラーは、まとまりとして知覚するだけではなく、考えるという概念を取り入れて学習についても研究し、洞察学習を提唱している。またクルト・レヴィンは、人間の行動には個人の特性と環境が影響していることを関数で表した場の理論を提唱し、それを社会心理学へ応用させグループ・ダイナミクス（集団力学）の研究を発展させた。

　　［行動主義］

　アメリカでは、ヴントの要素主義をE・B・ティチェナーが継承していたが、ウィリアム・ジェームズが環境への適応という視点で機能主義を発展させていく。

　一方、ジョン・B・ワトソンは人の意識という測定不可能な研究は科学ではないとし、測定可能な行動を研究対象として行動主義を提唱した。バラス・スキナーは、行動をレスポンデント行動（刺激に対する反応、例：梅干しを見ると唾液が出る）と、オペラント行動（過去の行動の結果に影響されている自発的な行動、例：おもちゃを譲り褒められたことがあるから人におもちゃを渡す）に分類した研究を続けた。これはのちにプログラム学習や応用行動分析などへ発展している。エドワード・チェイス・トールマンは、行動主義の考え方に行動の目的と手段の関係や認知過程を取り入れた潜在学習などを提唱した。

　　［精神分析］

　ゲシュタルト心理学・行動主義とともに、20世紀の心理学の源流と呼ばれているものに精神分析がある。精神科医であったフロイトにより創設された分野である。

　これらの3大源流を経て、心理学は様々な研究が進んでいる。どの研究にも魅

力的な内容があるが、ここでは、その一部を紹介する。

- 来談者中心療法：カール・ロジャーズが提唱。対象者が持つ力を発揮できるセラピーとして、セラピストに求められる姿勢について述べている（後述「応用心理学」参照）。
- 人間性心理学：アブラハム・マズローは人間性心理学の創始者ともいえ、5段階からなる欲求ピラミッドの最上位には自己実現という成長欲求があると提唱した。
- ポジティブ心理学：マズローの流れをさらに発展させ、個人や組織・社会のウェルビーイング（Well-being）について研究。創設者はうつ病に関連する「学習性無力感」を提唱したマーティン・セリグマンで、ウェルビーイングを高めるために大切な5つの内容をPERMAと名付けて整理している。また、B・L・フレドリクソンは、ポジティブな感情が視野の広がりや柔軟な思考に影響するという拡張－形成理論を提唱した。
- 臨床心理学：ライトナー・ウィトマーが「臨床心理学」という言葉を初めて用いた。主に子どもの能力と環境など学習面への支援に大きな影響を与えた。
- 認知心理学：認知に焦点をあてた分野でコンピューターを活用する。人間の認知機能を情報処理システムと捉えたU・ナイサーが提唱している。

　学問は研究者の視点のみで発展したのではなく、当時の人々の願いや流行に影響を受け発展している。例えば、デカルトの進化・生得論をベースとしてフランシス・ゴールトンは、ひとの進化において遺伝子レベルでの自然淘汰が見られるとし、優生学的主張を行った。これはのちに優秀な遺伝子だけを集めようとしたナチス政権下のドイツで取り入れられ、極端な人種の選別が行われる。しかし、ジョン・ボウルビィは同じ生得論を用い、絆に着目した愛着や分離不安の概念を形成していった。このように、一つの理論から様々な概念が生まれ、異なる立場で社会に影響を与えていくことがある。

　一方、行動主義の立場をとるワトソンらは、どんな遺伝子を持って生まれたとしても経験や環境によって人は成長していくという、経験説・環境優位説を提唱している。

　現代は簡単に情報を入手することができる。しかし、その情報が全てだと思い

学問の価値判断をしてしまうと、知識の習得はそこで止まってしまう。歴史やそこに至るまでのプロセスに触れることで、知識は深みを増し、今までの知識との意外な接点を見出せるであろう。

基礎心理学

　心理学は、先述した心理学の歴史や、主にひと個人に関する研究、再現可能な研究などについて体系化された「基礎心理学」（生物・生理、知覚、行動、発達、認知、社会、学習、パーソナリティなど）と、社会や生活の視点をもった「応用心理学」（臨床、教育、学校、産業、宗教、犯罪、スポーツなど）に分類することができる。

　まず、基礎心理学について述べる。

［神経心理学、生理心理学、認知神経心理学］

　情動やそれに伴う身体反応を担う偏桃体、エピソード記憶に関する海馬などの脳の機能、神経細胞の電気活動、セロトニンなどの神経伝達物質などについて、解剖学・生理学的知識を基にした学問である。日常では耳慣れない言葉だが、科学的根拠が比較的はっきりとしており、臨床上にある漠然としたエピソードや脳の損傷部位から起きる困難さを説明・理解する際に抑えておきたい分野である。

「行動心理学」

　パブロフの犬の実験など、動物に関する実験や研究が有名だが、ひとと環境の作用に関する研究もされている。今どのようなことが起きていて、どんな環境が影響しているのか、そのような結果がなぜ起きたのかなど、徹底したアセスメントを行う。例えば、嫌な刺激（嫌悪刺激）が続いたとき、そこから抜け出すための行動（回避）を起こし嫌悪刺激から抜け出すことができれば、その回避行動は頻繁に使われるようになる。一方、回避行動が多くなれば、自分自身の社会生活が制限され、人の優しさや楽しいことに触れる機会も遮断されてしまいかねない。そのようなときの刺激と反応の関係や、刺激と学習の関係、刺激と反応の間にある媒介の関係などを分析し、その人がもつ力を発揮できるための具体的な行動を見つけていく。

[発達心理学]

　児童期までの研究が主となっていたが、エリクソンらは老年期までを対象とした発達論を提唱した。エリクソンはアイデンティティという概念を提唱したことでも知られている。

　発達をたどっていく中で、遺伝と環境は切り離すことができない。近年では年齢を重ねるにつれ、遺伝的要因によって環境の選択が行われやすくなるという説も発表されている。遠藤利彦は「ある分野の遺伝的傾向を豊かに持って生まれていても、その分野に全くふれることができなければ関心が生じない。しかし自律的振る舞いが可能になりはじめ、その分野に触れることがあれば、自身の嗜好に気づき、才を開花させていくことができる」と述べている（『臨床に活かす基礎心理学』）。

　もともと日本人がもっているリズムは2拍子系とされている。自分の意志で行動できるように成長したタイミングで音楽療法に出合い、2拍子のリズムが刺激され、その才を開花させる例もある（p122参照）。最近リリースされた若い歌手が歌う曲の中には、日本人特有の拍子・リズム・音階を素材として作曲され、主に中高年齢層の間でヒットしている曲がある。もともと持っていた感覚と、自身の嗜好に気づけるようになったタイミングが合ったからこそ生じた現象ではないかと考えられる。

　発達理論は、それぞれの学派・視点により内容が一致しない部分があり、今、目の前で起きている現象をどの理論をもって説明するのが正解なのか断言することはできない。しかし、対象者の現在の発達段階と、もともと持っていた要因・生まれた環境などを踏まえてアセスメント・実践をしていくことで、対象者が好む音楽についての理解が深まり、より意図的に音楽を活用できるのではないかと考える。

[認知心理学]

　環境からの刺激や情報を人間がどのように認知し、処理し、行動しているのかを、コンピューターを利用して仮説・検証し発展した分野であり、知覚・注意・記憶・思考・推理などについても研究している。ここでは、特に高齢者の音楽療法で重要な記憶を取り上げる。

　記憶は、機能別に感覚記憶、短期記憶、長期記憶に分類される。感覚記憶の一つである視覚の保存時間は1秒未満であるのに対し、聴覚は3〜4秒ほどとされている。短期記憶は数分ほどで、数としては7個前後と言われているが、現在は4個とする学説もある。長期記憶は半永久的に保持されるとされる。

　感覚記憶から短期記憶に転送される情報は、その人が注意を向けているかなどによって精査される。聴覚として受け取っても、注意を向けていないと記憶に残らず、聞いていないということになる。また、短期記憶から長期記憶へ転送される際は、リハーサルと呼ばれる過程があると言われている。リハーサルとは、何度も英単語を声に出して覚えようとする作業などが含まれる。また、この長期記憶は、過去の自分と現在の自分が同じ存在であることを感じるために必要不可欠である。

　私たちが記憶し、過去の自分と現在の自分が同じであるという感覚を持つのは、私たち自身が記憶を選択しているからだとも言える。

　また通常、記憶は時間の経過とともにその量が減少していくが、その逆の現象、一定時間が経ってからのほうがよく記憶を想起できること（レミニセンス）もある。特に10代後半から20代の記憶に関する想起量が多いと言われている。記憶の想起量を縦軸、記憶された年代を横軸としてグラフを作成した時、10代後半から20代までの記憶想起量がコブ（バンプ）のような形をしていることから、レミニセンス・バンプと呼ばれている。この現象が起きる根拠は明らかになっていないが、この時期の成長発達課題・自律・自我の成長・責任を伴う決断・危機が影響しているのではないかと考えられる。高齢者を対象とした音楽療法の現場では、対象者の思春期時代の選曲をしているが、これはレミニセンス・バンプの研究結果と一致している。

　過去の記憶が現在にどのように影響を与えているかは、それぞれの学派（分野）で様々な扱い方をしているので、それぞれの治療目標にそった概念を軸に捉える必要がある。

［社会心理学］

　人と人との関係、相互作用などを研究する分野である。集団の中では援助行動が起きにくいことを概念化した「傍観者効果」が有名で、情報の信頼性に関する

スリーパー効果・ウィンザー効果などはマーケティング・産業の分野にも活用されている。

　以下に、セラピスト・支援者として押さえておきたい認知心理学・社会心理学の用語を挙げる。

- ●確証バイアス（Confirmation bias）：自身の知見に基づいて、反する情報には目を向けずに、現象を判断すること。
- ●後知恵バイアス（IIindsight bias）：過去の出来事について、予測可能だったと考えること。
- ●集団極性化（Group polarization）：集団の中で極端な結論が支持されること。不安定なアイデンティティを抱えたまま集団意思決定場面に遭遇すると、批判されたくない・承認されたいなどの動機によって意思決定が影響をうけることがある。

　セラピストもさまざまな情報などに影響を受ける。精神科医・心理社会学者であるH・S・サリバンは、治療者として影響を与えていることを意識すること、客観的な視点を持つことが重要であるという「関与しながらの観察」という有名な言葉を残している。自身がどのように影響を与えているのかについては、自身のアイデンティティの確立や、自分と自分ではない存在（対象者など）との境界（Boundary）などが重要になる。音楽療法は、言葉と音楽の両方を扱うことができ、また多くの芸術療法と同様に実生活と芸術、虚と実の世界を行き来する構造がある。Boundaryを意識することで、実践への理解がより深まると言われているが、この境目は一人では気づきにくいため、スーパービジョンや症例検討などを通して、他者からの視点を参考に客観性を大切にしていく必要があろう。

応用心理学

　応用心理学の中でも音楽療法に関連が深い、臨床心理学を紹介する。

　アメリカ心理学会（APA）は臨床心理学について「科学、理論、実践を統合して、人間行動の適応調整や人格的成長を促進するとともに、不適応、障害、苦悩の成り立ちを研究し、問題を予測し、そして問題を軽減、解消することを目指す学問である」と定義している。

　介入・実践については。どの理論を背景としているかによってアプローチする部分が異なってくる。

［人間性アプローチ：来談者中心療法］
　人はもともと自分自身で可能性や人生の意味を見つけることができ、成長していく力を兼ね備えているとした立場からアプローチしており、マズローの著述やロジャーズの「来談者中心療法」などに代表される。
　来談者中心療法では、人は自己概念（自分は寛容でなければならない等）と自己の経験（友達と喧嘩して嫌な気持ちになった等）のギャップが大きく、自己一致できていない状態になると自身を認めることが難しくなると考えられている。そこで安全なセラピーの場で対象者が安心して自身を語ることにより気づきなどが生まれ、対象者自身が持つ解決を見出していく力を発揮できるようアプローチする。
　これらを実践するために、セラピストは3つの条件を満たす必要がある。
　①無条件の肯定的関心：どのような状況にあっても一貫して対象者を否定しない。セラピスト自身の価値「良い－悪い」で判断しない
　②共感的理解：セラピスト自身があたかも対象者であるかのように実感をともなって理解しようとし、そのイメージを対象者に伝える
　③自己一致：対象者の話を理解・共感できていない状況で「わかります」と発言することは、セラピストの感情と言動が一致していないことになる

［精神力動的アプローチ：精神分析学］
　クライアントの無意識下で抑圧された乳幼児期の課題や葛藤などにアプローチし、丁寧さと奥深さを持った自己理解や人格の成長などを目指す（「Ⅲ成人領域の音楽療法」参照）。現在は様々な立場からの研究により、自我心理学派、クライン学派、独立学派、新・フロイト学派など広がりを見せている。

［行動主義：行動療法］
　対象者の行動がどうなるかを予測したうえで、その人が持つ力を発揮できることを目指した療法。対象者の生活に影響を与える不適切な行動を止めたり消去し

たりするのではなく、その人にとって価値を見出せる行動を増やしていくことを目的としている。たとえば、何かに触ると気持ちが悪い・良くないことが起きると思い頻繁に手洗いをする人がいたとする。行動療法では手洗いをしない状態のままでいても、自分自身にとって心地よさやメリットを感じられる行動をとれるよう提案していく。

　有名なセラピーとして、暴露反応妨害法、系統的脱感作、セルフコントロール、ソーシャルスキル・トレーニング、アクセプタンス&コミットメント・セラピー（ACT）がある。

［認知モデル：認知行動療法］
　行動心理学と認知心理学を基盤とした療法で、自分自身に起きた現象を自身でコントロール可能な認知や思考・行動と、コントロール困難である身体反応・気分に分けて振り返っていく。ある場面でポッと自然に頭に浮かぶ考え「自動思考」を重視することも特徴で、自動思考には過去に経験したつらい記憶が結びついており、その思考が極端に過小評価されているなど非機能的である場合がある。

　認知行動療法の技法の一つ「認知再構成法」は、何故そういう思考が生まれたのか、そこで起きた出来事や関わった人だけではなく、自分自身の環境やサポート資源まで範囲を広げて振り返り、自身で認知を再構成していく。また、目の前の課題について自身で情報を整理し、達成可能な目標や解決策を立て実際に問題に取り組む「問題解決技法」も重要な技法のひとつである。

　ほかにも様々な技法があるが、根底には自身の行動や思考を批判しない、あるがまま・マインドフル（「良い・悪い」などの価値判断をすることなく、完全に「今この瞬間」に注意を向けている心の状態）にというスタンスや、自分自身で技法を使いこなせるようになるという方向性は一貫している。

　「マインドフルネス」は第三の認知行動療法とも言われ、困難に抵抗する力「レジリエンス」を高めることがわかってきている。様々な認知行動療法の視点と瞑想を取り入れたセラピーで、今ここで起きていないことに対する不安や苦痛に巻き込まれている状況において、今ここで呼吸をしている自分を感じ、自己回復力を高めていく療法である。更に瞑想により、今ここで呼吸しているという事実を感じマインドフルな感覚を取り戻そうとしていく。

このセラピーには開始と終了時にティンシャという楽器が用いられており、この楽器の倍音が α 波に影響するとも言われている。「さん、はい」と言葉で指示を出すのではなく、音で自発的な開始と終了を促すという点においては、前奏の大切さと似た視点があるのではないかと考えられる。

[心理社会的アプローチ：家族療法、ナラティブ・アプローチ]
社会や集団に介入するアプローチである。
「家族療法」は、困難を抱えている人を IP（Identified Patient：患者とみなされた人）と捉え、家族全体の不調和に着目していく理論で、出来事はお互いに影響しあっていて、どれもが原因や結果になりえるとする“円環的因果律”という概念が特徴の一つ。家族全体に起きている悪循環について介入していく。
「ナラティブ・アプローチ」は、日常生活や人生を対象とした物語を対象者理解につなげる社会構成主義の発想を用いた技法である。対象者自身が持つこだわりや否定的な物語、今自分を支配している物語を、それに代わる新しい物語へ変換する心理支援を目指す。

[統合的心理療法]
1980年代、学派の垣根を越えて、よりよい心理療法の発展を目指す統合的心理療法が発展し始めた。その中からボウルビィの愛着理論、ダーウィンの感情理論、ゲシュタルト療法、フォーカシング、ポジティブ心理学などの様々な理論を組み合わせた「加速化体験力動療法（AEDP）」や、来談者中心療法などをベースに対象関係論、認知科学のプロセス等を統合した「エモーション・フォーカス・セラピー（EFT）」などが確立され始めている。また、それぞれの学派特有の用語に概念が似ている点についても研究され始めた。厳密には異なるニュアンスかもしれないが、認知行動療法でターゲットとなることがある自動思考、非機能的認知は、精神分析学での無意識・前意識の概念と重なるところがあると言われている。

それぞれの学派は、QOL の向上や Well-being、心の健康を目的とし、同じ源流から様々な発展を続けている。音楽療法も同じ源流から派生し発展している一

つの分野である。多様な理論研究内容を参考にし、折衷し、統合していくことで、豊かなセラピーとなるのではないかと考える。

その理論の背景や方法論を生み出している考え方を、しっかりとおさえておくことが大切になる。

社会全体の動きとしての健康と障害

心理学の分野でも社会やコミュニティに着目した研究がされてきた。対象者を社会の中で生活する人とする視点は音楽療法分野においても重要になってくる。現在のリハビリテーション・福祉の領域では、機能回復を主とした考え方よりも、機能障害を回復することはできなくても、自尊心や生活、人生を回復することができるリカバリーが重要であるとされている。また、それは　新たな人生の発見であると言われる。

自ら統合失調症を患いながら、アメリカのNEC（National Empowerment Center）の設立の中心となったダニエル　Ｂ・フィッシャー医師は、リカバリーは自分の人生のコントロールを獲得することであり、発達の再開であると述べている。そしてそのリカバリーに必要なエンパワメント（潜在的な力を沸き起こすエネルギーや本来の権利など）を、11個のＰにまとめたPACEを提唱している。11のうちの6つ、人間的なつながり（Personal Connections）、肯定的な態度（Positive Attitude）、情熱（Passion）、目的（Purpose）、姿を現すこと（Presence）、公の場で表現すること（Presenting Publicly）に関しては、音楽療法が担えるＰだと考えられる。

デビッド・テイラーは著書の中で「人のこころは『他のもの』すべて、つまり自分の意識をひろげてくれる自分でないものと接触することによって活性化する、力動的な潜在力をもっている」と述べている（『トーキング・キュア：ライフステージの精神』）。

自尊心・成長・愛情などは、自分でないものの存在に触れること、つまり社会の中で活性化するのだと考えられる。

対象者の心の変化と織りなす音の響きは、とてもダイナミック、あるいはとても繊細で、時には穏やかな凪のような時もあるが、まるで大波のように感じる時もある。その変化には、その時々の環境や社会の中での出来事、人との関わりが

影響を与えていることを知っておかねばならない。また、今どのような位置にいるのか判断する時、これから進む方向性の計画を立てる時には、十分なアセスメントや知識が地図の役割を担ってくれる。

　嵐の後には絶望があるかもしれない。雨上がりの澄んだ空気のような心地よい気分の時もあるかもしれない。どんな時でも安心・安全な環境を維持していくことも、音楽療法士に求められる役割の一つであると考える。　　　　　　［枡田素子］

精神分析 —— 分析の自我防衛について

精神分析のはじまり

　精神分析は、フロイトによって1800年代に創始された。フロイトは、パリ留学中に目にした神経病学者ジャン・マルタン・シャルコーのヒステリー患者への治療に感銘を受け、ウィーンに戻って神経症患者の治療にあたっていた。やがて催眠法、カタルシス法、前額法などのいくつかの治療技法の後に、寝椅子に座らせた患者に頭に浮かんだことをそのまま治療者に話すことを求める「自由連想法」を用いるようになった。フロイトは神経症者の治療を続け、その実践の積み重ねの中から自説・自論を常に発展・再構築させ続けた、すばらしい臨床家であった。

　フロイトの精神分析を基礎にしながら自説を創りあげた臨床家には、カール・グスタフ・ユング、アルフレッド・アドラー、オットー・ランク、ハリー・スタック・サリヴァン、エーリッヒ・フロム、ヴィルヘルム・ライヒ、エリック・H・エリクソン、フロム・ライヒマンなどがあげられる。

　ユングは分析心理学を創始し、アドラーは個人心理学を創りあげた。ライヒは不幸な晩年を迎えたとはいえ『性格分析』を著した。また、社会学者でもあったフロムは『自由からの逃走』を始め多くの著書を著している。エリクソンは、画家をめざして各地を放浪した経験やアメリカ移住などの体験をもとに、著名なアイデンティティ論やライフサイクル論を著した。

　フロイトの精神分析は心理療法に多くの影響を与えたばかりか、絵画・演劇・文芸にとどまらず、社会事象、社会病理など我々の日常生活全般にわたって大き

な影響を与えている。

　その中でも、フロイトの最大の業績としてあげられるのは、「無意識」の発見であろう。我々が心の領域として意識できているのは、海上に浮かぶ氷山の一角と同じく心の中のほんの一部でしかなく、その多くは海面下にある大きな氷塊のようにうかがい知ることができないもの、つまり「無意識」であるとした。また、この無意識の領域に押し込められている抑圧された記憶が、神経症発症の原因となっているとした。このため前述の自由連想法により、その無意識を意識化することが、症状の解消にいたると考えた。

　抑圧によく似た言葉に「抑制」がある。「抑制」は一度意識に昇ってきたものを心の底に押し込めていることで、その思いにすでに気づいているが、「抑圧」は意識にも昇ってきてもいないので、気づきようもないものなのである。

　無意識を意識化するものには自由連想法のほかに、芸術活動や日常生活で見る夢・錯誤行為（言い間違い、し間違い）なども挙げられる。

　フロイトはこのほかにも、日常生活の中でふと頭に浮かんでくるものを「前意識」として、心を「意識」、「前意識」、「無意識」の３層からなっていると考えていた。この３層からなる「局所論」は、やがて「自我」、「超自我」、「エス」からなるとする「構造論（第二の局所論）」に変化していった。

　自我とは、〜せねばならない、〜すべきだ、〜してはならないなどといった社会的規範や価値観として捉えられる「超自我」からの抑え付けに対して、〜したいといった「エス（願望）」からの欲求の調整役を受け持っていると考えられる。例えば次のようなことである。出されたお菓子をすべて食べたいと思っている（エス）が、行儀よくしなければならないという意識（超自我）の間で悩んだ末に、出された物に口を１度もつけないのは失礼だろうとして一口食べる。しかし一口で終わらせてしまっては美味しくなかったので途中で食べるのをやめてしまったのでは、と相手に思わせてしまうかもしれず、大変失礼なので、きちんと食べてしまおうと自分の中では意識して納得している。このように「エス」と「超自我」両方の要求を上手く調節していく働きを「自我」が担っている。

　この自我を通して自分自身と環境との間で調整が上手くいくとよいのであるが、エスの欲求が強過ぎたり、超自我の理想があまりにも高過ぎたり、環境（現実）が制約の多い過酷なものであると、調整が上手くいかなくなる。

　我々は、自分自身が意識できている葛藤や意識できないでいる無意識の働きを通して、日々の生活環境に必死に適応しようとしていると言えよう。できれば、葛藤そのものを感じたくないと思うのが偽らざる気持ちではなかろうか。症状とは、病的ではあっても人が必死に適応しようとしている姿と考えられる。この適応しようとする心の働きを「防衛機制」と呼ぶ。防衛機制は、すべての人が持っており、常に心の安定を図ろうとするものである。

防衛機制

　自我は内・外からの刺激に対して無意識のうちに心の安定を図ろうとしている。このような無意識の働きを「防衛」と呼ぶ。防衛は発達の段階によってそれぞれ異なるが、原始的防衛と高次元の防衛に分けられる。以下に主要なものを記述する。

［約1歳］

取り入れ：対象の一部分を自分の中に取り入れること。生命維持のために栄養物をとるように精神的栄養を取り込むことをいう。取り入れと同様に考えられるのが「同一化」であろう。成長する過程で自己を確立しようとする時、好きであったり尊敬する相手の持ち物と同じものを持ったり、癖や態度、言葉遣いなどを真似したりすることなどに見られる。同一化は言い換えれば積極的な取り入れと言えよう。

投　　影：自分自身が持っていると思うことや感じることで不安や不快になる感情を、相手が持っているものとして防衛すること。特に激しい敵意をいだいている相手から自分が嫌われていると思い込んでしまうこと。病的になると幻聴（自分の悪い噂を誰かがしている）、妄想（誰かが食べ物に毒を入れている）などとして表れる。上記の「取り入れ」と対をなしている。

否　　認：見えていても、目の前にある現実を認めないこと。

固着と退行：フロイトは、独自の発達論（口唇期、肛門期、男根期、潜伏期、性器期）を展開し、その中の各段階での解決がなされていない時に、それぞれの期での解決方法にしがみつくとした（固着）。

退行とは、幼い時に成功した方法で満足を得ること。退行には、「自我に奉仕する」退行（適応的退行）があり、これは健康なかたちでの防衛とされる。毎日の睡眠もこれに含まれる。また、芸術家の幻想世界への没頭や日常生活での宴会での羽目を外した騒ぎやレクリエーションでの子どもに戻ったような気持ちも、同じものとして考えられる。

分　　裂：相手や自分を良い部分、悪い部分に完全に分けている状態。たとえば、相手を理想の人だと思って付き合っているかと思うと、何かの拍子に完全な悪人として非難や攻撃をする。抑圧（前述）よりも未熟な防衛とされる。

［1〜3歳］

言葉と行為による否認：非力な幼児が「〜レンジャー」と言って大人を攻撃する。

［3〜5歳］

昇　　華：反社会的欲求や感情（性欲・攻撃欲）を、芸術やスポーツなど社会的に受け入れられやすいものへと変えること。攻撃的な願望を、スポーツをしたり、格闘技やギャング映画を観たりすることで解消する。

抑　　圧：苦痛であるという気持ちや感情、記憶などを意識から閉め出すこと。幼児期健忘を発生させる働きを持っているとされ、防衛のもっとも基本的なものとされる。

反動形成：本心と裏腹なことを言ったりしたりすること。愛が欲しいのに、わざと冷たくするなど。

分　　離：出来事に対して普通に湧き起こってくる感情が湧いてこない状態。

［5歳〜思春期］

合 理 化：理由づけ、言い訳。「イソップ物語」に出てくるキツネが葡萄を取ろうとして何度ジャンプしても取ることができなかった時に、この葡萄はきっとすっぱいに違いないと口にする行動である。

知 性 化：感情や欲動を知性的・観念的な内容と結びつけることで受け入れやすくし、コントロール可能なものにする。言葉による表現方法そのものが知性化の最も進んだものと言えよう。思春期・青年期の恋愛談義なども、この知性化の１つであろう。

自我機能

　前述のような防衛機制を駆使しながら我々は日々の生活をしているわけであるが、意識できる主人公としての自我の働きについて、ベラックは12の自我機能として解説している。

現実検討：現実と空想、また外部からの刺激と自己の内部からの刺激の識別。

現 実 感：外界を生き生きと感じ、自分自身に対してもしっかりとした感覚を持っていること。

判 断 力：行動のもたらす結果についての適切な判断や見通しを持つこと。

思考過程：一次過程＝時間や空間を無視して論理的一貫性がない（子どもの頃になくなった祖母と大人になった自分が会話をしているなど、夢でよく見られる）。

　　　　　二次過程＝記憶や観念を想起して、論理的一貫性をもって状況に即した思考を行なう。

自律機能：一次的自律機能＝生まれながら備わっている機能（知覚など）。

　　　　　二次的自律機能＝日常生活習慣など、生後、訓練や学習により獲得したもの。

防衛機制：既述。

対象関係：ある程度の憎しみがあっても対象と友好的な関係を維持する能力。

衝動の調整と制御：衝動を直接的な形ではなく、自分自身が受け入れやすいものに置き換えたり、昇華（社会的に受け入れられやすいものに替える）したりする。また、衝動の放散を延期する（欲求不満に耐える）能力。超自我との関係が指摘されている。

統合機能：過去から現在、未来にわたって情緒的一貫性を持ち、自身の矛盾や対立をまとめ、個人としての人格を保つ機能。また重要度の順にランクづけできる能力。

支配−達成：自己の役割を継続的に達成し、自己と社会的環境を調整する機能。
　刺激関門：外界からの不快刺激をコントロールし、内的に快適な状態を保つ機能。
　適応的退行：Adaptive Regression in the service of the Ego の頭文字をとってARISE と表記される。防衛機制ですでに述べているが、自我による自我への奉仕と捉えられよう。一時的、部分的、適応的に退行するわけである。居酒屋でどんなにハメをはずしていようと、時間になればきちんと支払いを済ませて、次の日には上司、部下として仕事をする現実の姿を思い浮かべれば、適応的退行の意味も理解しやすいのではないだろうか。時には、創造性の発揮にも多いに関係する。芸術活動、音楽活動の持つこの重要な機能は、療法過程に大きな示唆を与えると思われる。

　このように複雑な内容を持つ精神分析を1950年代後半にアメリカの精神分析医エリック・バーンは「交流分析（Transactional Analysis：TA）」として改編した。無意識を含むフロイトの心のありよう（精神装置）に対する考え方を、自我心理学の観点からC（チャイルド）、A（アダルト）、P（ペアレント）の3つに分け、我々の心のさまざまな働きは、この三者の流動的な動きから生み出されるとした。このため「交流分析」は精神分析の口語版とも言われている。

精神障害の音楽療法

　音楽は人の心・精神に深く関わりを持ってきたと考えられる。音楽療法が精神科領域で果たす役割は、我々が考える以上に広く深いものではないだろうか。
　ここでは、対象者理解のために音楽療法家にとって必要だと思われる知識を簡単に述べたい。より深い知識については秀れた専門書が数多くあるので、そちらを参照されたい。
　精神科での疾患を大きく分類すると以下のようになる。
　　統合失調症
　　気分障害：うつ病・躁うつ病

　　神経症：パニック障害・強迫性障害

　　パーソナリティ障害（人格障害）

　上記以外にも、器質的な原因を持つ発達障害や認知症から見られる精神障害も
あるが、それぞれ別項に記述しているので、ここでは割愛する。

統合失調症

　2002年に日本精神神経学会が「統合失調症」へと名称を変更した疾患である。
近代医学の発達によって脳の病気として認められるまでは、悪魔の仕業として、
または悪魔が乗り移ったものとして恐れられていた。このため、中世のヨーロッ
パの魔女裁判で多くの犠牲者が出ている。その後、1899 年、クレペリンによって、
思春期に発病し最終的には痴呆へと至る経過を持つこの疾病は「早発性痴呆」と
名づけられたが、スイスのオイゲン・ブロイラーは、必ずしも思春期のみに発病
するものではないこと、またそのいくつかは自然によくなっていくといった臨床
像によって「精神分裂病」の名称を用い、これが拡がっていった。現在では「統
合失調症」として統一されている。

　精神科での入院患者の半数以上を占めるとされていて、人口のほぼ0.7〜1 ％
に発症すると言われる。統合失調症の原因については、いまだに確定的なものは
ものはなく、心因説、器質説、両者の関連によって起こるとする説など、多くの
説が多方面から出されている。

　また、クレッチマーが、非社交的、生真面目、内向的、敏感さと鈍感さの共存
などを分裂気質の病前性格としてあげている。しかし、このような病前性格があ
るからといって必ず発病するものではないことは、多くの治療者によって指摘さ
れている。

［具体的な症状］

　初期の症状としては、部屋に閉じ込もったり、急に活動的になったり、不眠が
続いたりして、それまでとは違った印象を友人や家族が持つことが多くなる。

　本人としては、頭が空っぽになった感じがする、自分が自分でないような気がす
る、今ひとつ現実感が湧かないといった、離人症的訴えを持っていることがある。

　このような前兆の時期を経て急性期から慢性期へと移行する。急性期には、薬

物療法が主になるが、慢性期には薬物療法を基礎としながら、心理・社会療法が重要になる。

　時系列的に考えると、前兆（前駆）の時期には、主として陰性症状（意欲の低下、思考内容の貧困さ、感情鈍麻、自閉〔引きこもり〕）が見られ、急性期には陽性症状（幻覚・妄想、興奮、まとまりのない会話）の急な発現が見られる。この激しい陽性症状が落ち着き慢性期に入ると、陰性症状が残る。ただ、すべての統合失調症者に幻覚・妄想が見られるわけではない。

［異常体験］

幻覚：多くは「幻聴」で、実際にはない「声」が聞こえてくる。声の主についても、特定の人であったり不特定の人のものであったりと、はっきりしていない。内容は悪口や非難、命令といったものが多い。

　　　背中の皮膚の下を虫が這いずり廻っているとか、血管の中に小虫がいるなどの身体幻覚に関しての訴えもある。

妄想：実際、現実にはあり得ないことを固く信じている。特に多いのは、追跡されている、狙われている、監視されていると訴える被害的関係妄想である。また、自分が天才であったり、高貴な人間だとする誇大妄想なども見られる。

幻覚・妄想以外にも作為体験・させられ体験（自分の動きが誰か他人にさせられている）、自分の考えていることが他人に伝わってしまう（思考伝播）などの症状がある。

感情：コントロールができにくくなる。周囲や環境に対して興味がなくなったり、意欲の低下が見られたり、怒りっぽくなったりしてしまう。感情鈍麻という言葉をよく聞くが、実際には周りの者が本人の心の動きを感じとれないだけであることも多いので、この言葉がふさわしいのかどうか疑問が残る。不安が非常に強くなる場合も多い。

行動：周囲が怖く感じられて閉じ込もってしまう。感情のコントロールがむずかしいために、攻撃的感情に支配されて破壊的行動を行なってしまう。幻聴の通りに動いて突飛な行動をしてしまう。

このほかにも常同行動と呼ばれ、同じ行動を繰り返すものがある。これは、は

んで押したように毎日の生活を送るものから、治療者側から見ると了解しにくい行動を四六時中行なっているものまで、多様である。

　ある病院でいつも顔を洗うかのように両手でさすっている60代の男性患者に出会ったが、毎日同じ行動を繰り返しているというスタッフからの報告を受けて驚いたことを、今でも思い出す。この男性患者は音楽療法に継続して参加する中で、洗顔行動がいつしか消えていった（『音楽療法の実際』５章に詳細、牧野出版）。また、ベッドの下に空のスナック菓子の袋を集めるといった収集癖や、いつも同じ服を着ていて自分の衣服に固執する様子もよく見られる。

　以上述べた以外にも、一度にたくさんのことができなかったり、手順そのものが分からなくなったりして、自分自身でも困惑し苦しんでいることがある。集中力や持続力が続かずに、ストレスにも弱く、特に対人関係を苦手としている。対人関係では、べったりしてくるかと思えば急に離れたり、攻撃しながら近づいてきたりと、治療者を含めスタッフが対応に苦慮することも多く見られる。

　統合失調症は、破瓜型、緊張型、妄想型が多くを占める。統合失調症の中核群とされている破瓜型は、徐々に人格・行動変化が起こって周囲に気づかれることも多く、突然の発症を見せる緊張型や、30〜40歳にかけて幻覚・妄想状態で急激に発症する妄想型と異なった発症経過を見せる。

気分(感情)障害

　躁うつ病は、躁状態とうつ状態を周期的に繰り返す「双極性」のタイプと、躁状態かうつ状態の一方のみを繰り返す「単極性」のタイプに分けられる。

　躁うつ病の病前性格として、下田光造（みつぞう）は、執着性格（几帳面、正直、凝り性、強い正義感・責任感）を指摘している。うつ病の病前性格については、テレンバッハが名づけたメランコリー親和型性格（几帳面、勤勉、良心性、他者への特別な気遣い）が有名である。

　これらの性格的特徴に加えて、転職、転居、昇進、退職、出産、近親者との死別、および身体疾患（病気、ケガ）などの心理的・社会的変化が誘因として働くと考えられている。また、最近の研究では、脳内神経伝達物質の働きの関与も指摘されている。

　わが国では、毎年３万人を超える自殺者の原因に「うつ病」があげられており、

社会的な問題ともなっている。厚生労働省の最近の研究では、日本人全体のうつ病の有病率（一生に1度は病気にかかる人の割合）は6.5%で、15人に1人は1度はうつ病にかかる可能性があると言われている。また、男女別に見ると、女性の有病率は8.3%で、男性の4.2%の2倍になっている。

　毎日の生活の中で気分の落ち込みを経験することは多いが、それでも時間の経過とともに少しずつ気分が晴れてきたり、短い時間でも気が紛れたりするものである。しかし、うつ病はこの気分の落ち込みが強く、今まで興味や喜びの対象であったものにさえ興味が湧かず、何もする気が起きない状態が2週間以上続き、日常生活に支障を来す。

　治療は、薬物療法と静養を中心に行なわれ、精神療法も有効とされている。精神療法的な音楽療法のあり方に期待が寄せられる。

　また、うつ病と間違われやすい症状に慢性疲労症候群などがある。一方で、加齢に伴い発生率が高くなり、認知症と誤った判断をされる老人性うつ病なども知られている。

　うつ病には、精神的な症状に加えて身体的な症状も現れる。主なものは以下の通りである。

気分の落ち込み：憂鬱な気分。もの悲しい気分。消えてしまいたい、死にたい（希死念慮）という気分。

意欲の低下：人と会う気にならなくなる。これまで好きであったことにも興味がなくなる。何をするにもおっくうになる（洗面、入浴など）。身だしなみにも関心がなくなる。無気力で何もする気が起きない（早朝）。

思考力の低下：集中力がなくなる。判断ができなくなる

うつ病の三大妄想：罪業妄想＝根拠もなく自分を責める
　　　　　　　　　貧困妄想＝お金がないと信じきっている
　　　　　　　　　心気妄想＝重大な病気をうたがう

身体症状：睡眠は浅く、早朝に目覚める。目覚めた時が一番憂うつ。食欲もなく砂を嚙んでいるように感じる。身体がだるく動きが遅くなるうえに、疲れやすい。頭重感、性欲の低下が見られる。

　このように心と身体の両方に症状が現れる。気分の落ち込みの程度も朝に重く夕方になると軽くなる（日内変動）という特徴を持つ。また、初期と回復期に希死念慮や自殺企図が見られることも多いので、特にこの時期には注意が必要である。

　このほかにも、うつ病には、仮面うつ病、老人性うつ病、更年期うつ病、産後うつ病など、さまざまのタイプがある。

神経症

　神経症の原因やメカニズムには多くの説がある。もともと葛藤を起こしやすい性格素因に、環境や身体的要因が絡みあい発症に至るとされている。

　ここで性格について触れてみたい。

　性格（キャラクター）といったり、人格（パーソナリティ）、または気質（テンペラメント）と表現されるものだが、厳密に区別することは困難な場合が多い。一般的には次のような表現が可能であろう。

　　性格：その人独特の性質、持続性のある一貫した行動様式を示す。

　　人格：社会的に形成された役割の側面を強調したもの。

　　気質：先天的な生得的な性質。

　またユングの表した内向型・外向型のタイプ論も有名であり、体型に基づき循環気質（肥満型）・分裂気質（細長型）・てんかん気質（闘士型）をあげたクレッチマーのタイプ論も無視はできないであろう。

　ワトソンの「人は環境によりどのようにでも育てることが可能である」といった過激な考え方も提示され、かつて性格は「遺伝」なのか「環境」なのかについて論争があった。しかし、現在では双生児研究により、性格形成においては「遺伝と環境」の相互作用説が主流になっている。

　このほかにもタイプＡとして、フリードマンは野心的、攻撃的で競争心の強い性格を指摘しており、このタイプＡの反対であるマイペース、のんびりな性格をタイプＢとする分類を行なっている。

　発症する神経症の分類についてもさまざまな見地がある。その主な症状については、不安症状、強迫症状、恐怖症状、抑うつ症状などがある。近年、パニック障害（急性不安発作）には、脳内の神経伝達物質のバランスの乱れなども指摘さ

れている。

　神経症の症状は主に次の２つがある。

パニック障害：突然、激しい不安に襲われ、動悸、めまい、胸痛、ふるえ、息
　　　　　　苦しさ（窒息感）などの症状が生じる。しかも、発作が反復して
　　　　　　生じるため「また起こるのでは」との不安が強くなっていく（予
　　　　　　期不安）。
　　　　　　　また、発作が起きた時に逃げられない所や以前発作が起きた場所
　　　　　　を避けたりするようになる（回避行動）。このような状況の中で
　　　　　　日常生活がスムーズに送れなくなる。

強迫性障害：強迫観念と強迫行為があり、２つの症状が共存することが多いが、
　　　　　　強迫観念だけのこともある。
　　　　　　　強迫観念とは、自分自身でやめたいと思っていても、ある特定の
　　　　　　考えが強迫的に繰り返し浮かんでくることである。
　　　　　　　強迫行為とは、強迫観念を打ち消したり、逃れるために行なう行
　　　　　　為である。強迫儀式とも呼ばれ、自分の意志に反して行なってい
　　　　　　る場合が多い。

　このほかにも、視線恐怖、赤面恐怖、自己臭恐怖などの対人恐怖症や、高所・
閉所恐怖症などがある。

パーソナリティ障害

　かつては「境界例」とされ、統合失調症と神経症の境界領域にある症例として
位置づけられていたが、現在は独自の人格構造を持った独立した疾患とされてい
る。DSM‐Ⅳの定義によれば、「その人の属する文化から期待されるものから著
しく偏り、広範でかつ柔軟性がなく、青年期または成人期早期に始まり、長期に
わたり安定しており、苦痛または障害を引き起こす、内的体験および行動の持続
態様」とされている。下位分類に境界性、妄想性、演技性など11の診断基準があ
るが、特に境界性人格障害が中心である。

　このほかに、拒食症と過食症といった摂食障害もある。摂食障害は10代、20代
の女性に多く見られる障害で、20対１の割合で男性よりも多いとされる。成長期
に出現するため、摂食障害の影響は心身両面に重大な結果を招く（栄養失調、不

妊症、精神障害など）。背景には、痩せたい願望だけでなく、心理的な問題が内在していると指摘されている。

　ここで「心身症」について簡単に記述しておきたい。

　日本心身医学会は、「心身症」を「身体疾患の中で、その発症や経過に心理社会的要因が密接に関与し、器質的ないし持続的障害が認められる病態をいう」と定義している。また「神経症やうつ病などの精神障害にともなう身体症状は除外する」とも明記されており、精神疾患とは明確に区別されている。

　心身症の症状には、胃潰瘍、気管支喘息、高血圧、過敏性腸症候群、不眠、自律神経失調症などが考えられる。

精神科における音楽療法の実際

音楽の治療的特性

　精神科に限っての独特の音楽療法があるわけではなく、音楽活動を対象者の持つ障害にどのように活用していくかが問題であろう。この活用の際に、松井が著書『音楽療法の手引き』の中でまとめている10項目の音楽の治療的特性を知っておくと大変有益である。以下に揚げてみる。

1.　音楽が知的過程を通らずに、直接情動に働きかける。
2.　音楽活動は自己愛的満足をもたらしやすい。
3.　音楽は人間の美的感覚を満足させる。
4.　音楽は発散的であり、情動の直接的発散をもたらす方法を提供する。
5.　音楽は身体的運動を誘発する。
6.　音楽は Communication である。
7.　音楽は一定の法則性の上に構造化されている。
8.　音楽には多様性があり、適用範囲が広い。
9.　音楽活動には統合的精神機能が必要である。
10.　集団音楽活動では社会性が要求される。

活動内容から、大きくは次の３つに分けられるであろう。

　①能動的音楽療法：歌唱（合唱、ソロ、カラオケ、詩吟、ダンスなど）

②受動的音楽療法：鑑賞（ＣＤ、生演奏など）
③創造的音楽療法：作曲、作詞、編曲、改（編）作詞

能動的音楽療法

　精神科のみならず高齢者施設においても、わが国で一番よく用いられている音楽療法であろう。筆者も音楽療法を学び始めた頃に、山梨市にある松井紀和院長（当時）の「日下部記念病院」や川崎市の「東横第三病院」（現・東横恵愛病院）で村井靖児の行なう合唱活動に参加し、多くの学びを得たことが懐かしく思い出される。

　特に日下部記念病院では、２時間30分の音楽療法の時間があり、決まった開始の歌（「希望の歌」作詞：三枝武次、作曲：松井紀和）で始まり、その後に１時間ほどの全体合唱が続き、５つに分けられた小集団活動を50分行ない、また開始時の集団に戻って40分のダンス、終わりの歌（固定曲「今日の日はさようなら」）で終わっていた。

　開始と終わりの歌が固定されているのは、Ⅰ章の「音楽療法のスタイル」で述べている Call-Technique として考えられるだろう。「さあ、今から始めますよ」、「今日はこれでおしまいです」と言葉で伝える代わりに、１つの楽曲がその意味を代弁している。

　全体合唱では毎回10～13曲が選曲されており、歌謡曲・流行歌・フォークソング・演歌・軍歌・童謡・学校唱歌など多岐にわたっていた。

　似た曲調を数曲歌唱した後に、歌唱が集団に引き起こした情緒に浸れるようにするためか、無音の時間が設定されていた。また、歌唱した直後に歌詞に書かれている内容を素材にしての質問が行われた。花の名前が書かれていれば、その花の大きさや色、形、匂いなどについて会話がなされたり、地名の場合には、どこにあるのか、名物はなどのやり取りが行なわれたりし、やり取りが拡がると、行ったことはあるのか、１人で行ったのか、誰かと一緒だったのかなど、個人の生活史に踏み込んだ会話になった。

　前述した具体的な内容とは異なり、歌詞に書かれている物語に焦点を当てた会話もされた。別れたこの女性は結局この男性を待ち続けたのか、それとも別の男性と一緒になったのかなど、主人公に託した気持ちを引き出す会話も行ない、次

に、待ってる間に相手に対してイライラした気持ちは起きなかったのだろうか、といった内容について別の観点からの質問もなされた。質問が出される前に対象者の中から、「そんな、いつまでも待ってるものか」、「待っててほしいな」といった感想とも願望ともとれる発言も、時に見られた。

　芸術活動は、虚と実の間を行ったり来たりすると言われている。歌唱活動もまた然りであろう。歌っている内容は絵空事であるにもかかわらず、その絵空事の中に入り込み歌わずにはいられない、「今・ここでの自分自身」がいることは、否定しようがない。

　このようにして全体合唱は行なわれていたが、この全体合唱では、感情の発散や昇華、コミュニケーションの発達といった精神療法的音楽療法が前景に出ていたと考えられよう。

　このような歌唱活動が、集団の中に多くの反応を引き起こすためには、選曲・プログラミングは確かに非常に重要な要素であると言えよう。

　かつて筆者が行なった音楽療法に参加したスタッフが、ある曲について「自分はこの曲はよく知っていて、この1曲だけを聴いてもあまり心を揺さぶられた経験がなかった。今日は何故だか分からないが、とても心が揺さぶられてグッとなってしまった」と感想を述べた。これは、1曲のみでは心に響かなかった曲が、いくつかの曲とプログラミングされて提出された結果、1曲単体で提示された時以上の影響力を生み出したものだと思える。

　しかし、それ以上に臨床場面では伴奏の良し悪しが結果に大きく関与していると思われることも多い。設計図の段階で図面がどれほど素晴らしくとも、実際に完成させるのは図面ではなく、建築に携わる者のノミの入れ方やノコギリの使い方、釘の打ち方1つひとつが統合されて、しっかりした建物が完成するのであろうから。筆者自身も伴奏の持つ力を日々の音楽療法で実感している。伴奏については、Ⅴ章を参照されたい。

　伴奏と同時に、集団での歌唱活動では集団操作技術が欠かせない。特に音楽療法の場で起こりやすい集団力動と、1人ひとりの対象者の持つ個人心理との関係性は、治療の成否を決定する重要なものである。

　小集団活動は、簡単な音楽テストをもとにしてグループ分けされていた。小集団化されているので、各グループでの活動水準を対象者の持つ適応水準に合わせ

て設定しやすくなる。このため自我機能の改善・維持・強化といった目標に沿った教育訓練的音楽療法を中心にした活動が可能であったと考えられる。

　ここで注意しなければならないのは、音楽活動を利用している療法であるということである。「音楽」が、時として「音我苦」になったり「音学」になったりしては元も子もない。活動の中に含まれるはずの「音」を「楽しむ」こと、この楽しみの部分を充分に提供しながら行なわれる訓練でなければ、訓練そのものの継続も訓練がもたらす結果も期待できない。

　気をつけなければならないのは、「楽しさ」を「幼稚さ」と勘違いしてしまうことである。対象者の年代や職歴、教育歴、生活歴、現在の状態、環境などを無視した選曲やプログラミング、提示方法、実施は、何も生み出すことはないであろう。対象者にとって「音我苦」にならないように最大限の注意を払いたい。

　最後のダンスは、ディスコ風ダンスの一人踊りから、盆踊り、次にフォークダンスを行ない、最後にペアダンスへと構成されていた。

　全体の流れを見てみると、一人踊りから始まり、次の盆踊りでは、同心円を描きながら他者との身体接触がないままに踊りが進行していく。この形は、自身のパーソナルゾーンを脅かされることなく活動でき、しかも集団の一員として集団活動に参加していると実感できる。

　フォークダンスは、直前の盆踊りとは違って、他者との接触が必要とされる。しかし、自分自身で踊る相手を決定する必要がなく、また、１曲の中でも踊る相手が自然に変わっていくので参加しやすいと思われる。

　最後のペアダンスは、踊る相手を自身で決定せねばならず、対象関係に困難さを抱えていれば、誰にとっても若干の負荷のかかるものであろう。しかし、別の観点から見てみると、初めて自己決定をし、しかも踊る相手を誘うといった意志決定をなすことは、対象者にとって自発的に何かをなす行為そのものである。これは、特に入院を余儀なくされている対象者にとって数少ない自己決定の場として重要なものである。

　最初にダンスをするかしないかといった決定がなされるわけであるが、最初の決定はダンスという行為そのものへの決定であり、最後に行なわれるのは踊る相手を決定するという極めて対人的な行為である。

　また、個人的な活動として捉えると、ダンスは身体活動そのものであるため、

全身の運動を促して心肺機能や運動機能の維持・改善が図られる。

　それにもまして、ダンスの後で「フウッ」と一息つくその瞬間こそ、一息ついているのは紛れもなく自分であり、「わあっ、むずかしい動きだなあ」と思える時には、対象者が自分自身の「身体と思考」を自然に取り戻していることが、ダンスの持つ重要な治療の要素と言えるのではないだろうか。

　筆者がダンスを取り入れる際には、ペアダンスも最初は相手と接触する必要がない距離でのダンスを行ない、次に足先や腕、指先が触れてはすぐに離れるダンスを取り入れ、最終的には、相手との身体接触も密度を増す社交ダンスに近い踊りへと変化させる流れを用いている。

受動的音楽療法

　音楽を聴取することによる人への効果を探る研究・実践が数多くなされてきている。詳しくは、Ⅰ章の「音楽療法のスタイル」の項で既述している。参考にしていただきたい。

創造的音楽療法

　精神科領域では、自ら作曲をしたり作詞を行なったりする対象者が見られる。一般的に作曲はかなり高度な作業であり、誰もが簡単にできるものではないと思われている。しかし、楽譜に書き込むことのみを指して作曲と言ってしまうのは、いかがなものであろうか。

　筆者の臨床現場では、ギターを弾きながらコード譜のみで数十曲を作曲している対象者がいて、同室の作詞をする対象者の作品にメロディーをつけ、折に触れて出来上がった作品（曲）を発表している。

　筆者にもこの方から、作った作品を五線譜にして欲しいとの依頼があり、何度か五線譜に書き上げた経験がある。その時に、どんなイメージで作曲をしたのか、また、そのイメージは最初に書かれているコード進行でよいのか、歌詞の内容からどの部分を重要視したのか、といったやり取りを行なった。自分自身が歌って誰かに聞かせる作品なのか、それとも誰かに歌って欲しい作品なのか、だとすると使用されている音域は適切なのか、といった会話も交わした。

　作品を通して、他者をどのように感じ、評価しているのか。自身は他者からど

のように思われることを期待しているのかといった、自己についての検討が作品を作り上げる過程で体験できていたと思われた。

　特徴としては、作られる作品は、ほとんどが2拍子か4拍子であった。これは、もともと日本人の持っているリズムが2拍子系とされていることからも納得のいくものであった。3拍子系はあまり作らないのかとの問いかけに、考えたこともなかったとの答えが返ってきたのを記憶している。

　作詞もよく行われる活動の1つである。むしろ、言葉を使用するといった側面から見ると、日常生活の延長ともとれる作詞の方が多くの対象者にとって馴染みがあり、作品も作りやすいのではないだろうか。

　作詞に関して、筆者には忘れられない思い出がある。高齢者領域になると思われるが、紹介しておきたい。

　かつて、甲府にあるリハビリ病院に恩師の松井紀和と音楽療法に行っていた。甲府という土地柄でもあり、かなり多くの方が東京からリハビリを受けるために入院していた。その中の1人の男性が、作詞をしてきたから皆で歌えないだろうかと申し出てこられた。それは「露営の歌」の替え歌であった。

　原曲の歌詞は「勝って来るぞと勇ましく……」であるが、「治してくるぞと勇ましく　誓って家を　出たからにゃあ（中略）つらいリハビリするたびに　まぶたに浮かぶ　孫の顔」と綴られてあった。

　リハビリのために安心できる自宅を遠く離れ、自由に動かすことのできなくなった身体への訓練の毎日。つらい、苦しいリハビリではあっても、その先には、「ほら、お祖父さんはこんなに頑張ったんだよ」と伝えたい孫がいることが希望になっていることが、作品の中からひしひしと伝わってきた。

　単なる替え歌と見ることも可能かもしれない。しかし筆者は、この替え歌の中に表現されている対象者の思いに胸が熱くなった。つらい、苦しいと言葉に出すことで心に溜まったものを吐き出し、次には、それでもこの苦しさに立ち向かって、希望を見つめながら毎日の入院生活を送る意志を替え歌の形で表現できることが、作詞者本人にとって、どれほど救いであり、慰めであり、励ましになったであろうか。

　音楽活動に含まれているこのような創造的な活動は、治療者からのちょっとした後押しが必要となる場合も多いと思われる。自己表現をどのようにすればよい

のかが分からずに戸惑っていたり、表現すること自体を拒否したりと、対象者1人ひとりが、それぞれの思いを持って活動に参加していることであろう。

　我々は、ともすれば大声を出し、手にした楽器を鳴らし、大きな動作でもって身体活動をしている対象者の姿を目にした時に、「活動に参加している」と思うことが多くないだろうか。たとえ声を出さなくても、じっとしている方が、その心の内でどれほどその音楽に聴き入っているかに気付かずに遣り過していることがあるのではないだろうか。是非、治療者自身も創造力を発揮して、目の前にいる対象者と音楽を通した創造的な活動を行なっていただきたいと思っている。このことは、毎日セッションを行なっている筆者自身に対する戒めでもある。

　以上、精神科領域の音楽療法の実際を筆者の体験したことを基礎に述べてきた。

心理テスト

　精神科領域でよく使用される心理テストについて簡単に触れておきたい。

　心理検査は、どの程度のことができるかを検査する知能検査（ビネー式、ウェクスラー式、遠城寺式・乳幼児分析的発達検査など）と、どのような特徴があるのかを知るためのパーソナリティ検査（YG性格検査、MMPI、ロールシャッハ・テスト、TAT、P-Fスタディ、SCTなど）がある。

　これらの心理検査を実施する際は、何のために、どのようなことが明らかになれば、対象者にとって有益なのかを十分に検討した上で必要な検査を実施する。また、一つの検査では特定の側面しか検査できないこともあるため、対象者の全体像を理解していくためにもテスト・バッテリーが組まれることが多い。

　心理テストの中のパーソナリティを測定する検査の中には、投影法と呼ばれるものがある。投影法とは、被検者の無意識的側面が現れやすいとされる曖昧な質問・設問を用いて、心の内面や性質を明らかにしようとするものである。投影法には、以下に述べるようなものがある。

　ロールシャッハ・テスト：スイスのロールシャッハによって作成された。10枚
　　　　　　　のインクプロット（インクのしみ）が何に見えるかを答えるもの
　　　　　　　である。見え方（例えばチョウに見えたり、ダンスをしているよ

投影水準

投影法	投影水準		
質問紙	精神内界	対社会的態度	
ＳＣＴ			
ＴＡＴ			
ロールシャッハ・テスト			
精神内界	表層 ———➡ 深層		

心理検査の実施の初歩「投影水準」（馬場 .1998）による図表を一部修正

うに見えたりする）や答に要した時間などを細かくチェックする。

TAT：20枚の絵を見て場面や登場人物について物語を作るものである。

P-F スタディ：24枚からなる画面に示された欲求不満場面での反応から、被検者の性格特性を捉える検査法である。画面に書き込まれたセリフに対して被検者が穴埋めをする空白のセリフ欄がある。

SCT（文章完成法）：「子どもの頃私は……」のような未完成の文章を完成させるものである。

　これらの投影法は、検査の内容によって、表層的なものに重きをおいた検査になるのか、精神内界の深いレベルが反映される検査になるのかが変わってくる。例えば質問紙のように検査を受ける人にとって検査目的がわかりやすく、日常的な内容になれば表層的なものとなり、抽象的なものを用いて検査をする場合には深層が反映されることになる。

　画を用いるテストには、以下のようなものがある。

バウムテスト：実のなる木を描く。

風景更生法：画用紙に縁取りした枠を書いたのちに、山、川、田んぼ、道、家などを順に描き、1つの風景を作り上げる。統合失調症に対する治療実践の中から生まれたものであり、中井久夫によって創始された。

HTP（House,Tree,Person）：頭文字に示された家、気、人を書かせる。1枚の用紙にすべて書き込ませる方法と、1枚の用紙に一つのテーマごとに書かせる方法とがある。

ほかには、殴り書き（スクイグル法）や家族画などもある。

　最後に、描画ではないが箱庭療法がある。どちらかというと児童領域で用いられている印象が強い箱庭療法は、イギリスのローエンフェルトにその源流が求められているが、やがてスイスのカルフによってユング心理学と結びつけられ、現在に繋がっている。ユング心理学を学んだ河合隼雄によって日本へ紹介された。

IV

高齢者領域の
音楽療法

高齢者の基礎知識

　日本が高齢化社会と呼ばれるようになって、かなりの時が経った。しかも、出生率の低下も指摘されるようになり、国・社会としてこの状態のままで存続可能であるかとの論議も盛んになってきている数十年前からわが国の高齢化は重要な社会問題の１つになるであろうと予測されていたが、その予測通り、今や人口の４人に１人は高齢者であり、2035年には３人に１人が高齢者になると言われている。しかも、すでに居住者の半数以上が高齢者である町や村が存在している。

　世界で類を見ない早さで高齢化社会に入っている日本は、あるべき姿を自分達で探し、確立していくほかにないと思われる。

　このような社会的状況のなかで、音楽が高齢者の健康や生きがいに積極的に関わる意味が問いかけられていると言えよう。そのためにも、高齢者の心理的、身体的、社会的意味を正確に把握することが必要であろう。

高齢期における心身の機能

　老化と一口に言っても、児童期の発達と同じように個人差が大きいと思われる。

　人や物の名前が思い出せなかったり、何かを取りに行くために部屋を移動したのに、その何かを思い出せなかったりすることが続いて、老化の自覚が自然と起こる。また、間に合うはずだった横断歩道の信号が横断途中で点滅するようになったり、ちょっとした手足の傷の治りが以前より遅くなったりする。筋肉量・肺活量の低下が明らかになり、回復力も衰えて、疲労が蓄積されやすくなる。免疫力も低下し、感染症にかかりやすくなる。温度など外界の環境変化に対する適応力もまた低下するために、体調を崩しやすくなる。その上、疾病の後遺症などがあると、否が応でも自身の老化を自覚せざるを得なくなる。しかし、自分自身でこのような老化を感じることについては、個人差が非常に大きい。

　このような内からの自覚とは異なって、外から自覚させられることもある。配偶者、身内、近親者との死別は喪失感を生み、子どもの自立も「空の巣症候群」を生み出す。同時に、技術革新の速さに追いつくことがむずかしくなり、対応に

身体の老化

感覚・知覚機能	運動および関連機能	廃用性症候群
視覚	骨・関節・筋力	筋委縮・関節萎縮
聴覚	反応・反射の低下	褥瘡・起立性低血圧
	心肺機能	抑鬱・仮性痴呆
味覚	体温調節	低体温症

困難を感じるようになる。その上、延長されたとはいえ、サラリーマンに必ず訪れる定年は「年老いた」という自覚を迫るものであろう。このような時の流れの中で生きがいが消失し、無力感や不安感が忍び寄ってくるのであろう。

老化のパターンには次のようなものがある。

①一次老化・二次老化

一次老化とは、遺伝的要素が関係しており、身体機能の低下に関するものである。進度は一定ではあるが、当然、人によって個体差が顕著な老化である。

二次老化とは、個人を取り巻く物理的環境やストレスなどの外的要因が原因となって大きな影響を与えている老化である。

②身体の老化

上記の表にまとめているが、よく知られているものが多い。

視覚については、40歳をすぎる頃から老眼が始まり、70歳以上の8割は白内障を患うと言われている。緑内障や黄斑変性症なども年齢が上がるにつれて罹患率も上昇する。

聴覚については、まず高音域から聴きづらくなってきて、60歳前後から「老人性難聴」が現れる。特に男性は、その傾向が大きいといわれている。高名な指揮者がヴァイオリンの高音域が聴き取りにくくなっていたため、楽団員が懸命になって演奏を合わせていたといった裏話もある。やがて加齢に伴って、難聴の範囲は低音域にも拡がっていく。

味覚もまた高齢化するに従い低下し「昔に比べて味が落ちた」などと口にする回数が増えてくるという話もよく耳にする。ただ味覚は視覚や聴覚に比べると、それほど大きな低下は見られない。

特に嗅覚の衰えは、アルツハイマー型・レビー型認知症との関係が深いと言われている。アメリカ、日本でも嗅覚テストと認知症の関連についていくつかの論

文が散見される。

　関節は弾力性を失い、関節炎や骨粗鬆症などとともに筋力の低下が見られ、運動機能が衰える。倒れそうになって身体をかばった手が骨折したり、尻もちをついただけで骨盤骨折を起こしたりした話は、高齢者の間ではよく耳にする。

　心肺機能も低下する。血管が細くなり弾力性も失われる。心臓の機能も下がってくる。肺も弾力性を失い、呼吸機能が衰え、肺炎などにもかかりやすくなる。

　廃用性症候群は、長期臥床で活動しなかったり、ギブスなどで固定されていることで生じる合併症である。身体運動機能の低下とともに、知的・精神機能の低下も認められることがある。

　高齢者の場合には、会話をする相手も少なくなって会話そのものが減少し、曜日や時間を意識しない変化の少ない日常生活が続くことが多い。65歳以上の独居の方が1週間のうちに他人とほとんど会話をしない割合が22%を超えており、社会的な働きかけがなされなければ、今後、この割合はますます増えていくだろうと思われる。

　その上、運動機能の衰えがあるために、自発的に何かをしようとする意欲が低下しやすくなる。外出意欲を失ったり、外出誘引がなくなったりするため、他者との交流が少なくなって抑鬱状態を生み出し、仮性痴呆状態と思われることも少なくない。このような状態では知的・精神機能の低下も避け難くなる。

　このように廃用性症候群（身体・精神）は、回復にも時間がかかることが知られている。一般に、1カ月寝てしまうと元の状態に戻すには3、4カ月の時間がかかると言われる。一番重要なことは予防であろう。

　このような観点から、音楽活動が高齢者にとって意義あるものとして再考される必要がある。

心理、社会的側面

　1982年、エリク・エリクソンが『ライフサイクル、その完結』の中で、人生を8つの発達段階に分けて、それぞれの段階での発達課題を織り込んだライフサイクルを発表した。人は生涯にわたって発達するものであるとの考え方に立てば、老化に対する見方、評価も今までのものとは異なってくるであろう。

　しかしながら、高齢になるに従って心身の機能が低下していくことは、健康に

関する意識が高いほど気になるものであろう。高齢者の方々がよく言う言葉に「昔は、こうでなかったのに……」がある。自分の現状を受け入れることのむずかしさの表れであろう。

　このことを反映してか、わが国の高齢者の不安感として、健康への不安が18.2％、介護が必要になるのではといった不安が17.8％と、アメリカの10.7％、9.6％のそれと比較しても、非常に高いことがうかがえる。

　子どもの成長を見守り支えてきた親としての役割も終える時が来る。子どもの独立は親にとっては望ましいことではあるが、子どもの就職や結婚を機に何かしら張り詰めていたものがなくなっていく、という話を耳にすることが多い。

　また、定年を迎え、社会の中の一員として貢献していたと思える自己が消えていき、社会的役割の喪失といった現実に直面する。その上、長年連れ添ってきた配偶者との別離や親友との別れを経験することになる。同じ時代を生きて、物言わずとも分かり合える安心感が生まれていた配偶者・親友・知己との別離は、どれほどの重さをもってその人に哀しみや失望感をもたらすのであろうか。虚しさ、寂寥感は、いかばかりのものであるのか。

　デイケアに参加している高齢者が、最終日の金曜日の終了時刻近くになると、決まって体調の悪さを訴えたり、スタッフへの暴言が見られたりするのは何故なのだろうか。デイケアがなく、他者との交流が途絶えがちになる土・日曜日の2日間は、高齢者にとって大きな影を落としているように思える。

　これらのことを踏まえると、高齢者にとっての心理・社会的側面における問題点は、次のようにまとめられる。

　①社会的役割からの引退
　②多くの喪失体験（身体的、精神的）
　③孤独感
　④精神機能の衰え

高齢者疾患の特徴

　介護保険制度が始まってかなりの時間が経過した。この間、少子高齢化が世界に類を見ない速さで進んでいるわが国の現状に大きな問題点が出てきた。毎年のように膨れ上がる高齢者医療費が、国の財政を圧迫している。このような流れの

中で、かつて介護保険制度によって保証されてきた要支援1・2のレベルの高齢者は、介護保険から切り離すことが検討されている。

　いろいろな問題点が浮上している高齢化社会が、どのような方向に向かって進むにせよ、人は毎日の生活を続けていくほかない。好き好んで病になるわけではないが、高齢者の多くは、何らかの形で心身に多くの病を抱えている。その特徴をあげると次のようになる。

　　①多臓器において疾患が併発する。
　　②症状が非定型となり、意識障害が多くなる。
　　③長期のケアが必要となる。
　　④薬害が起こりやすくなる。
　　⑤医療・看護・介護などの協力が必要になる。福祉との関わりが深くなる
　　⑥心理的・社会的環境要因への配慮が求められる。
　　⑦終末期医療の問題が増してくる。

　このような問題を抱えながら日々の生活を送る高齢者は、どのような思いで自分自身を見つめているのであろうか。我々が推し量ることのむずかしい高齢者の不安感・孤独感は、どのような形で低減させ、抑えることが可能であろうか。音楽は、癒しとして、また療法として、どのように高齢者に関わることができるのかを、音楽療法に携わるすべての関係者が研究・実践を通して明らかにしていかなければならない。

高齢者が起こしやすい疾患と障害

脳血管障害

　本項では、音楽療法場面で遭遇しやすい高齢者の疾患について簡単に記述する。

　脳は最もエネルギー代謝が盛んな臓器である。取り込んだ酸素の20％ほどを脳が消費すると言われている。かつて脳血管障害は死因の第1位であったが、現在では、がん、心疾患に次いで第3位となっている。しかし、今後予想される高齢化により、発症の増加が予測されている。

　脳血管障害の代名詞とも言える脳卒中は、虚血性の脳梗塞と出血性の脳出血・

くも膜下出血とに大別される。

　脳梗塞は、脳動脈が狭まったり詰まったりすることで発症し、特に動脈硬化や高脂血症によって引き起こされる。動脈硬化や高脂血症は、喫煙や運動不足、肥満などが原因としてあげられている。また、心臓で作られた血栓が脳まで運ばれて脳動脈を詰まらせるものを心原性脳塞栓症と呼ぶ。特に糖尿病がある場合には、動脈硬化、脳梗塞を起こしやすく、同時に眼底出血や神経障害なども併発しやすい。

　脳出血は脳梗塞と異なり、血管の破裂による出血が見られる。主要な原因として高血圧や動脈硬化が指摘されている。高血圧は、特に運動不足や多量の飲酒、喫煙といった生活習慣との関係が深いと言われている。

　くも膜下出血は、脳動脈瘤の破裂によるものが多い。中高年の女性に多く、突然の激しい頭痛や意識障害が見られる。

　脳卒中の後遺症には、次のようなものがあげられる。

　　感　覚　障　害：しびれ、痛み
　　運　動　障　害：片麻痺
　　構　音　障　害：ろれつが回らない状態（発音・抑揚・速さなどが障害）
　　高次脳機能障害：失語症
　　　　　　　　　　半側空間無視
　　　　　　　　　　記憶障害
　　　　　　　　　　行動・情緒障害

　失語症は、脳障害により、読み・書き・話す・聞き分けることができなくなった状態で、ろれつが回らない構音障害は、失語症には含まない。失語症には多くのものがあるが、優位大脳半球にあるブローカ野とウェルニッケ野の障害により、それぞれブローカ失語とウェルニッケ失語を来す。

　それぞれの特徴を下記に示す。

　　ブローカ失語（運動性失語）：言語理解可能・流暢に話せない
　　ウェルニッケ失語（感覚性失語）：言語理解不可能・流暢に話す・新造語が
　　　　　　　　　　見られる

　半側空間無視は、右脳に損傷が見られる時に表れ、左半分を無視することが多い。模写をすれば右半分の絵しか描かず、左半分の食事を残したり、左側にある物に気づかずにぶつかったりする。

半側空間無視診断における模写図

　記憶障害は、新しいことが覚えられない前向性健忘と、発症以前のことを思い出せない逆向性健忘がある。行動・情緒障害は、感情のコントロールができなくなり、些細なことでもすぐに怒り出す。

　以上述べてきた以外にも、後遺症として認知症や鬱状態、嚥下障害などが知られている。

パーキンソン病

　1817年にジェームス・パーキンソンにより最初に発見された。神経変性疾患として中高年以降に発症し、特に65歳以上の高齢者では有病率が高くなるとされる。

　中脳の黒質の変性が原因とされ、身体の動きに関した症状が主なものである。近年では、運動障害だけでなく認知症との関連も指摘されている。

　下記の四大症状が見られる。

　安 静 時 振 戦：じっとしていると手足が震える。丸薬を丸めているように見える。

　無　　　　　動：動作が遅くなり、動きが少ない。動作がすぐに開始できない。

　筋強剛（筋固縮）：筋緊張の亢進（歯車現象＝鉛管現象とも言われれ、対象者の手足を曲げ伸ばししようとする時に歯車のように断続的な抵抗感を受ける現象）、外からの働きかけに抵抗を示す。

　姿勢反射障害：姿勢を立て直すことができない。転びやすくなる。

　また歩行障害として、

　す く み 足：最初の1歩が出にくい。歩行中に急に止まる。

　小 刻 み 歩 行：腕の振りが小さく、小刻みに歩く。

　す　り　足：かかとを上げず、足の裏で床をするようにして歩く。

　加 速 歩 行：突進現象とも言われ、歩く内に前のめりで早足になって、止ま
　　　　　　　れなくなる。

　すくみ足に関しては、床などに等間隔の目印があったり、本人の歩行の速さに
あった音楽やリズム音を聞きながら歩くと歩きやすくなる。

　また、筋肉の緊張により声を出しづらくなることもある。

うつ病

　感情障害の１つである。悲哀感・空虚感や抑うつ気分などの症状が中心になる。
高齢期には比較的起こりやすいとされている。

　心理・社会的側面でも述べたが、健康をはじめ、収入、地位・役割や配偶者・
近親者の喪失体験が多くなるためであろう。重症化すると記名力や知的機能が低
下し、意欲や活動性の低下が見られる。これらのことから認知症と誤解されるこ
とがしばしばあり、仮性認知症と呼ばれる。特に高齢になると、自発性の低下、
焦燥感の表れ、妄想を抱きやすいなどの特徴が指摘されている。

　高齢者に見られる疾患はまだまだ多岐にわたるが、多くの成書を参考にしてい
ただきたい。

認知症

認知症とは

　認知症の定義としては、「いったん正常に発達した知的機能が、その後に起き
た脳の器質的障害のために広汎かつ継続的に低下してしまった状態」とされてい
る。原因に脳疾患があり、慢性あるいは進行性で、記憶、思考、見当識、理解、
計算、学習能力、判断力などの脳機能に障害が起き、日常・社会生活に支障が見
られる。

　もちろん、高齢になると誰でも知的機能が衰え、新しいものの学習がむずかし
くなってくる。新しい機器の操作がなかなか覚えられなかったり、覚えていたつ
もりでもすぐに思い出せなかったりもするが、このようなことは、年相応と考え
られてきた。

加齢による物忘れと認知症による物忘れの違い

加齢による物忘れ	認知症による物忘れ
体験したことの一部分を忘れる（食事をしたことは覚えているが、食べた物を思い出せない）	体験したことすべてを忘れる（食事したこと自体を忘れている）
思い出せない自覚はある	物忘れをしている自覚は全くない
日常生活に支障はない	日常生活に支障がある
悪化は見られない	徐々に悪化していく（進行性）
ほかの症状は見られない	見当識障害・遂行機能障害が見られる

　加齢による物忘れと認知症に見られる物忘れには、違いがある。次頁の表にその違いを示す。

　認知症の原因となる疾患は、脳の変性・脳血管障害・中毒性・感染性・腫瘍・外傷（事故、ボクサー脳）・正常圧水頭症など、およそ70種類を数えると言われている。

　脳の変性による認知症の主なものには、アルツハイマー型認知症とレビー小体型認知症があげられる。ほかに前頭葉と側頭葉が侵される遺伝的疾患のピック病などもある。

　脳血管障害（脳梗塞・脳出血）が原因の脳血管性認知症は、かつてわが国では認知症の6割を占めていた。現在では、認知症全体の67.6%近くをアルツハイマー型認知症が占めており、脳血管性認知症19.5%、レビー小体型認知症4.3%と合わせると、91%以上を占めている。また、先述した正常圧水頭症をはじめとして、原因となる内科疾患や栄養障害への治療を行なうことで軽快する治癒可能な認知症も存在する。アルツハイマー型認知症、レビー小体型認知症、脳血管性認知症は、三大認知症と言われている。

認知症の症状

　認知症の症状は、中心になる症状（中核症状）とそれに伴って起きてくる症状（周辺症状）とに大別される。

①中核症状

　　現代の医学では治療困難とされている症状であり、認知症診断に欠かせない必須の症状である。

記憶障害：新しいことは覚えられないが、昔のことは比較的よく覚えている。
　　　　　アルツハイマー型認知症では、進行すると数分前の出来事も思い
　　　　　出せなくなる。

見当識障害：時間、場所、人の認識に関する能力のうち、認知症では時間に
　　　　　関する発症が一番早く、現在の時間・曜日・日付が曖昧になる。
　　　　　やがて場所が分からずに、よく知っているはずの場所で道に迷っ
　　　　　てしまう。さらに重症化すると、息子を夫や兄と間違えたり、誰
　　　　　だか分からなくなる。このように時間、場所、人の順に障害され
　　　　　ていく。

高次脳機能障害：失語、半側空間無視（既述）

遂行機能障害：活動の際には、①目標設定、②計画、③実行、④効果的行動
　　　　　の手順で行うが、この手順についての組み立てができなくなる。

②周辺症状（BPSD）

認知症は記憶障害が基礎にある。その結果、物忘れや見当識障害、判断力の
低下などの中核症状が生まれる。しかし、家族や介護者が悩まされている症
状は、認知症が進む過程で表れてくる周辺症状にあると言われている。現在
「周辺症状」はBPSD（行動・心理症状）と呼ばれる。呼び方はどうであれ、
中核症状から引き起こされる二次的症状である。

現れてくる症状は個人差が大きく、現れてくるなりの原因が本人にあるとい
う考え方が広がってきている。これは、問題行動をただ問題行動とせずに、
認知症その人個人の視点に立って、表れてきた行動に向き合う姿勢が必要で
あり、環境への配慮も重要であるとの考え方が基本にある。

代表的な症状として以下のものがある。

　　心理症状：不安、幻覚、妄想、鬱状態、興奮、焦燥

　　行動症状：暴言、徘徊、暴力、不潔行為、不眠

このようなBPSDは、中核症状と異なりすべての認知症に生じるものではな
い。しかし、中核症状の結果起こる混乱や不安が引き起こす日常生活におけ
る失敗、それに対する周囲の無理解や不適切な対応が、さらに不安や混乱、
被害感を強くしていると言えよう。

　このためにも、対応のあり方で改善が期待できるBPSDには、環境の整備

や適切なかかわり方を工夫することが必要であろう。

三大認知症以外に、ピック病を代表疾患とする前頭側頭型認知症がある。40歳代から発症することが知られており、進行は穏やかに進むが、人格変化が見られ、道徳心の低下・欠如が表れる。アルツハイマー型認知症やレビー小体型認知症と同じ、脳の変性疾患である。

以上述べてきた認知症について、音楽療法がどのように有効な治療手段として効果をあげることが可能になるかは、多数の研究報告が提出されている。

現在の医学では、中核症状への有効な治療法は見出されていない。しかし、新しい薬物の開発も進められており、今後の薬物療法の進展に期待されている。また、BPSD については、精神療法的なアプローチの有効性が指摘されており、音楽療法もその一端を担うものであると筆者は考えている。

近年、認知症の前段階とされるアルツハイマー症による軽度認知障害（MCI）については、その40％近くが回復するとの報告もある。認知症治療薬の効果が研究段階であり、現状では音楽療法のみではなく、あらゆる社会資源の活用を試みる必要があるのではないだろうか。

認知機能検査

定義でも述べたが、認知症は脳の知的機能の低下により引き起こされるため、認知機能の検査が必要であろう。代表的な認知機能検査には、改定長谷川式簡易知能評価スケール（HDS-R）やMMSE（Mini Mental State Examination）などがある。

改定長谷川式簡易知能評価スケールは、長谷川和夫によって開発され、わが国で最も普及している。9つの質問からなり30点満点で、20点以下を認知症の疑いありとしている。

見当識の確認を、年齢に始まり、年月日・曜日の質問に続いて、今いる場所を尋ねるといった3問で行なう（認知症は、時間―場所―人物の順に記憶を失っていくとされている）。

次に3つの言葉の復唱で記銘力の確認を行ない（4問目）、計算（100から7を順に引く）、数字の逆唱の後、4問目の3つの言葉の再生（記憶の保持－再生）、その後、提示した品物を隠した後での呼称（短期記憶、失認）が問われる。そし

三大認知症の特徴

アルツハイマー型認知症	レビー小体型認知症	脳血管性認知症
女性に多い 初期に物忘れが始まる 認知障害・物取られ妄想 徘徊 緩やかな進行	男性に多い 初期に幻視・妄想 うつが見られる 認知障害・認知変動 パーキンソン症状 睡眠時の異常行動 緩やかな進行	男性に多い 初期に物忘れが始まる 認知障害・麻痺 せん妄・感情失禁 まだら認知症 段階的進行

　て最後に一般的な記憶を問うといった、簡易ではあるが、非常に緻密に組み立てられた優れた検査である。

　MMSE はアメリカで開発された検査である。11問からできていて、30点満点は長谷川式と同じであるが、23点以下を認知症の疑いありとしている。

　構成は、長谷川式と共通している部分も多く、見当識から始まり、言葉の記銘と進んでいる。長谷川式と異なっているのは、質問11（最終質問）で図形模写があり、視空間認知についての検査があることであろう。視空間認知や構成能力の検査には、時計描画テスト（CDT）もある。

高齢者領域の音楽療法の実際

思い出と音楽

　「高齢者の基礎知識」の心身の変化でも述べたが、高齢になるにしたがって人は自分自身について失うものが増えてくる。それは、自身の身体能力（視覚・聴覚・運動など）や精神機能（記憶・判断・注意力など）、社会的役割である。

　30年ほど前、筆者が山梨県の高齢者リハビリ施設先で中集団の音楽療法を行なっていた時の体験が、今でも鮮烈に記憶に残っている。

　セッションで歌唱した「麦と兵隊」の歌詞の地名について質問したところ、車椅子に座って先ほどまでずっと下を向いていた男性が「その場所は中国の……、葦がたくさん生えていて行軍に……」と話を始められた。

　その時、後ろにいたナースの慌てている様子を不思議に思っていたが、セッシ

ョン後に、その男性は入院後それまでの数カ月一言もしゃべらず、スタッフ一同、失語症であろうと思っていたとのこと。セッション中も下を向いていて眠っているものばかりだと思っていたので大変驚いた、との報告を受けて、筆者も驚きを禁じ得なかった。確かにセッション中、下は向いていらしたが、その時々の曲に合わせて人差し指がかすかに動いていたので、この方なりの参加をされていると思っていた。

　このような体験は、多くの音楽療法士が多かれ少なかれ経験していることではなかろうか。音楽が1人ひとりの心の奥底に入り込んで、その方が忘れていたと思っていた、自身でさえも思いもよらず湧き上がってくる「思い出」を蘇らせたと思える瞬間に立ち会うことが、いく度あったことであろうか。

　ここで「思い出」に関係する記憶と回想法について、少し紙面を割いておきたい。

記憶

　1885年、ドイツの心理学者エビングハウスが記憶に関する研究を行ない、時間経過とともに記憶していたものを忘れていく「忘却曲線」を発表した。

　記憶は、記銘―保持―再生（想起）の3段階からなる。また記憶には、保持している時間の長さによって、瞬間記憶（数秒）、短期記憶（数時間・数日）、長期記憶に分けられ、さらに長期記憶は、エピソード記憶、意味記憶、手続き記憶に分けられる。

　エピソード記憶とは、自分自身が体験した出来事についての記憶であり、自身のその時々の感情の動きを伴って記憶しているものである。意味記憶とは、エピソード記憶と異なり、あの時・あの場所で・私は、といったこととは関係なく、一般的知識として身についている記憶である。

　例えば、フランスのトリコロール（青・白・赤の三色旗）は、日本人の多くがフランスの国旗として知っている。これが意味記憶である。一方、1945年に長く占領していたドイツ軍を追い出したフランスの人々が、歓喜の涙で見つめていた国旗の記憶、このようなものこそエピソード記憶と言えよう。

　手続き記憶は、身体で覚えた記憶と言えよう。長い間泳いでいなかったのに、水に飛び込んでみると体が勝手に動いて泳げていたというようなことを体験された方も多いであろう。自転車に乗るなども同じで、これが手続き記憶である。

回想法

　よく人生とは織物のようなものであると言われる。それは、縦に流れる時と横に通される忘れることのできない思い出とが紡ぎ合わされながら作り上げられていくものだからであろう。このようにして織り込まれ紡ぎ合わされた過去の出来事（出逢い・別れ、交わした言葉のあれこれ、味わいや香り）の1つひとつを、高齢者は回想していると言われる。

　かつて高齢者の回想は、「年寄りの繰り言」「現実逃避」などと言われ、否定的な意味あいをもっていた。この高齢者の回想についての見方に意義を唱えたのが、アメリカの精神科医Ｒ.バトラーであった。バトラーは1963年に、高齢者にとって回想とは自己の人生を見直し整理する機会を与えるものだとして、積極的な意味を見出した。

　この回想を効果的に導き出すものとして、音楽の存在が考えられる。

　NHKの歌謡曲番組の冒頭に必ず朗読される一文があった。「歌は世につれ世は歌につれ」で、この一文は世相と歌の繋がりの深さを短い言葉で、しかも正確に言い当てている。

　街角でふと聞こえてきた音楽に懐かしい青春時代の出来事や仲間を思い出し、その思い出の中に生き生きとした自分の姿を見つけ出し、歩み続けてきた人生の足跡に改めて気づき、思いを深くすることを、誰もが経験するであろう。

　回想法そのものは、個人、グループのどちらの形でも行なわれている。そしてこの回想法は、時系列なものと非時系列なものとに分けられる。

　時系列のものには、個人であれ集団であれ、高齢者の方々が育ってきた歴史そのものが考えられる。第二次世界大戦や東京オリンピック、大阪万博、阪神大震災、東日本大震災などがあろう。一方、非時系列には正月、盆踊り、ひな祭り、地域の祭りなどが考えられる。

　回想法の流れとして高齢者のグループにおいては、

　　①誘導
　　②集合
　　③開始
　　④自己紹介、言葉による回想への導入
　　⑤材料や道具の使用による展開

⑥終了

以上のように行なわれているのが一般的である。

筆者は言葉を使用した回想への導入は大切なことであると思っている。しかし、歌謡曲などの聴取や歌唱の後に湧き起こってくる回想は、我々の想像をはるかに超えた、深く大きなものが出現してくるように思える。

ここで筆者自身の経験を記述しておきたい。

東京都下にある精神科医院で「おさななじみ」（中村八大作曲、永六輔作詞）を歌唱した。幼なじみの男の子と女の子の幼稚園、小学校、中学校を通しての思い出が描かれ、やがて再会した2人が恋に落ち、一家を作り、2人の間にできた子どもが、今また当時の自分達と同じように幼稚園に出かけるのを2人して見つめるという微笑ましい歌である。

メロディーは長調で、リズムは日本人の原リズムパターンといわれる付点8分と16音符の組み合わせが全曲を通じて使用されており、しかも多くの日本人にとって親しみやすいヨナ（ファ、シ）抜き音階であるため歌いやすく、軽快と言ってよい曲調であった。

しかし、アフターミーティングで参加していたスタッフの1人から、最近幼い時の友人が亡くなり、歌っている最中ふいにその友人との思い出が浮かび上がってきて、治療者としてその場にいることが大変辛かったという感想が述べられた。

このように音楽活動中に思いもよらない自分自身の思い出と、その思い出にまつわる当時の感情や思いが甦ってくることは、何度も体験することであろう。そのためにも、音楽を素材にして対象者との時間・空間を共有する音楽療法士には、使用する音楽についての深い知識はもちろんのこと、対象者についてのアセスメント、活動中の対象者の細やかな変化にも充分に対応できる幅広い技術、方法論、そして観察力が必要とされよう。

今日のわが国において高齢者への音楽療法の在り方の1つに、心身の健康維持・向上に向けた予防医学的側面へのアプローチがあろう。この予防視点から、高齢者の音楽療法について、第8回日本音楽療法学術大会「20年の継続から見えるもの」（加筆修正）中垣美子氏と一般社団法人石内音楽療法研究所を設立し、第19回学術大会シンポジウムで発表を行った石内貴代美氏に事例・活動報告を依頼した。

予防医学の視点にたった高齢者の(30年間)コーラス活動
健康維持にとどまらず生きる喜びを与え精神衛生に効果をもたらす

はじめに

　近年、音楽療法が広く一般に知られるようになり、メディアが臨床現場の特集を組み、日頃の活動を放映することが多くなった。行政もまた生涯学習の一環として取り組むところが多い。

　筆者は1985年、一般に健康といえる高齢者を対象とした地方自治体（福岡県・広域遠賀中間地区）主催の老人大学院（発足時の名称）のコーラス部門を担当、指導することとなった。受講資格は、①65歳以上であること、②過去に老人大学の受講経験者であることである。

　この老人大学院講座は閉講後、自ら健康維持のための自主グループへと発展し、その活動は今日もなお継続している。

　筆者は音楽療法士としてこの高齢者コーラスグループについて30年間の長期にわたり予防医学的、あるいは介護予防としての音楽療法と捉え、指導、実践してきた。当該分野でのこうした長期間にわたっての実践例は少ないので、ここでその経過を総括し、内容と成果をまとめた。

目的

　筆者が担当する、いわゆる集団音楽活動（コーラス）は、これを療法と捉え、高齢者にアクティブに対応するという意図的なプログラムで、老人大学院講座としては初めての企画であった。

　1985年から現在（2017年）までの長期間にわたる系統的な予防医学的視点を持ったコーラス活動の、グループ全体および継続個人についても独自の評価方法で意識変化の定量化を試みた。期待される効果としての次の6項目をその目的と

した。

　①コーラス活動がもたらす健康維持

　②精神衛生の向上効果

　③独居による閉じこもり予防

　④加齢による心身の活動機能低下予防

　⑤社会参画意識の持続

　⑥世代間交流や人間関係の維持

方法

対象者とその推移

　自治体広報誌で募集された65歳以上の女性23名（男性希望者なし）で開始。当時、最高齢者81歳。その後、老人大学院講座より独立し、男性4名、女性24名で合唱団として活動開始。

　25年を経過した2010年7月では、開始当初からの在籍者は女性3名であり、10年以上の継続者の比率は40％を超え、メンバーは40〜80歳代という年齢幅の広い55名で構成されていた。平均年齢に見るグループ構成が高齢者を対象にしている点は2017年9月現在も変わっていない。

　対象者の推移は表1の通りである。

実践自治体の紹介

　本事例の実践自治体、福岡県中間市は北九州市に隣接して位置し、ほぼ中央部を南北に貫流する一級河川遠賀川によって東西に2分されており、西部地区は緑豊かな農耕地と工業団地、東部は商業施設と住宅地からなる人口約4万2000人（2017年4月現在）の中都市で、全人口の90％が東部域に偏在している。1958年に市制施行、1995年には高齢化する社会に対応するため「人にやさしい愛のまちなかま」をテーマに、市民がふるさとに愛着を持てる「なかま意識に燃える感動のまちづくり」を目指した運営が進められていた。

　2000年12月定例市議会において「音楽療法士国家資格制度の創設を求める意見書」を全会一致で採択している。2010年現在、65歳以上の高齢化率は29.3％

表1　対象者の推移

年　代		構　成	年　齢	平均年齢
1985.10	老人大学院講座として開始	23名（女性のみ）	65〜81歳	68歳
1987.2	自主グループとして発足	28名（男4　女24）	60〜80歳	71歳
2001.3	16年経過して	43名（男8　女35）	60〜88歳	72歳
2008.7	23年経過して	51名（男12　女39）	40〜83歳	71歳
2010.7	25年経過して	55名（男14　女41）	44〜86歳	72歳
2017.9	30年経過して	39名（男11　女28）	58〜91歳	78歳

（全国、平成21年度22.8％）で「元気な風がふくまち　なかま」をスローガンにした町づくりを目指している。

セッション構造と経過

［シニアコーラスとして自主運営の確立］

　老人大学院講座においては、5月開講し10月閉講となり文化祭など発表の場を体験し終了。この枠組みにおいて次年度の開講まで半年間講座が途切れることへの不満・不安の声があり、合唱団結成の声があがった。相談を受けた筆者も加わり、規約づくりや、地域活動にあまり興味を示していなかった男性メンバーへの声かけなどをした結果、「中間混声合唱団ドレミ」という独立したグループの誕生に至った。これまでの行政支援がなくなり、会場使用料、楽譜購入、講師謝礼などを含むすべてが自主運営、自主企画立案となり、団の代表者と筆者が会議を持って検討し、種々の行事を企画・実践した。老人大学院講座当初のセッション構造をまとめると表2のようになる。

［具体的な音楽療法視点の導入］

　演奏技術の向上を優先せざるを得なかった枠組みを超えて、音楽療法的視点を積極的に取り入れた。ピアノ伴奏を工夫することで、合唱の厚みやハーモニーの完成度を上げることに大きく効果をあげた。「音楽の生活化、生活の音楽化」を意識した合唱団独立後の療法エクササイズをまとめると、表3のようになる。

　ここでいう療法エクササイズとは「音楽療法的考え方を合唱指導の中に取り込

表2　1985年開始当初のセッション例
週1回：2時間　場所：中間市勤労青少年ホーム音楽室2F
スタッフ：セラピストTh（筆者）1名

項　　目	セラピスト（Th）が心がけていたこと
季節の歌	Thが選曲（2～3曲）　唱歌・童謡で発声練習
発声練習	音域を拡げることも考慮して半音ずつの上行または下行
曲全体をとらえるため ユニゾンで歌う （休憩）	言葉を美しく歌詞をはっきりと伝える 正しく音を覚える　呼吸をそろえてフレ　ズ感を大切に
パート練習	簡単な二部合唱では相手パートも経験すること
ハーモニーの確認	お互いのバランスを聴き合い、繰り返して完成度を上げる

み、練習のプロセスにおいて考慮する、例えば、選曲、編曲、ジャンル、パートの移動、個人及びグループとしての適応水準に配慮したプログラム」を示す（表3参照）。

［セッションの独自視点の重要性］

　自主グループとして独立した後は、筆者が療法として独自に意識的実践を行なった。その視点を要約すると以下の4項目になる。

①選曲について：適応水準

　メンバー（対象者）が社会の担い手であった時代の曲については3カ月での完成がベスト（混声4部）

②特徴あるセッションコンセプト

　・既知曲を半音ずつ移調し発声練習：音域を低・高音に拡大（呼吸器系機能維持）

　・体も動かす曲の導入：背筋を伸ばし足腰を安定させて全身でリズムを表現（加齢による身体機能の低下予防、改善を図る）

　・斉唱ではなく混声合唱構成：共生の認識

　・音楽療法としての啓蒙、講話・情報を伝え取り入れ、メンバーが「やって

表3　合唱団として独立した以降のセッション例（療法エクササイズ）
週1回：2時間　　場所：中間市勤労青少年ホーム音楽室2F
スタッフ：セラピストTh（筆者）1名　　1989年よりピアニスト1名

項　目	Thが療法エクササイズとして心がけていること及び所感
朝の挨拶	挨拶や会話の中で、今日の体調などの健康状態や1週間の過ごし方などを対話する（情報交換）
季節の歌	リクエスト（3曲） 自発的、積極的に参加する意思を大切にしながらリラックスできる雰囲気で自由な自己表現ができるよう配慮
身体の動きも伴って発声練習 リズムの移行、展開	リクエストの中の1曲を使う　　　（既知曲の移調奏） 上行、下行する中で言葉との連動を考えるなどしてスタカート、レガートなどの奏法にも繋ぐ（腹式呼吸→深呼吸） 2拍子から4，3，6拍子に移行　　　4，8ビートに展開
曲の全体をとらえるためにユニゾンで歌う	メロディーを歌いながら音域を拡げる　言葉をはっきり　曲の歌詞を想像して、絵画を描いてみる（イメージする） 呼吸のタイミング、配分を考えフレーズ感を持って表現する
パート練習	簡単な二部合唱では相手パートも経験すること
曲のイメージづくり	解釈、分析の意見交換　　　　　回想しながら感想を述べる 　少人数に別れてお互いを聴き合う 　歌や意見交換で想像を膨らませる 　受動的体験と能動的体験をする
目標に対する到達度の自己評価	初心者ははじめソプラノパートに所属しメロディーという安心できる場で雰囲気に慣れる その後他者との協調を経てほかのパートへ移行、役割の転換を試みる⇒挑戦　　　パート移動は希望に応じる
全体を通してハーモニーの確認	合唱曲を仕上げる⇒繰り返すこと⇒完成度を高める
Tonic, Dominantの有する機能を活用	周囲の声を聴きあって心が1つになった時、曲の完成度とは違った感動が生まれる。歌い終わって自然に拍手が湧く 記憶力や認知力の刺激を促しながら達成感や連帯感が強まる 集団活動が創造する成功体験を確かめ充実感を実感できよう配慮する

慰問演奏

 いることへの確かさ」の自意識化
③組織交流のあり方
　世代間や性別を超えた交流：3世代が望ましい
④参画意識について
　メンバーによる自主運営の領域拡大
　特に95年から現在までの2時間のセッション内容は、場面に応じて、会話・歌・パート練習・少人数編成の合唱を聴きあうなど、ゆったりした時間配分に配慮。対外的演奏交流への参加場面が徐々に拡大。

［セラピストの意識と指導理論の変化に伴う取り組み］
心理的、生理的、身体的、社会的視点を持ったアプローチを試行錯誤しながら実践してきたが、指導者としての生涯学習的側面とセラピストの療法的側面を併せ持ったセッションが重要だと考えた。その取り組みを表4に示す。

結果

小グループの閉鎖性を破り刺激ある交流へ

　1985年当初、メンバーはなかなか声が出せず、周囲の声を聴く余裕もなく、音楽としてのまとまりがとれなかった。週1回の「練習」というより「集い」といった雰囲気の中で、次第に斉唱から二部合唱へ、さらには男性の加入で混声合唱団として演奏活動ができるようになり、レパートリーも増え、難易度も上がっ

表4　指導者の意識と指導理論の変化に伴う取り組み

	1985年開始当時	合唱団としての独立後	1995年～現在
視点	演奏技術の優先 見つめる先は音楽	トータルの人間として高齢者を見つめる。 指導者と高齢者がともに学ぶ。 運営・指導の転換	高齢者コーラスとして、音楽の持つ構造の療法的活用 欲求充足としての音楽提供、音楽の生活化。 プロセス重視
時間配分に配慮した点	主役は指導者 （音楽教育的）	主役は高齢者 （希望に応じたプログラム）	歌唱に加えて、聴きあう、想像、回想など心理療法的場面を増加
選曲	結果を想定した選曲	リクエストに応じながらも指導者の意見も併せ選曲	一定の困難さを持つ適応水準を考慮 身体リズムと楽曲のリズムとのマッチング
療法的プログラム	あらかじめ行政と筆者が用意したプログラム	軌道修正しながら進行	中長期的視点でのカリキュラム、実践項目の豊富化

ている。中途入団者への配慮がよく行き届いており、音楽も人の心も調和がとれている。また、選曲が唱歌や童謡・流行歌である時に比べて、外国の曲や現代のいわゆるニューミュージックなどの場合、メロディーのみでさえ多くの練習時間を必要とした。その戸惑いの多くは、リズムパターンであった。

　このように馴染みの薄いジャンル、また部分的に難易度の高い編曲を含む課題に対してあまり負担を感じないで取り組んでいくために、筆者が指導している児童合唱団（小・中学生・高校生）や成人（20歳以上の混声）の合唱団とのコンサートにも積極的に参加している。こうべ長寿祭、シニアコーラスフェスティバル、チャリティーコンサート、結成20周年記念コンサートなどステージ交流経験の場を数多く積んできた。1988年～2017年にまとめたメンバーの「心身の健康と音楽活動のかかわりアンケートから」を表5に示す。

グループメンバーの在籍実績と生活意識

　現状では平均年齢が78歳、長期間（10年以上）在籍者が44％と半数近くを占

表5　グループメンバーの心身の健康と音楽活動のかかわりアンケートから
　　　「改善の評価」◎＝改善効果が2倍以上と著しい

評価項目	1988年10月 発足直後	2001年3月 社会参画 発展期	2008年8月 社会還元 充実活動前期	2017年9月 社会還元 充実活動後期	改善の 評価
生活にリズムやはりを感じる	20.9%	51%	55.3%	79.5%	◎
仲間が増えた	12.4%	77%	86.8%	79.5%	◎
心の健康を感じる	32.1%	98%	95.6%	94.9%	◎
健康維持に役立っている	14.3%	87%	94.7%	94.9%	◎

上：全国シルバーコンクール（こうべ長寿祭）
下：結成30周年記念コンサート。10〜91歳、3世代合唱

メンバーの意識調査

図1　世帯の状況　　　図2　現在の通院状況 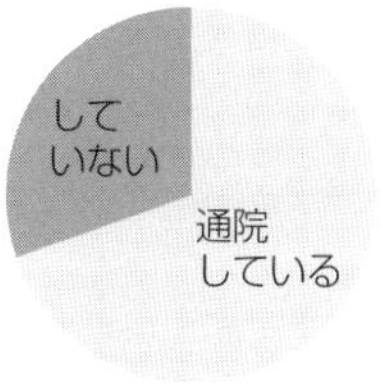　　　　　図3　健康状況意識

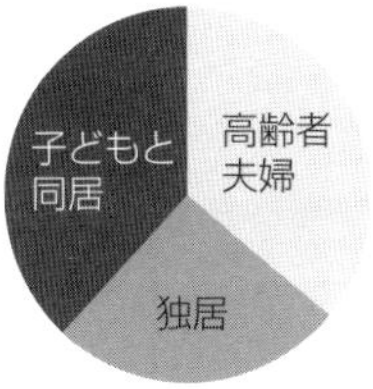

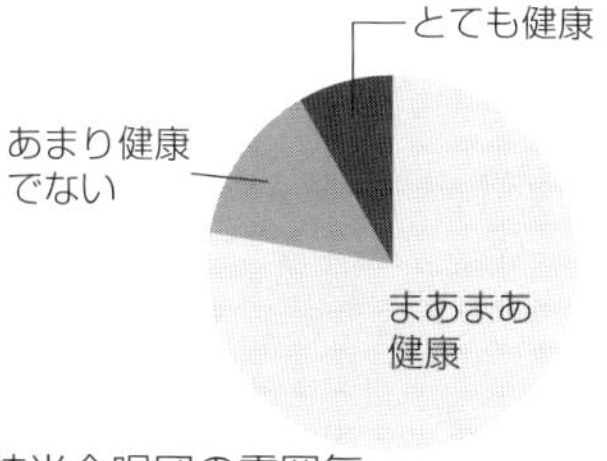

とても健康

子どもと同居／高齢者夫婦／独居

していない／通院している

あまり健康でない／まあまあ健康

図4　3世代の合同演奏会への参加 　　　図5　該当合唱団の雰囲気

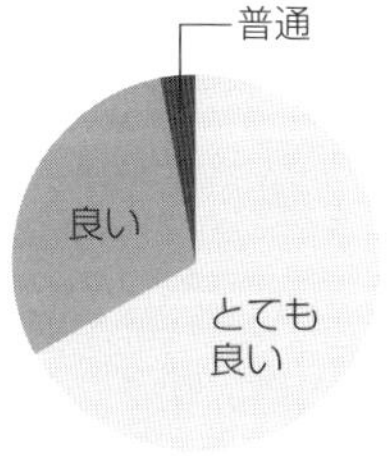

今後も出演したい

普通／良い／とても良い

めており、高齢者群の長期間連続した解析にあたっては、一定の集団評価母数を有していると考えている。

　概ね活動が定着、発展した2001年のメンバーの「世帯の状況及び通院の状況」などの意識調査の詳細を図1～5に示すが、以下の傾向は直近でも大差ない。

　「世帯の状況及び現状の通院状況」では3分の2が高齢者世帯生活群で7割の人が通院している。こうした状況にもかかわらず図3では9割近い人が「健康と自覚」し、さらに当該コーラス活動によって得られた主要な成果を示した図4、5でも9割以上のメンバーが共通の趣味・友人と安心できる時間・空間を共有したことに精神的な喜びを持ったと感じている。特に図4の3世代合同演奏会では「今後も出演したい」と精神的に社会とのかかわりを求め、肯定的な評価を示している。

QOL評価から見たメンバーの意識変化

　この長期・持続的コーラス活動がもたらした劇的変化とその要因をまとめ表6に要約して示す。

表6　指導者の意識と指導理論の変化に伴う取り組み

セラピストが意図した事柄	もたらされた会員の意識変化
適応水準と選曲	自立意欲・連帯意識増大（QOL）
演奏会出演機会の設定 （舞台経験3〜4回／年、3世代合同も）	会の自主的企画・運営力（主体性）
社会参画への方向付け （慰問演奏、シルバーコンクール出場）	周囲の激励・支持を力へ （受動から能動へ〜内閣府表彰）
親睦会	健康維持

考察とまとめ

長期間の音楽療法的指導がもたらした成果

　30年間の活動は、メンバーの年齢が高くなるというだけではなく、メンバーが相互扶助の視点を持ち、連帯意識を高め、退団・休団者にさえもその後のきめ細かい交流を継続するという、まとまりのあるグループとして安心感、安全感を生み出し、安定した日常生活の基盤づくりに大いに役立っている。また、児童、成人、高齢者の3世代間の合同演奏会では、ほかのグループの演奏を聴くという受動的効果と、表現に対する緊張や結果に対する予測などの現実見当識を高めることで、加齢による心身の機能低下を自然に受け入れつつチャレンジする意欲の増大を見ることができた。

長期コーラス活動に見るQOLの向上推移

　こうした一連の活動から、この集団と構成するメンバーのQOL感の向上推移が定量化できないかと考え、以下のような独自の手法で指数化を試みた。表7にその概要を示し、数値の算出方法と考え方を次に示す。

　①個人が感じるQOL感をAとし、組織力量をBとする。

　②個人が感じるQOL感とは、先に示した表5の「メンバーによる心身の健康と音楽活動とのかかわりアンケート」の評価項目（4項目）を平均化したもの（A）とする。

表7　メンバーの QOL 感推移

評価項目	1985年	1988年	2001年	2008年	2017年
（A）個人が感じる QOL 感指 　　（アンケート4項目平均）＊0.7	−	14%	54.6%	58.1%	61.1%
（B）組織力量指数（平均年齢＊人数）＊0.3	13%	16.5%	25%	30%	25.2%
総合 QOL 感指数（A＋B） 　　　　　　　　（5段階評価）	−	30.5% 1.5	79.6% 3.98	88.2% 4.41	86.3% 4.32

表8　期間別のメンバーの QOL 感

期間	当該時期の特徴を示す活動内容の概要
自主組織 確立期	福岡県老人大学院講座という行政支援の場から脱皮し、自立グループとして市内の他グループと合唱の輪を広げ地域文化活動を始めた。
社会参画 発展期	音楽療法としての視点を取り入れる。自立した企画で第1回、第2回の演奏会を経て、結成10周年記念コンサート実現。児童・成人との3世代コンサートやボランティア演奏活動の開始（施設訪問）。
社会還元 充実活動 前期	子供たちとともにチャリティーコンサートに毎年参加。神戸　のシルバーコンクールにも出演し健康管理には更に配慮（1泊2日の親睦旅行も兼ねる）。2006年、結成20周年記念コンサートを市民ホール700人満席で開催。記念の CD など作成。 ボランティアの施設先で友人（同級生、先輩、恩師など）に会うこともたびたびある。

③組織力量とはメンバーの在籍人数を平均化したもの（B）とする。

④個人が感じる QOL 感Aと組織力量Bの評価配分を7：3とした。これは音楽療法的視点から、メンバーの心理的健康感や自己実現への積極性に重点をおくよう考慮したものである。

⑤A＋Bを5段階評価して QOL 感の水準推移を表7に、誕生から現在までの時間軸を自主組織確立期、社会参画発展期、社会還元充実活動期の3期に分類し、その特徴を表8に示す。

内閣府表彰が活動のさらなる励みに

これらの活動により、主観的 QOL や自立意欲が増し、心理的、身体的、社会

的な３側面において有意な関連が認められ、交流の活発化、行動範囲の拡大は心身の機能低下を予防することに貢献し、目標を達成することを可能にした。また地域文化活動に加えて、老人保健施設や障がい者作業所などの慰問演奏、３世代の合同コンサート企画実践などに参加したことが高く評価され、2004年、内閣府より生き生き高齢者に送られる「社会参加章」の表彰を受賞することとなった。確実に到来する超高齢社会において、自らの「生」を肯定できる人間交流の場こそが生きる喜びそのものであり、筆者はそのための健康および自立した生活への援助を継続していきたいと考えている。

社会還元充実活動期・後期の取り組み

地域社会の高齢化進む

この活動地域福岡県中間市は2015年、遠賀川水源地ポンプ場が世界産業遺産として登録される等明るい話題はあったが、高齢化率は県内28市では35.8％と２番目に高く、高齢者総合福祉計画では10年後には、人口は3.7万人へ減少、高齢化率は40％超えると推計、独居家庭の増加等で小規模自治体特有の「支えあい共に住み続けるまちづくり」の課題が顕在化しつつある。

30周年記念コンサートの新企画と推進

こうした中当該コーラスグループは2016年６月、翌年に節目となる30周年記念コンサート開催の実行委員会を立ち上げた。手探りの中、PRや集客法などの会議が積み重ねられ、会報発行など新たな取り組みが実行された。団員は50歳代〜90歳代、平均年齢78歳（最高齢91歳）39名の高齢者群である。筆者は選曲・企画、構成、音楽指導の実務全般を担当、全曲暗譜による20曲余りの指導に当たった。常に「音楽の生活化、生活の音楽化」、ジュニアとのジョイントによる「３世代との交流」を意識した前述の療法的視点と狙い・目標を念頭においた。

感動を呼んだ満員の会場とフィナーレ

2017年９月、残暑の残る中間市ハーモニーホール大ホール（745席）は超満員の市民であふれた。フィナーレでは子どもたちとの総勢90人の舞台は会場と一体

となった手拍子に沸き2時間余りのコンサート後のロビーは出演者と市民の交歓・感動の輪がつながった。演奏プログラム誌には合唱指導者の音楽療法士としての他分野含む活動経歴が掲載、公知された。

組織（コーラスグループ）とメンバーの高位 QOL の継続を達成

筆者は長期コーラス活動の持つ独自の QOL 感指標としておおよその定量化を試みているが、直近（2017年9月）の QOL 感指標では組織人員の若干減の影響があるものの、この十数年従前と同様4水準（5段階評価）を保持している。通院が7.4割ながら健康年齢意識は高く維持され、高齢化の進む過程でこの種の活動の意義は決して小さくないと考えている（継続したアンケート調査は重要な評価法のひとつ）。

前稿文での活動の総括を改めてこの5年間の活動により再検証・確認することができた。ここでは活動期間のうち、社会還元充実活動期を前後期に区分し、特にこの5年間を後期と位置づけた。具体的な30年間の主な組織活動一覧を表9に示す。

おわりに

この活動は、高齢化社会の到来を予測した自治体主催の生涯学習活動の一環でスタートしたもので、初期から今日の活動スタイルを意図したものではない。むしろ数年の経過を経て、高齢化社会に潜む高い QOL を望むメンバーの声を聞き、筆者は音楽療法士として音楽技術の向上にとどまらない高度な社会的ニーズに応えることに指導の意義があると考えた。ほかにも北九州市周辺での各階層の複数の合唱活動の指導を行なっているが、ほかの一部の指導者からも強い関心と反響の声があることを報告しておきたい。

音楽療法分野の予防療法的な事例は長期間を要するだけに、定量的な評価がむずかしい。しかし、近年盛んになってきた、自治体が取り組むこの種の多面的な生涯学習領域でも、音楽療法的アプローチの適用分野、コミュニティー療法的な試行分野があることを実践参考例として感じとっていただければ幸いである。

[中垣美子]

表9　中間混声合唱団ドレミ30年のあゆみ

1987年	**合唱団結成**
	中間市中央公民館文化祭（一現在）
	生涯学習センター文化祭出場（一現在）
1988年	団の名称決定「中間混声合唱団ドレミ」とする
	中間市制30周年記念事業　ふるさと中間の集い出演
	合唱組曲「遠賀川」発表会出演1989年
	アジア太平洋博覧会　よかトピア出演（福岡会場）
1990年	**「ドレミ」第1回演奏会**（中央公民館）
1992年	中間芸能フェスティバル
1993年	中間市民音楽祭　九州交響楽団とともに（1995、96年）
	「ドレミ」第2回演奏会（中央公民館）
	コールなかまジュニア定期演奏会賛助出演（2000、02、03年）
1996年	ハーモニーホール開館式合唱出場
1997年	春のハーモニー演奏会
	砂山デイサービス慰問演奏
	ふくおか県民文化祭コーラスフェスティバル出場
1998年	ＮＨＫ小倉放送局にて生演奏
	「ドレミ」結成10周年記念コンサート
	中間市制40周年記念事業合唱フェスティバル出場
2001年	中間市文化団体連合会10周年記念祝賀会合唱披露
	ひびけこころのハーモニーチャリティコンサート（北九州アカデ
	ミー少年少女合唱団主催）出演（なかまハーモニーホール。―
	2012年）
2002年	大蔵マイドリーム合唱団見学
	全国シルバー合唱コンクール出場（神戸文化ホール）
	混声合唱団もみの木演奏会賛助出演
2003年	水巻松快園老健施設慰問演奏（2009年）
	サンフラワー老健施設慰問演奏
	市民体育祭中間市歌合唱

自主組織確立期

社会参画　発展期

2004年	老健施設慰問演奏（サングリーンホーム）
	筑豊合唱祭出演（田川文化センター、2005年）
	ねんりんスポーツ文化祭合唱フェスティバル出演
	平成16年内閣府いきいき高齢者「社会参加章」受賞
	内閣府表彰記念演奏「ひろげよううたのわ」出場
	中間市文連文化祭「ひろげよううたのわ」心をつなぐ秋色コンサートへ出演（なかまハーモニーホール。―2016年）
	文連総会アトラクション出演（―2016年）
2006年	**「ドレミ」結成20周年記念コンサート**
2007年	シニアコーラスフェスティバル in 北九州
2008年	中間市制50周年記念オープニング演奏
2009年	県立八幡南高等学校みなみカンタービレ出演
	シニアコーラスフェスティバル in 大分出演
	水巻共立病院敬老慰問演奏（2010、13年）
	水巻共立病院クリスマス会慰問演奏（2010年）
2010年	垣生なのみ園なのみ祭への合唱出演
	なかまスポーツフェスタ2010開幕演奏
	松快園慰問ミニコンサート演奏会
2011年	中間文化団体連合会20周年アトラクション出演
	シニアコーラスフェスティバル in 長崎出演
	東日本大震災復興応援事業2011チャリティコンサート
2012年	シニアコーラスフェスティバル in 北九州出演
	「ドレミ」結成25周年記念感謝祭
2013年	中間中学校文化祭出演 （―2016年）
2014年	シニアコーラスフェスティバル in 熊本
2015年	シニアコーラスフェスティバル in 宮崎
2016年	ウエルパークヒルズデイサービス訪問演奏
2017年	**「ドレミ」結成30周年記念コンサート**

社会還元充実活動 前期

同前 後期

＊その他、地元中間市内での定期文化祭などへ参加
　2006年以降、春・秋の恒例親睦バスハイクなどを実施、プラチナエイジとしての「健康維持と生涯学習」を実践

「一般社団法人」の立ち上げと活動内容について

はじめに

　音楽療法士たちは、社会の中でどのような形で仕事をしているのだろうか？病院や施設に就職し、他職種とチームで仕事をしている音楽療法士や、個人で音楽療法室を持ち対象者と向き合っている音楽療法士が多いのかもしれない。しかし、最近では株式会社や有限会社、NPO法人、一般社団法人という形で起業した音楽療法士などの話も聞くようになった。いろいろな創意工夫の下、独自の形で仕事を始める音楽療法士が増えてきたと感じている。

　筆者は自ら立ち上げた「一般社団法人石内音楽療法研究所」の代表として、所属講師たちと「チーム」で仕事をしている立場であるが、立ち上げの経緯や活動内容について報告をする。

一般社団法人を作った経緯

　筆者は自宅でピアノやフルートを教える傍ら、2002年より地域の障がい者施設や精神科病院のディサービスで音楽療法を実践していた。一方、2000年に施行された介護保険法は、2006年の改正で予防重視型システムへ転換するという方針を示され、介護予防は自治体の必須事業となった。

　そのような流れの中、筆者は、音楽を計画的に使って介護予防を行うことは、その目的達成のために有効であることを文章にまとめ、近隣自治体に「介護予防のための高齢者音楽教室」として提案した。当時、「運動」「栄養指導」「口腔ケア」が介護予防の3本柱と定義されていたが、独自の工夫として「音楽」を使ってみようという先進的な考えの自治体から事業化に向けての相談があった。各自治体のニーズを聞き、現場に合わせた活動をコーディネートする中でいくつかの事業の形ができ、徐々に筆者への講師依頼が増えた。

　当時、筆者は充実した音楽療法の時間を持っていたのだが、「提案した内容や、行っていることの検証をしたい。さらに有効な介護予防の方法があるのでは？」「１人で多くの現場を抱えて、もし講座を休まなくてはならない時はどうするか？」等、悩みが多くなってきた。

　その後、外部に事務的なマネージメントを依頼したり、悩み解決に向けたいろいろな試みを行ってもみた。その結果、仕事に「責任」を持ち、それを「継続」して行うためには、介護予防に有効な音楽療法プログラムの研究を一緒に行える仲間、それを現場で実践できる仲間、つまり理想とする『チーム』を自分でつくるしかない！と考えるようになり、一般社団法人石内音楽療法研究所を設立した。

　一般社団法人はNPO法人と同じく非営利法人で、余剰利益の分配等はできない点では同じである。相違は、NPO法人は税制優遇されているが一般社団法人に優遇はないという点である。しかし、設立時の社員数や事業内容から考えて、当時の筆者の力で設立可能な一般社団法人を選んだ。

　「一般社団法人石内音楽療法研究所」（以下、当研究所と表記）の概要は以下のとおりである。

　設　　　立：2013年4月

　拠　　　点：福岡県糟屋郡

　設立費用：定款手数料、登記印紙代、行政書士報酬など約30万円

　組織体制：役員2人、社員3人、委任契約講師6人（役員・社員兼任、現在8　　　　　　人）、研修生数人

一般社団法人で仕事をするということ

　法人という顔を持つことは、社会的な責任が発生することである。

　筆者は、まず、講師派遣の体制作りに取り組み、音楽療法実践時のリスクに備えて全国社会福祉協議会の「福祉サービス総合保障」に加入した。同時に、音楽活動のコーディネート、プレゼンテーションの力を身に付けるためさまざまな勉強をした。

　当研究所の構成員は、日本音楽療法学会認定音楽療法士とこの資格の取得希望者や、生涯学習音楽指導員、地域音楽活動コーディネーター、レクリエーション

インストラクターなどの資格を持つ講師8人と数人の研修生で、全員が当研究所に年会費を納めて所属している。各依頼主から提示された講師資格要件を充たしている講師に対しては委任契約を交わし仕事を依頼するが、要件を充たしていない研修生とは委任契約を行っていない。また、委任契約では当研究所が依頼した仕事以外の自宅レッスンや演奏活動などの兼業ができるので、各講師は当研究所で身に付けた学びをそのような現場でも活かしながら、個人事業主として自立した活動を行っている。

委託事業を引き受けるには「コーディネート」と「プレゼンテーション」（いずれも音楽以外の能力）が必要である。

介護予防事業や地域交流事業に「音楽療法」の導入を考えている自治体は多いのだが、それがどのようなものなのか？どのような準備が要るのか？　効果があるのか？　など疑問が多い。それほどに「音楽療法」は、社会全体には未だにイメージしにくいものなのかもしれない。そこに応えるためには、具体的な企画書を見える形で提示し、わかりやすい言葉で説明する必要がある。

筆者の場合、活動を具体化するときに「6W2H」から元案を作成し、そこから自治体の担当者と検討を重ねる。

When………… 日時

Where………… 会場

Who　………… 講師

Whom………… 対象者

What………… 活動名

Why?………… 目的

How　………… 方法（長期案・短期案とその具体的方法）

How much…… 経費（備品・会場費・消耗品・講師料など）

また、プレゼンテーションは筆者自身が行う場合はもちろんだが、自治体の担当者が上司や議会など各方面で説明できるようにキーワードを伝えながら、その自治体独自の事業を一緒に作り上げていくように心がけている。

このように、「チーム」で仕事をするためには、音楽技術のスキルアップや音楽療法の研究実践だけではなく、一般企業の企画、営業、人事に係る仕事が重要になる。

石内音楽療法研究所の事業

　当研究所では、自治体からの委託事業として介護予防・地域人材育成・障がい者福祉事業・それに伴うコンサートやイベントの実施、その他、社会福祉法人との契約で施設音楽療法、各種団体研修への講師派遣、自主事業として地域の自主サークル等支援、音楽教室を行っている。

介護予防事業（委託事業）
[地域健康教室（出前講座・音楽サロン）]

対　象　者：地域の独居高齢者・社会的つながりが弱い人、地域役員等が個別に案内

会　　　場：地域公民館等

開 催 頻 度：スポット開催、随時

目　　　的：介護予防啓発、閉じこもり防止、地域交流

内容・方法：導入（軽い体操、オーラルフレイル予防の体操、発声）～歌唱～楽器・身体活動～生演奏鑑賞

環　　　境：楽器・機材等すべて持ち込み、講師2人派遣

[音楽サロン（継続的活動）]

対　象　者：65歳以上の一般高齢者、広報・HPなどで公募

会　　　場：健康福祉施設や文化施設

開 催 頻 度：年度内12～24回シリーズ、発表会等

目　　　的：介護予防啓発と自宅トレーニング伝達（口腔体操、呼吸法など）、新しい仲間作り

内容・方法：導入（軽い体操、オーラルフレイル予防の体操、発声）～歌唱～楽器・身体活動～生演奏鑑賞

環　　　境：キーボード・簡易打楽器等の基本楽器・音源再生機材等は自治体が準備。自治体に用意がない特殊楽器のみ持ち込み、講師2人派遣

持ち込んだ特殊楽器の一例

トーンチャイム

左から、ビブラスラップ、アゴゴベル、スレイベル

[キーボード教室（継続的活動）]

対　象　者：概ね65歳以上の一般高齢者で鍵盤楽器初心者、広報・HP などで
　　　　　　公募

会　　　場：健康福祉施設や文化施設

開 催 頻 度：年度内12〜24回シリーズ＋発表会等

目　　　的：介護予防啓発と自宅トレーニング伝達（口腔体操、呼吸法、キー
　　　　　　ボードの家庭内練習）、新しい学習（チャレンジ）、仲間・生きが
　　　　　　いづくり

内容・方法：導入（軽い体操）〜グループレッスン（キーボード練習・歌唱・
　　　　　　参考ＣＤ聴取）と個人指導

環　　　境：キーボード受講生人数分台数・音源再生機材等は自治体が準備。
　　　　　　自治体に用意がない特殊楽器のみ持ち込み。講師２人派遣

地域交流促進事業（委託事業）

音楽サロン＋物つくりサロン（継続的事業）

対　象　者：高齢者を中心とした地域住民

会　　　場：地域の公民館、集会所

開 催 頻 度：年度内に音楽サロン12回と物つくりサロン２回　合計14回。その
　　　　　　他、クリスマス会、発表会、イベント等（随時）

目　　　的：地域交流促進、文化活動の促進

内容・方法：導入（軽い体操、オーラルフレイル予防の体操、発声）〜歌唱・
　　　　　　楽器・合奏など〜生演奏・ＣＤ鑑賞。塗り絵、切り絵、折り紙、

　　　　　　　書写など

環　　　境：キーボード・簡易打楽器等の基本楽器、音源再生機材等は自治体
　　　　　　が準備。自治体に用意がない特殊楽器のみ持ち込み。物つくりサ
　　　　　　ロンの材料は自治体が準備。講師2人派遣、イベント・発表会な
　　　　　　どには5〜6人派遣

地域人材育成事業（委託事業）

ボランティア養成講座（継続的事業）

対　象　者：一般市民で受講後にボランティア活動に参加できる人、広報・
　　　　　　HP などで公募

会　　　場：健康福祉施設や地域活動拠点

開 催 頻 度：年度内12回シリーズ

目　　　的：地域活動のリーダー養成

内容・方法：ワークショップと講座・グループワーク

環　　　境：キーボード・簡易打楽器等の基本楽器、音源再生機材等は自治体
　　　　　　で準備。自治体に用意がない特殊楽器のみ持ち込み。講師2〜3
　　　　　　人派遣

障がい者福祉事業（委託事業）

音楽レクリエーション

対　象　者：地域の障がい児者と父母・兄弟児他日常の介助者、移動支援のヘ
　　　　　　ルパー

会　　　場：健康福祉施設、文化施設大ホール

開 催 頻 度：年度内12回、障がい者理解啓発のコンサート

目　　　的：障がい児者の療育、支援者のレスパイト、障がい児者支援のチー
　　　　　　ムつくり

内容・方法：音楽レクリエーション、コンサート

環　　　境：キーボード・簡易打楽器等の基本楽器、音源再生機材等は自治体
　　　　　　で準備。自治体に用意がない特殊楽器のみ持ち込み。講師4〜8
　　　　　　人派遣

知的障害者施設音楽療法（社会福祉法人との契約）

社会生活体験を兼ねた施設外での音楽療法

対　象　者：社会福祉法人Ｇ会　障がい者福祉サービス事業所利用者30人

会　　　　場：公共の健康福祉施設など

開 催 頻 度：毎週1回、送迎バスで移動

目　　　　的：グループごとに療育課題に沿った目的を設定し、計画された音楽
　　　　　　　レクリエーションを行う。

内容・方法：始まりの挨拶〜集中〜全体の課題〜歌唱・楽器など〜クールダウ
　　　　　　　ン〜終わりの挨拶

環　　　　境：楽器・機材等すべて持ち込み、講師3人派遣

その他、研修講師派遣

各研修団体や企業からの依頼に応じて、研修会・講演会の講師を派遣する。講師2人程度。

地域自主サークル等支援（自主事業）

介護予防教室の卒業生受け皿として、地域で行われる自主運営講座の指導と運営支援をする。会員は月会費・教材費を負担し、主体的運営にかかわる。

音楽教室（自主事業）

介護予防教室の卒業生や一般の希望者に対し、介護予防のための音楽教室を当研究所が主宰。会員は月会費・教材費を自己負担して受講。

まとめと課題

日本は今、世界にも例を見ない「超高齢社会」の中にあり、「少子高齢化」が加速している状態である。その中で「コミュニティー」という考え方がクローズアップされ、音楽療法においても「コミュニティー音楽療法」の考え方が一般化してきた。地域力の底上げのためにはさまざまな働きかけが必要な時なのかもしれない。

筆者は、社会に貢献できる「コミュニティー音楽療法」の推進のために、

①．自治体からの委託事業……自治体主導の事業で、個人の生きがいづくりや、ボランティア人材の育成を行う（公助・きっかけづくり⇐税金投入）

②．地域サークル支援、音楽教室……①できっかけを得た個人が自力でスキルアップをし、よりよく生きる努力をする（自助・介護予防セルフマネージメント⇐自費）

③．②の人材が地域において、自らいきいきと活動し、リーダー的立場で主体的に地域に関わることで地域を元気にする（共助）

以上の①、②、③の循環が必要であると考えている。

　当研究所の事業について考えると、現在まで①②についての努力を行ってきたが、③についてはまだ取り組みの途中である。集団力動や音楽療法的操作の視点から、①②から③への展開・進展にはいくつかの困難な課題があると思われる。

　地域の人が集う場にさりげなく音楽がある。そのような安心・安全な空間で「コミュニティー音楽療法」を推進し地域に貢献していくことは、一般社団法人である当研究所の社会的役割だと考える。　　　　　　　　　　　［石内貴代美］

A町介護予防事業と自主サークルの連携

公助・自助・共助へ向けて行った音楽療法的操作

はじめに

　A町は福岡市に隣接した町で福岡都市圏の一部である。2000年代の人口は2万人弱と微増傾向で推移していたが、2010年代に入り宅地開発が進んだことなどから、2015年には3万人を超え人口増加率は22.9％になった（国勢調査）。令和4年4月時点では総人口3万2998人、高齢化率19.3％（後期高齢者率8.8％）の、若い町である。

　急激な人口増加の中、A町には新たに移住してくる高齢者も多い。新旧の高齢者が入り混じった地域の中で、お互いに新たな人間関係の構築をしていく必要もある。

　当所はA町から音楽を使った介護予防事業を委託されているのだが、そのひとつである「高齢者のためのキーボード教室」について、「介護予防教室」と「OBクラス」の連携の中から生まれた公助・自助・共助へ視点を向け、音楽療法的操作の必要について次頁に一覧にまとめた。

結果

　戦中戦後に青春期を過ごした高齢者にとって、鍵盤楽器を弾くことは「憧れ」だったと聞く。仕事や子育ての大変な時期を過ごし、ようやく自分のために時間とお金を使えるようになった今、新たなチャレンジとして受講する方も多い。しかし、初心者対象の介護予防キーボード教室とはいえ、応募するには少々ハードルが高いようだ。そのハードルを越えてまで受講を希望する人たちは、ある意味、チャレンジ精神旺盛で文化的志向も強く、地域においては周囲を巻き込むエネルギーのある貴重な一群だと思われる。

A町での介護予防事業「高齢者のためのキーボード教室」

	介護予防教室	OBクラス
事業の位置づけ	介護予防事業（公費）	自主サークル（自費） A町の「介護予防セルフサポート事業」として、受講生にポイント付与
対象者	概ね65歳以上の一般高齢者10人。鍵盤楽器初心者を公募	「介護予防教室」の卒業生で、受講を希望する人
運営	A町	自主（役員会、規約、会計の自立） A町から楽器貸与、室料減額の支援
会場・準備	A町健康保健施設の防音室 キーボードを1人1台ずつ使用	A町健康保健施設の防音室 キーボードを1人1台ずつ使用
期間・頻度	1クール6ヶ月、90分×11回 合同発表会（再受講不可）	1クール6ヶ月、70分×11回 合同発表会（再受講可）
スタッフ	音楽療法士1人、生涯学習音楽指導員1人、保健師等職員	音楽療法士1人、生涯学習音楽指導員2人
目的	介護予防（公助） 心身機能の維持向上、生きがいづくり、仲間づくり	介護予防セルフサポート事業（自助） 心身機能の維持向上、生きがいづくり、仲間づくりを自助努力する。
内容・方法	●グループレッスン ストレッチ・姿勢づくり、指のトレーニング 楽曲練習（テキスト）、参考CD鑑賞、口腔体操、歌唱 ●個人ワンポイントレッスン	●グループレッスン クラス別課題曲（アンサンブル） 介護予防の啓発と活動実践（口腔フレイル予防体操、呼吸法、肺活量測定など） ●個人ワンポイントレッスン 個人レパートリーの練習確認
音楽療法的操作	●鍵盤楽器を弾くことからの介護予防啓発 手指運動は大脳皮質運動野・感覚野→メロディー奏は運動・頭頂連合野と小脳→感情を込めた演奏は前頭葉前野の働きが必要 ●楽曲を通しての感情共有や回想を促す。	●受講継続のための工夫（休会、再入会、振替受講などのルール） ●集団アプローチの技術 〈受講生⇔講師〉から〈受講生⇔受講生〉、そして〈全体〉へ、さらには〈地域〉へ ●リーダー的人材の育成と支援（教室内＆地域） ●発表会や懇親会への主体的な関わり（計画・役割・司会進行など） ●アンサンブルの中での役割意識 ●受講生相互の連絡、相談を促す ●教材（楽曲、楽典）の研究⇒発表・共有

A町の「介護予防教室」（公助）の6か月間は〈きっかけづくり〉〈仲間づくり〉のための種まきであり、それを引き継ぐ「OBクラス」（自助）では、受講継続を支援することでそれが芽を出し大きく成長した。さらに、その中の数人が、地域の中で様々な役割を担いながら「地域サロン」（共助）などのリーダーとして活躍している様子がうかがえる。

　この事例で述べたことは、当研究所が委託事業の中で自治体と連携し、「チーム」の力で関わったことの結果である。また、公助・自助・共助の狭間にあるさまざまな問題に寄り添い、理解し問題解決するためには、集団力動・音楽療法的操作ができる音楽療法士の力が必要であったと考える。

　今、国が推進している「地域包括ケアシステム」の中で、このような方法で「コミュニティー音楽療法」の場を作りその活動を広げていくことは、今後さらに加速する超高齢社会が抱える問題解決の一助になるのではなかろうか。

［石内貴代美］

高齢者に多く使用される薬剤

アルツハイマー型認知症

　アルツハイマー病は、レビー小体型認知症や進行性核上性麻痺などと同じ、中枢神経性疾患に分類される。中枢神経系においてタンパク質が蓄積し、細胞障害を引き起こすことが認知症の発症原因と考えられている。アルツハイマー病では、遺伝が関与する「家族性アルツハイマー病」と、明確な遺伝は確認されていない65歳以上の高齢で発病する「孤発性アルツハイマー病」とがある。

　特徴的な病理変化として、大脳皮質や海馬を中心とする神経細胞の脱落、細胞外に蓄積する老人斑や脳血管アミロイド、細胞内に蓄積する神経原繊維変化などが見られる。老人斑や脳血管アミロイドの主要構成成分はアミロイド β タンパクであり、神経原繊維変化の主要構成成分はタウタンパクである。

[薬物治療]

●ドネペジル（商品名：アリセプト）

　３mgから開始し、１～２週間使用して副作用（吐き気、食欲不振など）が見られなければ５mgに増量し、継続服用する。なお高度なアルツハイマー病患者には５mg／日を４週間投与後、副作用がなければ10mgに増量して維持する。ドネペジルは症状を緩和させる対症法薬であり、継続服用しても症状は進行する。半減期（薬の全体量が体内で半分になるまでの時間）が70～80時間のため、１日に１回でよく、患者・家族にとっても服用がしやすい。

　注意点として、副作用などで休薬すると、認知機能の悪化が見られることがある（音楽療法中でも気をつける点であろう）。

●ガランタミン（商品名：レミニール）

　神経伝達物質の働きを促進するため、中核症状だけでなく周辺症状である、不安・うつ症状（アパシー）の心理症状と、焦燥性興奮、暴力、徘徊、不穏などの行動症状の改善効果も期待される。半減期が５～７時間のため、１日２回の服用となっている。

●リバスチグミン（商品名：イクセロン）

　経口投与では胃腸障害がひどいため、日本では貼付剤のみである。経口剤のような血中濃度の急激な上昇が起きにくい。このため、利用しやすく、期待されている。1日1回貼付である。

●メマンチン（商品名：メマリー）

　作用機序がほかの薬と異なる。このため、ドネペジルを服用している中程度〜高度のアルツハイマー病患者への併用（作用機序の違い）による相乗効果が期待されている。副作用としては、めまいが主で、頭痛、便秘、眠気などもある。1日1回投与、5 mg／日〜20mg／日である。

［高度アルツハイマー病の場合の注意点］

　ドネペジルとメマンチンを併用し、さらに周辺症状として、日中の不穏状態に対して抑肝散を投与し、夜間の中途覚醒に対して第Ⅱ世代抗精神病薬（クエチアピン）の投与量が調整されている。この場合、翌朝や日中にぼーっとしたり、動作が緩慢になったりする。その時には抑肝散や抗精神病薬を減量調節する。そして、可能な限り生活リズムを整えるようにする（音楽療法の場面で上記のような状態が出ていたならば、セッション後ミーティングで確認する必要がある）。

脳血管性認知症

　脳梗塞や脳内出血など、脳の血管障害によって起こる認知症である。脳血管障害の原因として、高血圧、糖尿病、脂質異常や喫煙などの危険因子が指摘されている。

［薬物治療］

　高血圧、糖尿病、脂質異常の治療、脳血管を詰まらせるような危険な因子を取り除くことを行なう。しかし、脳血管性認知症を改善する治療法そのものはなく、脳循環改善薬のニセルゴリン（サアミオン）、脳循環代謝改善治療薬のアデノシン三リン酸二ナトリウム水和物（アデホス）、スルピリド（ドグマチール）、チアプリド塩酸塩（グラマリール）などがある。スルピリド、チアプリド塩酸塩は、パーキンソニズムを生じやすい。

　脳血管性認知症の予防は、生活習慣病の予防が重要であり、食生活の改善と適度な運動・肥満予防・喫煙や飲酒の抑制と精神的ストレスの緩和である。

レビー小体型認知症

　脳の神経細胞が変性・減少して起きる変性性認知症の一種である。レビー小体型認知症は、小阪憲司氏により1976年頃から指摘されていた。1995年に国際会議で提唱された比較的新しい疾患である。

［薬物治療］

　根本的治療法はなく、それぞれの症状に対する対処療法となり、非薬物療法と薬物療法とに大別される。薬物治療の場合、各症状に応じ以下の薬を用いる。

- ●認知機能障害：コリンエステラーゼ阻害薬
- ●幻視・行動異常を伴う精神症状

  コリンエステラーゼ阻害薬：ドネペジル、リバスチグミン、ガランタミン

  漢方薬：抑肝散

  第Ⅱ世代（非定型）抗精神病薬：クエチアピン（セロクエル）、リスペリドン（リスパダール）、オランザピン（ジプレキサ）、ペロスピロン（ルーラン）など。第Ⅰ世代抗精神病薬は過剰反応を示すため避ける。
- ●アパシー：コリンエステラーゼ阻害薬（ドネペジル、リバスチグミン、ガランタミン）
- ●うつ症状：コリンエステラーゼ阻害薬・SSRI・SNRI・トラゾドン（レスリン、デジレル）
- ●レム睡眠行動障害：クロナゼパム（リボトリール・ランドセン）コリンエステラーゼ阻害薬（ドネペジル・リバスチグミン・ガランタミン）
- ●パーキンソン症状：レボドパ（ドパストン・ドパゾール・ドパール）

  高齢者にはレボドパが中心で、若い人にはドパミン作動薬を使用

  （注：コリンエステラーゼ阻害薬については、海外データーに基づく）
- ●起立性低血圧：ミドドリン塩酸塩（メトリジン）
- ●便秘：緩下剤
- ●消化管運動改善：ドンペリドン（ナウゼリン）・モサプリド（ガスモチン）

[注意点]

コリンエステラーゼ阻害薬が使われている際、副作用である悪心・嘔吐・食欲不振に気をつける。いらいら感・攻撃性についても気をつける（音楽療法において、急にこれらのような症状がセッション中に見られることも多々ある）。

抗精神病薬を使うので、錐体外路症状の出現についても観察する。

レビー小体型はアルツハイマー病よりも記憶障害は軽いことを認識しておく必要があり、気休め、ごまかしなどは使えない。幻覚や妄想は一方的に拒否せず、受容して安心を与える。

パーキンソン病

パーキンソン病は1817年イギリスの医師Ｊ・パーキンソンにより、Shaking palsy（振戦麻痺）として紹介され、1888年に現在の臨床疾患概念がほぼ確立された。中年以降に発症する錐体外路系疾患の代表である。

アルツハイマー病についで多い神経変性疾患で、未受診も含めると、日本の厚生労働省は2008年に13万9000人に達するだろうと発表した。1000人に1人がパーキンソン病となる。5〜10％は家族性が見られ、少なからず遺伝子が関与していると考えられている。

治療として、薬物療法、リハビリテーション、手術療法などがある。

[治療薬]
● ドパミン補充薬：レボドパ（商品名：ドパストンなど）
● ドパミン作動薬：カベルゴリン（カバサール）
● ドパミン遊離促進薬：アマンタジン（シンメトレル）
● 抗コリン剤：トリヘキシフェニジル塩酸塩（アーテンなど）
● MAO β 阻害薬：セレギリン塩酸塩（エフピー）
● ノルアドレナリン補充薬：ドロキシドパ（ドプス）
● 末梢COMT阻害薬：エンタカポン（コムタン）
● レボドパ賦活薬：ゾニサミド（エクセグラン）
[運動症状の薬物療法]
① Wearing off

レボドパの効果が発現してパーキンソン症状がコントロールされている状態
を on、効果がなくなった状態を off と言う。パーキンソン病が進行すると、
on 時間が短くなり、患者は off を自覚するようになっていく。「Wearing off
はL-ドーパの効果が減衰して、患者が薬効がなくなるのを自覚する」、これ
により、薬の増量、変化を行なう（パーキンソン治療ガイドライン2011年）。

②ジスキネジア（不随運動の総称）

ジスキネジアを誘発しやすいMAO β阻害薬（セレギリン）、MAO末梢阻害
薬（エンタカポン）の減量・中止を行ない、レボドパ製剤の１回投与量を減
らして服用回数を増やす。さらに、ジスキネジアを予防するアマンタジン
（シンメトレル）の追加を行なうこともある（同前）。

[非運動性症状の薬物療法]

①睡眠障害

●振戦や寝返り困難の二次的な睡眠障害：抗パーキンソン病薬の増量

● REM睡眠障害：REM睡眠時に夢のまま叫んだり、激しい体動を生じる場合、
　　　　　　クロナゼパム（商品名：リボリトール）が有効

●レストレスレッグス症候群による睡眠障害：プラミペキソール（商品名：ビ
　　　　　・シフロール）やカベルゴリン（カバサール）、ロピニロール（レキ
　　　　　ップ）が有効とのエビデンスがある。わが国では、プラミペキソール
　　　　　（ビ・シフロール）が保険適応となっている。

②パーキンソンに伴う鬱症状

三環系抗うつ薬、SSRI、ドパミン作動薬を試みるとされている。

副作用を考えると SSRI は選択しやすい。

③幻覚・妄想

患者が幻覚・妄想で日常生活に悪影響を及ぼした時点で治療を開始。

「ガイドライン2011年」の対応では追加薬剤の中止、抗コリン薬、ドパミン
遊離阻害薬MAO β阻害薬を中止、さらに、末梢COM阻害薬・レボドパ賦
活薬の減量、中止を考慮する。

改善しない場合は錐体外路症状を生じにくいクエチアピン（セロクエル）の
使用が推奨される（糖尿病には禁忌）。または、コリンエステラーゼ阻害薬

や抑肝散を用いる。

④排尿障害

　パーキンソン病により、大脳基底核が抑制的に作用しているため、膀胱過活動状態になっているためと言われている。このため、夜間頻尿・尿失禁により QOL が低下する。

　使用薬剤として、選択的ムスカリン性アセチルコリンM３受容体阻害薬ソリフェナシン（商品名：ベシケア）、イミダフェナシン（ウリトス）、あるいは、膀胱選択性が高いトルテロジン（デトルシトール）は、比較的副作用が少ないため選択されている。

薬剤性パーキンソニズム

　パーキンソンを引き起こす薬剤には、抗精神病薬などがある。高齢者は複数の病院から多くの薬が処方されている。このため、パーキンソンの薬物治療の前に、病院で処方されている薬を必ずチェックする必要がある。

　抗精神病薬

- ●クロルプロマジン（商品名：ウインタミン、コントミン）
- ●ハロペリドール（セレネース）
- ●スルピリド（ドグマチール）
- ●リスペリドン（リスパダール）

制吐薬、循環器の薬にも副作用として薬剤性パーキンソニズムはある。医師の診断・判断のもと、これらの薬剤を中止することになる。

睡眠障害

「なかなか寝つけない。寝ても途中で目が覚めてしまう」との訴えが多い。この場合まずは、寝付きについてはゾルピデム（マイスリー）を使用する。作用時間の短い薬で効果や副作用の出方を見極めた後、「中途覚醒」に対して中〜長時間作用型の睡眠薬フルニトラゼパム（サイレース、ロヒプノール）を加えて睡眠の維持を図る。

　作用時間の短いものほど、睡眠薬を急に止めた際に以前よりもさらに強い不眠（反跳性不眠）や、記憶障害を生じる。作用時間が長ければ長いほど、持ち越し

効果（睡眠薬の効果が翌朝以降も持続し、眠気やふらつきや脱力が生じる）や筋弛緩作用が強く見られる。よって、ふらつき、転倒による骨折などを生じるため配慮が必要である（音楽療法の場面で最も気をつける点であろう）。

夜間せん妄

　夕方から夜にかけて急に落ち着きがなくなって周囲を困惑させる。多くの場合認知症になることはない。薬物の前に、まずは原因の除去や環境整備を行なう。薬物投与にあたっては副作用が出る場合もあるので検討の必要がある。頻繁に繰り返す発熱、脱水などでせん妄をきたすことがある。せん妄は意識障害の1つの形なので、話しかけたりして刺激を与えるのも有効である。

　薬物療法としては次の抗精神病薬を用いる。
- ●クエチアピン（商品名：セロクエル）
- ●リスペリドン（リスパダール）
- ●ハロペリドール（セレネース）

　ただ、前項でも述べたように、リスペリドン、ハロペリドールは薬剤性パーキンソニズムを起こしやすいので、クエチアピンが比較的使用しやすい。

　高齢者は加齢に伴い、心臓や肺、肝臓、腎臓など様々な臓器機能が低下する。また、中枢神経、自律神経、体液性調節機能などの様々な恒常性維持機能も低下して、ストレスに対する抵抗や免疫力も減弱している。

　音楽療法場面において、些細な違いが見られたら、
　①環境の変化
　②薬の変化（睡眠薬、抗精神病薬などが加わった）
　など、確認できる範囲内で行ない、記録・評価を行なえるとよいであろう。

[江口奈々子]

胃瘻から経口摂取に意欲を取り戻した個別歌唱

はじめに

　内閣府が発表した令和4年版高齢社会白書によると、我が国の総人口は、2021年10月1日現在、1億2550万人となっている。65歳以上の高齢者人口は、3621万人となり、総人口に占める割合（高齢化率）も28.9％となった。高齢者人口は「団塊の世代」が65歳以上となった2015年に3387万人となり、「団塊の世代」が75歳以上となる2025年には3677万人に達すると見込まれている。その後も高齢者人口は増加傾向が続き、2042年に3935万人でピークを迎え、その後は減少に転じると推計されている。2065年には、約2.6人に1人が65歳以上、約3.9人に1人が75歳以上となる推計だ。

　このような人口構成の急激な高齢化と在宅医療の推進から、日本は世界に類を見ない速度で胃瘻が普及している。特に1979年に米国で開腹手術をせずに内視鏡的に胃瘻を造設する経皮内視鏡的胃瘻造設術（PEG）が開発され、日本では1990年以降に急速に普及、PEGは胃瘻の代名詞のようになった。

　民間の調査機関によると、2010年度の新規胃瘻造設件数は20万件、交換件数は60万件と報告され、今後さらなる高齢化に伴い、認知症患者や嚥下障害、誤嚥性肺炎を繰り返す患者が増加することで、胃瘻患者の増加は確実視されている。しかしながら1度胃瘻を造設すると、再び経口摂取に戻ることは難しく、胃瘻造設患者は終末期まで胃瘻で延命することになる点が問題視されている。

　本症例は、脳梗塞による嚥下障害のため、胃瘻造設し経管栄養となった対象者に対し、発語の明瞭化と口腔機能の向上を目的とした個別音楽療法を行ったものである。対象者は当初、不明瞭で全く聞き取れない発語（発話明瞭度5）しかなかったが、約1年半の個別歌唱療法を通して、発語面だけでなく食事面にも大きな改善がみられ、経管栄養から完全経口摂取に意欲を取り戻すことが出来た。本論では、胃瘻から完全経口摂取に意欲を取り戻した対象者の実践経過を報告する。

対象者および目標

　筆者の勤務していた介護老人保健施設は、私立病院が母体となり1997年に開設された。115床（うち56床は認知症専門棟）の入所施設を持ち、通所リハビリテーションや通所介護、子ども発達支援センター等を併設している。ご家族でより良い生活をして頂けるよう、入所あるいは通所リハビリテーションにおいて看護・介護・リハビリテーション等、幅広い多職種が連携し、入所者や利用者の個々に必要なＡＤＬの向上と獲得を目指している。

〈対象者〉
　対象者Ａ氏は、当施設に入所している短気で人付き合いの少ない74歳の男性。地元の高校を卒業後、建設業（板金工）として定年まで勤める。27歳ごろ結婚され、男の子２人に恵まれた。現在息子たちは遠方に住んでおり、在宅では妻との２人暮らしであった。趣味は散歩や川釣りであり、若いころから晩酌や喫煙の習慣がある。
　脳梗塞後遺症の左片麻痺のためか、入所時は無気力、不活発さが目立ち、何事にも興味を示さなかった。要介護度5、認知症老人の日常生活自立度Ⅲb、改訂版長谷川式簡易知能評価スケール*7点、ＡＤＬ全介助。発話明瞭度5**。他者との言語交流が困難なため、スタッフ側も人間関係の構築が難しく、このためかＡ氏のリハビリ意欲を引き出すことに困難をきたしていた。
　病歴：Ｘ－3年より、水頭症、硬膜下血腫、症候性てんかんなどで治療を受け
　　　　たが、Ｘ年2月に脳梗塞を発症。以後左片麻痺を残し、同年8月には嚥下障害のため胃瘻造設して経管栄養となり、10月より当施設入所となる。座位保持が難しく、本人も離床を好まないことから、筆者が行っている病棟での集団音楽療法（週2回）には参加をしていない。
〈目標〉
短期目標：発語の明瞭化、口腔機能の向上
長期目標：集団音楽療法への参加、生きる意欲を自ら再獲得する

＊長谷川式簡易知能評価スケール（HDS-R）

長谷川和夫によって作成された簡易知能検査である。言語性知能検査であり、失語症・難聴などある場合は検査が困難となる。全9項目の設問で構成された簡易知能評価スケールであり、30点満点中20点以下だと認知症疑いとされる。日本においてはMMSEと並んでよく用いられる。

＊＊発話明瞭度

「発話の了解度（understand ability of speech）」と定義され、口頭コミュニケーションの伝達能力の程度を示すものであり、一般に発話機能の総合的な重症度を判定する指標とされてきた。発話明瞭度は、通常1〜5の5段階、標準ディサースリア検査（AMSD）では1.5、2.5、3.5、4.5を加えた9段階となっている。

●発話明瞭度の評価尺度

1.　：よくわかる

1.5：1と2の間

2.　：時々わからない語がある程度

2.5：2と3の間

3.　：聞き手が話題を知っていると、どうやらわかる程度

3.5：3と4の間

4.　：時々わかる語があるという程度

4.5：4と5の間

5.　：全く了解不能

方法

期間X年10月〜X＋2年5月（他施設へ転所のためセッション終了）、週1回（水）13時から20〜30分、対象者のベッドサイドでの個別音楽療法実施。スタッフは筆者であるセラピスト1名。伴奏楽器を持ち込めないため、セラピストの持参した歌詞カードを見ながら、最初はセラピストがアカペラで歌唱し、A氏は聴取するのみであった。歌詞カードは、セラピストが歌いやすくするためにパソコンで打ち直し、スケッチブックに貼ったもの（A3サイズ）を使用、のちにA氏

がいつでも発語・発声が出来るよう配慮した。歌唱前の準備運動として、深呼吸や口腔体操、歌詞の音読を積極的に行った。

[口腔体操の主な内容]

①呼吸訓練・腹式呼吸

　鼻から深く息を吸い、口からゆっくり吐く。呼吸筋を鍛え、呼吸器官の働きを高める。

　肩や首の筋肉を鍛えることにも繋がる。

②頬訓練

　口唇を閉じ、口の中に空気をためて頬部に膨らみを作るように膨らませる。

　続いて唇をしっかり閉じて、頬部にへこみが出来るまで強く吸い込み10秒保つ（吸啜運動）。

③口唇訓練

　口唇に力を入れ「アー」「イー」「ウー」「エー」「オー」とそれぞれ10秒間発声する。

　呼気の持続性をチェックし、吹く訓練へとつなげる。

④吹く訓練

　昔のおもちゃ（風車や吹き戻し）を利用。

　呼吸の安定や口の周りの筋肉を鍛えることを目的とする。

「障害受容」と「障害受容モデル」

「障害受容」とは、1950年代にアメリカで生まれた考え方で、障害によって変化した諸条件を心から受け入れることである。また1960年代に入ると「障害受容」に代わって、障害を負った後に共通にみられる心理的反応として「悲哀（悲嘆）＝愛する対象を失うことで生ずる感情」が導入され、同時にその回復には一連の心理的段階（ステージ理論）があることが主張されることとなった。これが今日、「ステージ理論」と総称されるものである。ステージ理論では、ナンシー・コーン、スティーブン・L・フィンクなどによってモデルが提唱されているが、このステージ理論は概ね「悲哀の仕事」の考え方が核心となる。また似たようなステージ理論には、エリザベス・キューブラ・ロスによる、死にゆく人の心理変

化を5段階で捉えたモデルが有名である。

　今日、障害受容の理論には、ナンシー・コーンによる5段階モデルが用いられることが多い。しかしながら、5段階ステージ理論を提唱したコーンの身体障害として多くを占めた頸椎損傷や切断と、高齢になって起こる本症例のような障害と呼ばれるものを、同等に扱うべきではないという考えもある。このコーンモデルには、このような批判があることも指摘しておきたい。

- ●ナンシー・コーンのモデル

  ショック　・ 回復への期待 → 悲哀 → 防衛 → 適応

- ●スティーブン・L・フィンクのモデル

  ショック → 防衛的退行 → 自認 → 適応

　ステージ理論では、自分の身体は“愛するもの”であり、身体に障害を負うということは、愛するものを失うことである。その中でもナンシー・コーンは、身体面及び精神心理面での悲哀は同時に進行し、その中で精神心理面での喪失が身体面での喪失以上に、当該患者を苦しめることを強調している。

経過および結果

導入期（セッション1〜25）

　A氏は入所時、理学療法や言語聴覚療法といったリハビリテーションにおいても無気力さが目立ち、回復意欲が乏しかった。そのため、スタッフ側もA氏の対応に、非常に困っていた。個別音楽療法を開始した当初は、不明瞭で全く聞き取れない発語（発話明瞭度5）しかなく、歌唱の際もそれが顕著にみられていた。深呼吸や口腔体操を促すと、少しずつではあるが、その後の発語や発声が明瞭になった。見当識は曖昧であるが、歌唱によってエピソード記憶が想起され、涙を流されることが多い。

　A氏自身が歌を口ずさむことはなく聴取するのみであり、音楽の持つ包み込む力や柔らかく心に到達する力によって、音楽を受動的に受け入れている様子であった。セラピストはA氏の腕を、中心から末端へさすりながら歌いかけた。活動を重ねるにつれ、A氏がフレーズの語頭で発声しようとすることが、見られるよ

うになった。

　食事は胃瘻から摂取するのみであり、日中ベッド上にて過ごしている。スタッフがつけているテレビを見る様子はなく、困りごとがあると、頻回にパイポ（薄荷タバコ）を口にした。この頃のA氏は、生活そのものが、自閉状態といえるものであった。対人関係もセラピストのみとしか成立しない状態であり、長谷川式簡易知能評価スケール7点。開始時、発話明瞭度5であったが、活動を重ねるにつれわずかに改善し、4.5から4程度に向上した。

　コーンの障害受容モデルに当てはめると、病気により障害を受傷したことによるショックや悲哀（悲嘆）の段階であり、日常生活における無気力さや深い悲しみ、抑うつ状態等が、A氏を包んでいた。A氏の話を傾聴し、感情を受け止めながら充分に嘆き悲しむことが出来るよう、静かに見守った。

　この時期はセラピストが楽曲提示をすることが多く、幼少期より馴染みのあろう童謡や唱歌をメインにセッションを行った。選曲に際しては、①語数が少なく音読に適したもの、②抒情的なものに配慮し、季節感のある童謡・唱歌を提示するよう心掛けた。

　〈主な使用曲：童謡、唱歌〉

　開始期は秋・冬であったため、『もみじ』『里の秋』、『富士の山』などを提示、一語一音で構成されている2拍子や4拍子のものばかりを提示した。

展開期（セッション26〜50）

　深呼吸や口腔体操、歌詞の音読を積極的に行い、徐々にはっきりと大きな声で発語、発声が行えるようになった。これまでは臥床しているだけのA氏であり、他スタッフより、以前は笑みや微笑みの表出がなかったと報告があった。が、この時期になると、今まで見られなかった笑いや微笑みの表出がみられるようになった。セラピストが訪室すると、セラピストに興味を示すようになり、歌唱の際はセラピストと一緒に歌おうとする意欲が増えた。

　導入期では、セラピストがA氏の腕をさすりながら歌いかけていたが、展開期ではリズム感をはっきりするためにタッピングを多用し、腕や肩に触れリズムを取りながら歌った。嫌がるような様子はなく、A氏が指先でリズムを取ることもあった。導入期では、セッション中でも頻回にパイポを手にしていたが、この時

期では減少している。

　セッション中、導入期のように涙を流されることはない。歌詞カードを見て、セラピストにリクエストを要望することもあった。歌唱後に歌詞の内容や感想について話をすることも増え、セラピストと面と向かったやりとりが生まれた。このような治療過程のためか、この時期は発話明瞭度3（セラピストであればA氏との会話の内容がわかる程度）に向上した。同時期『高校三年生』を歌唱した際、この歌手がA氏の地元でコンサートに来たという思い出を、生き生きと話された。日常生活においても、近しいスタッフとは、コミュニケーションが可能になった。導入期よりも顔つきが生き生きとしており、セッション30頃より「口からご飯が食べたい」とA氏自身が申し出たことから、スタッフがA氏の変容ぶりに大変驚く事態となった。その後、言語聴覚士や施設スタッフによる経口摂取訓練（移行食）開始、3ヶ月程で経口摂取のみとなった。展開期においては、短期目標であった発語の明瞭化と口腔機能の向上は、一定の成果を出した。

　同様に、コーンの障害受容モデルにおいても、回復への期待と防衛の段階に入った。ひとつひとつの変化に一喜一憂しながら、回復・適応への努力を始めることが出来るようになっていた。

　〈主な使用曲：流行歌〉

　この時期のA氏は『高校三年生』『岸壁の母』、『北国の春』といった故郷や昔の様子を題材にした流行歌を好んだ。これらの楽曲は、A氏の青春時代と重複するものである。そのほとんどが2拍子や4拍子のものであった。

完結期（セッション51〜70）

施設スタッフから「A氏がセッションの時間以外も、ベッド上で口の体操をしている」と報告を受けた。自発語が多く聞かれるようになり、歌唱の場面でも明瞭な発声が増えた。1人で歌唱することができ、自尊心が生まれ、自信がついた。A氏のいる病棟での、筆者が行う集団音楽療法にも参加する日も増え、対人関係においても、集団交流が可能となり、参加メンバーへ自ら挨拶や声をかける姿が見受けられるようになった。参加メンバーやスタッフとも会話が成立し、発話明瞭度も2.5へ向上した。完結期においては、長期目標であった集団音楽療法への参加と生きる意欲を自ら再獲得する2点について、充分にクリアしたと思われる。

改訂版長谷川式簡易知能評価スケールも７点から16点に改善、要介護度も５から４へ変更となり、意欲的行動が増えてきた。

　コーンの受容モデルにおいても適応の段階に入り、障害を受傷していても、自信や満足感を得て日常生活を送ることが可能となった。

〈主な使用曲：流行歌〉

　展開期には故郷や昔の様子を題材にした楽曲を好んでいたＡ氏であったが、この時期になると、『星影のワルツ』や『さざんかの宿』といった恋愛の悲哀を題材にした楽曲も選曲するようになった。３拍子の楽曲もスムーズに歌唱することができる。

考察

　松井紀和は、活動の基本的パターンにおける適応水準による分類の中で、コミュニケーションには、

①コミュニケーションを求めない活動

②特定の対象に向かわない自己表現（非言語的表現・言語的表現［独語、鼻歌など］）

③特定の対象に向けられたコミュニケーションではあるが、自己の感情や欲求を表現することを目的とするコミュニケーション（非言語的表現・言語的表現）

④集団及び社会において、何等かの現実的要求に応じたコミュニケーション・集団的関係の中で現実的に欲求実現をはかろうとするコミュニケーション

の４つがあると述べている。

　①では、音楽はＡ氏の傍らでシェルターのような機能を果たしたと思われる。③は展開期にみられるような歌詞の音読等を含む活動の中で、徐々に明瞭な発語や発声が増え、セラピストやスタッフへの微笑みの表出へ繋がったようであった。ここでいう特定の対象に向けられたコミュニケーションについては、『高校三年生』を歌唱したで、この歌手がＡ氏の住む地元にコンサートに来たというエピソード記憶を、数回わたって生き生きと話されたことがあげられる。

　④に至った経緯としては既に完結期で述べているが、歌唱においては明瞭な発

声が増え、自尊感情が生まれ、自己肯定感へと繋がったと思われる。当然のこと
ながら、言語表現の改善が対人関係での活性化を起こし、そのことが集団交流を
必要とする集団音楽療法の参加へと繋がったのではないだろうか。

　特定のセラピストだけでなく、周りの参加者と言語による交流表現が可能にな
ったことは、A氏にとって大きな自信に繋がったと考えられる。導入期にはセラ
ピストとしか成立しなかった対人関係が、展開期には「口からご飯が食べたい」
という欲求言語を発せられる状態になり、完結期には集団音楽療法の場面で他者
へ自ら働きかけるようになった。A氏のコミュニケーションの変化は、冒頭に述
べた松井の、活動の基本的パターンにおける適応水準による分類①〜④に則って
いると考えられる。

　活動の観点から見ると、当初寝たきり状態で、何事に対しても消極的であった
A氏が経口摂取へと意欲を取り戻した。結果、日常生活全般における意欲的行動
が大幅に増加した点からも、受動的感覚活動から能動的感覚活動への変遷が起こ
ったと考えられる。歌唱には「聴く」「読む（歌詞）」「歌う」といった、受動か
ら能動への幅広い感覚活動が含まれているために、A氏への治療活動としての意
味があったのではないだろうか。

　また、個別歌唱療法の中でA氏の練習意欲を高めた要因として、A氏とセラピ
ストが1対1で向き合えたことと、幼少期からの馴染みのある歌で、一語一音で
構成されている楽曲の選択が有効であったのではないかと考える。歌唱後にフィ
ードバックしやすい音楽の特性がA氏の練習意欲を高め、同時に音楽の持つ即時
的な反応の明確さが後押しして、A氏は自信を持つことができた。これらは、連
続的な小さな成功体験を生みやすく、未来へと繋がった展望を本人に与え、結果
として、A氏自身が先の見通しを持てるようになった。口腔体操や歌詞の音読・
歌唱を行うことで口腔機能が高まり、この口腔機能の高まりが、A氏に嚥下を伴
う経口摂取訓練への後押しを決定づけたのではと考えられる。発話明瞭度やコミ
ュニケーション能力が高まることで表情が豊かになり、それらがさらにA氏の自
信を深めたようであった。今後も個人の残存機能を高めながら、個々に寄り添え
る音楽活動を行っていきたい。

[遠江亮子]

V

高齢者領域の
実践楽曲
200

伴奏

伴奏の重要性

高齢者領域での実践事例それぞれの楽曲について伴奏譜があるとよいのではあるが、紙幅の都合で本書では省略する。

ここでは筆者がいくつかの実践場面で気になったことを書いておきたい。それは、使用する楽曲と前後の曲との関係や、対象者の反応に対してあまり注意を向けることなく、ただ黙々と伴奏譜通りに演奏する伴奏者が多くいたことであった。

同一曲であっても、プログラミングの中での治療的意味は異なっていると思われる。にもかかわらず、伴奏は常に譜面通りに演奏されていることについて、筆者は大きな疑問を感じている。伴奏の在り方1つで、音楽体験の質が大きく異なってくるし、その体験過程にこそ音楽療法の意味が存在すると思っている。

高齢者領域だけでなく、児童・精神科領域においても、音楽療法を成立させるために伴奏の持つ重要性は言うまでもないことであろう。であるからこそ、実際の臨床場面では、作曲家が提出している譜面通りに伴奏を演奏することが最優先されるわけではない。使用した楽曲の目標によっては、即興的な伴奏にならざるを得ない場合が多々あることを、音楽療法士は常に考えておきたい。

ここでは伴奏の持つそれぞれの療法的な意味を考えてみたい。もちろん、技術的な部分についても、わずかではあるが譜例を示して触れておきたい。

伴奏とは、楽曲の主要な旋律やリズムを助け、支持する声部、またその声部の演奏を言う。伴奏の主要目的は、主要旋律の強調と和声付けである。

ほかのジャンルを助ける音楽、つまり劇・映画などの付随音楽も伴奏と言われることがある。

伴奏の歴史

ここで伴奏の歴史を概観しておきたい。

柴田によれば、楽器による歌唱の伴奏は、伴奏の最も原初的なものであったという。洋の東西を問わず、古くからの楽器による歌唱旋律の強調には、次の2つ

の方法が見られる。

　①主要旋律を楽器で重複する方法

　②主要旋律から独立した、あるいは対照的な性格を持たせる方法

　②の場合、伴奏は楽曲の欠くべからざる構成要素となる。

　ギリシャ時代の吟遊詩人から11〜13世紀頃の世俗音楽に見られるトルバドゥールやミンネジンガー（中世ドイツの騎士歌人）たちの単旋律の歌の伴奏や踊りの音楽として行われていた。アラビア、インド、中国、日本などの東洋での伴奏の多くもこの形をとっている。14、15世紀になると、フランスの世俗音楽では主旋律と副旋律の分離がおきる。

　やがてルネッサンス末期からバロック期（17〜18世紀半ば）にかけて、伴奏は大きな変化を見せ始める。16世紀の世俗音楽で単純な和音伴奏が現れ、その和音伴奏が、17世紀初頭に和声音楽（ホモフォニー）として発展している。調性が築かれ、旋律と和声の分化が進み、主要旋律の優位とそれを補佐する和声伴奏の形を持ち始めた。通奏低音にその具体的な形が見られる。

　古典主義の盛期（1750〜1800年頃）になるとハイドンやモーツァルトが伴奏の形を発展させた。主要旋律と伴奏の関係はよりダイナミックになり、分散和音やアルペッジョが盛んに用いられるようになった。

　次のロマン主義の時代（1800〜1910年頃）では、伴奏は独立性のあるパートとして考えられ、主要部と対等、もしくは独立した役割を与えられ、楽曲に不可欠の構成要素となった。この流れは現代までも受けつがれている。

　前述したように、よりよい音楽体験を支えるための伴奏が必要であろう。多くの音楽療法士たちの間でもダンス・歌唱への伴奏の良し悪しで、対象者のその日の気分の乗り方に大きな変化があることが言われてきている。熊本・渡辺はサポジションといった概念で歌唱後の集団精神療法としての意味を提示しているが、このサポジションのあり方も伴奏により変化してくる。つまり、伴奏は音楽療法の成否の鍵を握っていると言ってよいだろう。

　松井は伴奏者には即興的技術と、歌を聞きながら対象者の気持ちを感じ取れる音楽的感性と、それに応じて展開していける演奏技術が必要であると述べている。

　このため、前奏による伴奏の提示の仕方や曲の中での発展の仕方、あるいは間奏や後奏をどのように展開させるかを、音楽療法士は伴奏中に常に考えていなけ

ればならないだろう。

　以降、集団を対象にした伴奏について述べてみたい。

前奏

　前奏の役割は、曲のテンポの決定と拍子感の確立であろう。この２点が歌唱の歌い出しを容易にさせる。正確な拍子感を感じるためには、左手の伴奏が重要になってくる。池内友次郎も同様のことを音楽科教育法で述べている。

　つまり前奏は、歌い出すための前段階として、対象者１人ひとりの持つ異なるキー（調）やテンポをまとめ、対象者が歌い出しの音やテンポの予測を立てやすくする部分として考えられる。

　黒田正実は、自分の弾いている前奏が、対象者の歌い出しのブレスを適切に援助しているかどうか、編曲・奏法の両面から常に気を配る必要性に言及している。また松井は、歌い出しについて「さあ、はじめよう」といったサインが音楽的・身体的に伴奏者から出されると表現している。

　これらのことは、伴奏にとって非常に重要な意味を含んでいると思われる。歌い出しが容易にできる前奏でないのであれば、前奏の意味はないとさえいえる。いろいろな実践場面での状況によって、「さん、はい」の掛け声を使用することの必要性を耳にはする。しかし、できれば前奏とそれに続く歌声を「掛け声」で切り離すことが必要でないような前奏を、伴奏者は常に心がけて編曲・演奏の音楽技術を磨くべきであると考えている。

　黒田は、前奏の作り方として、９つほどにまとめている。

①曲の冒頭メロディーを利用する

②曲の終わりのメロディーを利用する

③曲の一部をアイディアとして用いる

④曲の雰囲気に合わせて創作する

⑤曲のコード進行を用いる

⑥リズムパターンのみによる前奏

⑦アルペジオのみによる前奏

⑧曲のリズムパターンの特徴を生かして創作する

⑨曲の中の複数部分を合成した前奏

　このような方法を臨床場面でどう活用するかは、音楽療法士の1人ひとりの理論背景や伴奏技術によって違ってくるであろう。

　筆者自身の経験では、3つに集約されるように思われる。

①曲の出だしを使用する場合

②曲の終わり（後半）のメロディを使用する場合

③出だしと終わりのメロディを合わせたものを使用する場合

　また、そのほかの例として、新曲やあまり馴染みのない曲では、対象者が曲の全体像をはっきりさせ、曲を思い出し再構成しやすくするために、ワンコーラスすべてか、かなり長めの前奏を弾く場合もあった。黒田の分類でいうならば、⑨の曲の中の複数部分を合成した前奏に該当するであろう。

　もちろん、このように前奏にあらゆる注意を向けていても、対象者の歌い出しのテンポがずれることがないわけではない。このような時にも、すぐさま対象者の歌うテンポに伴奏のテンポを合わせたいものである。しかも歌っている対象者には、ほとんど気づかれることなく。

間奏

間奏の意味については、筆者は次のように考えている。

①歌い出しや曲中で崩れたり、うまくいかなかったりしたテンポやリズムを調整し直す

②1曲の中でのムードの持続か、ないしは1・2番でのムードの転換を行なう部分

③曲の移調のためのつなぎ

④喉を休める

　間奏は、伴奏者が伴奏中に対象者の歌声についてどのように感じているかが基礎になっている。

　④は喉が休みを求めていると伴奏者が感じたからこそ、喉を休めることを目的として行われる間奏である。

　音楽を聞いている時には自然と体が動いていると松井が指摘するように、間奏部分で歌を歌っていなくても、喉が自然に動いていることも考えられる。

　このような音楽に対する運動系の緊張については、東安子が興味深い現象を報

告している。

　被験者にメトロノーム音だけを聞かせた時には筋電図にはメトロノーム音に相応する反応は見られないが、メトロノーム音にあわせて旋律を想起するように指示すると、旋律の進行に対応した筋興奮が起きる。つまり、旋律を想起するだけで筋興奮が起きるわけであるから、喉を休めることを目的とした間奏は、喉に負担のかからない低めの音域の使用が望ましい。付点音符やシンコペーションを多用せずに、音量は押さえ気味で、緩やかな下降型の、動きの少ないメロディパターンが適していると思われる。またメロディーは、即興的なものも適していると思われる。

　当然のことではあるが、喉を休める必要のある時は、プログラム後半や長めの曲、あるいは声を張り上げた曲の後に利用する。

　③の移調は、歌っている間に喉が練れてきて、もう少し声を張り上げて歌いたいと対象者が思っていると伴奏者が感じた時に使用する。

　調性を上げることにより、発散の度合いが大きくなる。上がった調性で歌うために心身の緊張感が増し、歌い切った時には、より多くの満足感や達成感を得ているように思われる。半音（ド→ド♯）ないしは全音（ド→レ）上げ、対象者にとって少し喉に負荷をかけることで、手が届く、達成できるかもしれない課題（もう少し声を張り上げたい）に取り組み、その課題を成功（歌い切る）させることで、今まで味わった満足感以上の喜びを体験できているのではないだろうか。

　歩行リハビリで、患者がいつもより調子よく感じて歩行ペースをあげたい時に、それを感知したセラピストがいつもよりわずかに歩行スピードを上げる。そのスピードに呼応する形で患者が歩行することで、結果として歩行タイムが縮まる。歩行スピードを自己決定できることの喜び、決定後の数値の変化は、患者自身にとっても非常に意味のあるものであろう。これと同じではないかと筆者は思っている。

後奏

後奏では、以下のことが言えよう。

①曲の回想を行う

②余韻を感じたり、気持ちを整理し納める

③集団としての一体感や満足感を得る

　このような状況を後奏で、よりしっかりと作り出すことが可能であろう。

　演奏内容としては、曲の中のメロディーを使用し、長めの小節数を使用して終わりの印象をはっきりさせる。または、使用するメロディーも細切れで短く、小節数も少なく音楽的終わりがはっきりせずに、それとなく終わりを迎える。つまり、なんとなく気分はそのままで、終わり（音楽の終わりだけを指してはいない）は対象者に個々それぞれで創造することを要求する演奏をめざす。

　最後に伴奏一般について述べておきたい。

　特に低音を意図的に使用することは、セッション、あるいは音楽空間全体に安定感を作るものとして重要であると考えられる。

　初めにも述べたが、伴奏は対象者との関係を形作りながら協働作業を行なっていくものであると常々考えている。当然ではあろうが、全体のプログラミングによっても、その流れによっても異なってくるだろう。

　プログラム初期は、拍子感をしっかりさせることで、歌唱活動のテンポの安定に役立つと思える。

　また、同一曲においても、歌唱の開始時には拍子感をしっかりすることで、歌いやすさを生み出し、安心して歌えると考えられる。

　歌声が安定してくるに従って、伴奏の音を少なくしていくことで、歌声のまとまりや歌声同士の支え合いが感じられ、このことによって集団の凝集性が高まると考えられる。そのためには、まず拍子、テンポ、リズム、メロディーの枠を明確に提示し、安心して歌える音環境を整え、伴奏が対象者を引っ張っていくことが大切になろう。そして歌声の状態を察しながら枠を１つひとつ減らしていき、歌声が自立していくことで、伴奏とともに音楽を作り上げるようになると思われる。

　たとえていうならば、一筋の道を歩いていく時に、最初はガードレールを両脇にしっかり置いて、その枠の中さえ歩いていれば安心してたどり着けるようにする。しかし、道に慣れてきた時には、道標や重要な標識のみを提示し、徐々に自分自身で歩いていけるよう環境を準備することで、共に歩く楽しさを味わえるようになるとでも言おうか。

個々の方法については、対象者の使用曲への愛着さや慣れによっても異なって
こよう。

伴奏例　「故郷 (ふるさと)」における伴奏の展開

　各小節上にコードネームが書かれている。楽譜1段目がメロディー、2・3段
目はピアノ伴奏譜である。

　1番：前奏から続いて3拍子を明確に取っている。

　　　　右手和音の最高音にメロディーラインを取り、歌声を支えている。

　　　　左手はコードの根音を必ず取っている。池内友次郎の左手の伴奏が正確
　　　　な拍子感を生むとの指摘に沿った伴奏である。

　2番：メロディーラインを極端に減らしている。

　　　　右手は2拍目に多用され、最高音にメロディーラインのいくつかの道し
　　　　るべとしての音を取る。

　　　　左手では3拍子の1・2拍目を正確に提示し、拍子感を助けている。

　　　　付点音符を含まない小節では、左手で1拍目を、次いで右手で2拍目を
　　　　取って、拍子感の確立を計っている。

　　　　付点音符を含む小節では左手で1・2拍目を提示し、同時に右手で付点
　　　　部分のメロディーラインの補助を行なっている。

　3番：集団が歌唱に集中していて、歌声に拍子感がある場合に利用できる伴奏。
　　　　メロディーラインはほとんどない、左手はコードの根音のみで伴奏して
　　　　いる。

　　　　歌声がメロディーやリズムにおいて戸惑いを見せた場合には、その程度
　　　　によりすぐに1番、2番での伴奏形式を適宜挿入する。

　このような伴奏が松井の言う、即興的な技術と、歌を聞きながら対象者の気持
ちを感じ取れるような音楽的感性と、それに応じて展開してゆける演奏技術の一
端を示すものであろう。

　　　　　　　　　　　　　　　　　　　　　　　　　　　　　　　　　[宮本幸]

[1番]

[2番]

194

[3番]

実践楽曲200

高齢者領域の実践楽曲の背景

　今回、高齢者用の参考曲目を一覧表にして200曲ほど提示している。特に既成曲の選択について、読者の参考になると思われるいくつかの軸を設定し呈示したつもりである。

　本章では、以下に選択した曲について簡単な解説を試みた。選択されていない曲も本文中では触れている曲もあるので、そちらを参照していただきたい。

　本書は、楽譜集としての出版を念頭においたものではないので、楽曲1つひとつについての解説を行うことを中心にしてはいない。このため全200曲中とりあげたのは26曲にすぎない。

　しかし、以下にあげた楽曲については、新聞、雑誌などから得たものや、歌唱後に対象者の方達との会話の中から筆者が教えられたものである。

　すでに出版されている楽譜集にも個々の曲にまつわる内容が解説されているものもあるので、それらも利用されたい。

　舌足らずの部分もあるが、26曲の背景を巡ってみたい。

No.2 「ああ上野駅」：1964年（昭和39年）に発表された。当時、日本は高度経済成長期にあり豊かな都市部と未だに貧しい農村部に分かれており、農村部から多くの中・高生が「金の卵」ともてはやされていた。毎年、上野駅に降り立つ学生を目にした光景を地方銀行のサラリーマンだった関口義明は作詞したと言っている。この歌の歌碑が上野駅広小路口に建てられている。

No.5 「青い山脈」：石坂洋次郎原作の青春小説「青い山脈」を映画化した時の主題歌である。戦後の娯楽の少ない時代に大ヒットして、現在にも受け継がれている。作詞の西條八十は、早稲田大学フランス文学の教授であった。「旅の夜風」「蘇州夜曲」「東京行進曲」「王将」なども西條の作品である。

No.10「赤とんぼ」：幼い頃に嫁ぎ先から実母が追い出されたため作詞者の三木露風は、母のことをほとんど知らずに幼い頃を過ごした。３番の歌詞に「姐や」が嫁に行きお里の便りが絶えたとあるのは、この「姐や」が、出て行った母親と露風のそれぞれの生活ぶりの互いの連絡の橋渡しをしていたため、嫁に行ったあとは結局、母親のことについて何も知ることができなくなってしまった状態を指している。

No.20「一月一日」：元旦にちなんだ曲。現在、新年に町中・メディア等で流されているのは作曲・上真行（うえさねみち）作詞千家尊福（せん・げ・たか・とみ）の曲で1893年（明治26年）に文部省から発表された。千家は出雲大社の宮司で男爵であった。このためか、出雲大社神楽殿横に歌碑が建てられている。後年、東京府知事も勤めた。

No.23「上を向いて歩こう」：作詞の永六輔と作曲の中村八大の名前から六八コンビと言われた２人の作品である。日本の歌としてアメリカのヒットチャート１位になり「スキヤキソング」として有名な曲である。歌手の坂本九は、飛行機事故で1985年に亡くなっている。

No.32「丘を越えて」：古賀政男の作曲である。この曲は、かつて古賀が在籍していた明治大学マンドリン倶楽部のために作曲されたマンドリン組曲の中の一曲である。このため前奏や間奏部ではマンドリン演奏ならではのメロディーが続いている。この曲もいわゆる“メロ先”の曲である。

No.35「お富さん」：歌舞伎の「与話情浮名横櫛」（よ わなさけうきなのよこぐし）を題材にしている。当時レコードのレーベルには歌手の顔写真が印刷されていた。歌手の春日八郎は業界では知られた美声ではあったが、この顔写真のためにデビューが遅れたと言われた。

No.36「オブラディ・オブラダ」：ビートルズの1968年のナンバーであり、作曲者名はレノン＝マッカートニーとなっている。曲を書き上げペンを置いたレノンが「これで、一生食べていける曲が出来上がった」と叫んだとの逸話もある。実際はポール・マッカートニーが作曲したと言われている。曲の内容は、デズモンドとモリーの結婚話

である。

No.39「母さんの歌」：歌声喫茶（昭和40年が最盛期）の原点と言われるうたごえ
　　　　運動の中から創り出され、もっとも親しまれた曲。

No.45「鐘の鳴る丘（とんがり帽子）」：戦後まもない昭和22年から放送された、
　　　　戦争孤児たちの生活を描いたNHKラジオの連続放送劇「鐘の鳴
　　　　る丘」の主題歌であった。作詞者の菊田一夫が書いたもう1つの
　　　　ラジオドラマ「君の名は」は、まだ一般家庭にあまり風呂がない
　　　　時代であり、放送開始時間には女風呂がガラガラになったと言わ
　　　　れるほどの人気であった。

No.49「岸壁の母」：菊池章子、二葉百合子の2人によってそれぞれ歌われている。
　　　　歌詞の間にセリフが挿入されている。

No.69「荒城の月」：ドイツ留学後まもなく結核に犯され23歳の若さで亡くなった
　　　　滝廉太郎の作曲である。大分県竹田市にある廃墟となった岡城を
　　　　イメージして作曲されたと言われている。滝の作品はほかに、
　　　　「箱根八里」「花」「鳩ぽっぽ」「お正月」などがある。仙台にいた
　　　　作詞者の土井晩翠は、別の廃城をイメージして作詞をしたとされ、
　　　　記念碑が竹田・仙台・福島などに建てられている。

No.81「里の秋」：「星月夜」の題名で戦前にも歌われていたが、戦後になって海
　　　　外から日本に戻ってくる引揚者たちや日本国内で帰国を待ちわび
　　　　る家族を励ますために改編され、現在のような形になっている。

No.89「証城寺の狸囃子」：千葉県にある証城寺の狸囃子伝説（住職と狸達が合奏
　　　　を楽しんでいた）を元にして作られた作品。昭和21年の東京中央
　　　　放送（後のNHK）ラジオ英語会話のテーマ曲として使用されて
　　　　いた。当時の講師が「証ー証ー証城寺」の部分に「come come
　　　　everybody」と英語の歌詞をメロディーにのせて歌っていた。

No.90「昭和ブルース」：1969年（昭和44年）映画「若者はゆく」の主題歌。1973
　　　　年（昭和48年）刑事ドラマのエンディングに使用され再レコード
　　　　化された。1970年（昭和45年）に入り、ベトナム戦争、安保条
　　　　約反対の学生運動が激しさを増した中で、学生による東大安田講
　　　　堂占拠事件が起きた。この「昭和ブルース」は一連の学生運動の

最中に学生達が愛唱していたとの記事がメディアに掲載されたこともあった。

No.91「知床旅情」：北海道での長期ロケのさいに森繁久彌によって作られた「オホーツクの舟歌」が元歌になっている。改編を経て加藤登紀子の唄により流行した。歌詞にある「ピリカ」はアイヌ語で美しいという意味であるが、実際の意味と違って、美しい女性であるとか、ピリカメノコ（海鳥）のことを指しているとも言われている。

No.102「蘇州夜曲」：レコーディングのさいに歌い手が歌詞には「鳥の唄」とあるのを「恋の唄」と歌ってしまい、物資の豊かでなかった時代のため、違った歌詞そのままのレコードが販売された。このためほとんどの方が「恋の唄」と歌っている。現在では楽譜にも作詞者が作ったのではない「恋の唄」と印刷された歌詞が散見される。

No.109「旅の夜風」　映画「愛染かつら」の主題歌であるため、曲名を「愛染かつら」として記憶されている方も多い。映画は田中絹代（下関出身）、上原謙（加山雄三の実父）の主演で、医師と看護師との悲恋を描いたもので、この歌は80代以降の女性に特に人気が高い。

No.122「東京音頭」：中山晋平作曲、西條八十作詞による。現在では、東京ヤクルトスワローズの応援歌として野球場で歌われてもいる。

No.132「ドリフのズンドコ節」：元歌は作詞・作曲不詳の『海軍小唄』である。軍歌と位置付けされる場合もあるが、いつの間にか誰がと言うこともなく出征兵士達が歌い継ぐ中で出来上がった曲であろう。1969年に開始されたＴＶ番組「8時だよ全員集合」の番組中に歌われた。番組を見ている子どもたちに軍歌をとの声もあったが、替えた歌詞が子ども・大人たちに受け入れられた。1970年にはレコード大賞大衆賞を受賞した。

No.135「長崎の鐘」：長崎医科大学の教授であった永井隆は、被爆症の白血病に苦しみながらも、多くの被爆者の治療にあたっていた。その渦中にあって「長崎の鐘」「この子を残して」などの著作を生み出した。「長崎の鐘」は、この永井隆博士の著書から曲名をとっている。

No.153「浜辺の歌」：林古渓の作詞は4番まであったのだが、長すぎるという出版社の都合で3番前半と4番後半とを合わせて3番にした。当然であるが、林古渓はこのことについて大いに不満であった。作曲は成田為三である。

No.155「春の小川」：古い歌詞での歌い出しは、「春の小川はさらさら流る」となっており、現在の「春の小川はさらさら行くよ」とは、かなり異なっている。

No.163「ふるさと」：明治・大正期に作成された文部省唱歌集には、作曲者・作詞者の名が明記されていないことが多くあった。しかし現在、作曲岡野貞一、作詞高野辰之と明記されている。

No.185「有楽町で逢いましょう」：有楽町駅前にあった有名百貨店のキャンペーンが曲作りのきっかけであったとされる。低音の魅力と言われたフランク永井の歌唱により流行した。

No.186「雪の降る町を」：昭和26年のラジオ連続放送劇「えり子とともに」から生まれた曲である。当時は生放送であり時間が余ったために即興で歌詞が作られ、音楽を担当していた中田喜直が、これもまた即興で曲を仕上げたとされる。

高齢者用参考曲目

調性：本来ひとつであるが、入手した楽譜に２種類あったものがあり、併記している。

音域：左に最低音と右に最高音を表している。

　　　曲全体の中で使用される回数が極端に少ない音譜を、音名横の（　）内に８分音符や16分音符で記入した。これらの音は曲中に１回か２回、しかも８分音符や付点16分音符のみであるような場合に記入した。

　　　枠の中に２種類ある時は、最低音と最高音がそれぞれにあることを示している。これは、特に移調の際にどの調に移動させるかの、ひとつの目安になると考えている。

　　　また、（　）にリズム符がある場合は、曲を通して比較的よく使用されているリズムパターンを示している。

音程：音域の説明と連動している。つまり、音域で示した音が喉への負荷が高いものとして、その音をいったん外してみると、曲全体の音程が（　）内の音程で示されている音域になることを意味している。対象者の歌唱活動には、実際的であるように思えるので、作曲者、楽曲に対して非礼は承知しているが、あえて提示してみた。

　　　例えば No.51の北上夜曲は、最低音 A（ラ）最高音 E（ミ）で音程は12度と、かなり幅があるが、この最低音と最高音は短い音符で１回しか出てこない。このため、残りの音符を見直すと全体として８度で構成されていて、移調が適切であれば歌いこなしやすくなる。

参考曲一覧：歌詞の内容について項目別に分類している。

　　　季節に合わせての選曲であれば春～冬の項目を、木や草花を話題にするのであれば植物の項目を探していただければ探しやすい。

　　　200曲についての分類を参考にして、選曲、プログラミングに役立てていただきたい。

次に表記するナンバーはペンタトニック（５音音階）でできている。

　　　9 、10、11、15、16、21、24、27、29、32、33、34、49、50、52、57、63、66、75、95、101、112、115、120、132、134、136、142、147、150、152、156、166、167、169、173、174、178、184、196

No.	曲名	歌手名など	年代	分類	原調	拍子	音域	音程
1	ああ人生に涙あり	里見浩太郎／横内正	1977年 昭和52	ＴＶ主題歌	Cm	4	G-C	11
2	ああ上野駅	井沢八郎	1964年 昭和39	流行歌 演歌	Cm-C-Cm	4-2-4	G-E♭	13
3	愛燦燦	美空ひばり	1986年 昭和61	歌謡曲	B	4	D♯-G♯	11
4	愛の讃歌	エディット・ピアフ／越路吹雪	1950年 昭和25	シャンソン	G	4	B-D	10
5	青い山脈	藤山一郎／奈良光枝	1949年 昭和24	映画主題歌	Am	2	A-C	10
6	青葉茂れる桜井の（大楠公、桜井の別れ）	—	1900年 明治33	唱歌	G	2	C-E(♪×2)	10
7	赤い靴	—	1921年 大正10	童謡	Am	4	A-C(♪)	10
8	赤い花白い花	中林三恵 作詞作曲	1964年 昭和39	フォークソング	Dm	4	C-D	9
9	アカシアの雨が止むとき	西田佐知子	1960年 昭和35	流行歌	F	4	A-D	11
10	赤とんぼ	山田耕作作曲	1921年 大正10	童謡	C	3	G(♪)-C	11 (8)
11	憧れのハワイ航路	岡晴夫	1948年 昭和23	映画主題歌	F	2	C-F	11
12	あざみの歌	伊藤久男	1950年 昭和25	流行歌	Em	6/8	B-E(♩♪)	11
13	明日があるさ	坂本九 他	1963年 昭和38	歌謡曲	A♭-A-B♭	4	E♭-E♭	8 (7)
14	あなた	小坂明子	1973年 昭和48	フォークソング	C	4	A-D	11
15	雨ふり	北原白秋作詞	1925年 大正14	童謡	C	2	C-C(♫)	8
16	雨降りお月さん	佐藤千夜子	1925年 大正14	童謡	Am	3	A-C♯ (♩♪×2)	10
17	いい日旅立ち	山口百恵／谷村新司	1978年 昭和53	流行歌	Am	4	E-B(♪)	12
18	いい湯だな	デューク・エイセス ザ・ドリフターズ	1968年 昭和43	流行歌（歌謡曲）	F	4	C-D	9
19	潮来笠	橋幸夫	1960年 昭和35	映画主題歌	G	2	G (♪)-E(♪)	13 (11)
20	一月一日	—	1893年 明治26	儀式唱歌	D	4	D-D	8
21	五木の子守歌	—	1950年 昭和25	民謡	Dm	4	A-D(♩)	11
22	いつでも夢を	橋幸夫と吉永小百合	1962年 昭和37	デュエット曲	C	2/2	A-E	12
23	上を向いて歩こう	坂本九	1961年 昭和36	流行歌	G	4	D-E	9
24	うみ（海は広いな〜）	—	1941年 昭和16	童謡	G	3	D-D(♩)	8 (6)
25	嬉しい雛祭り	—	1936年 昭和11	童謡	Em	2	A-B(♪)	9 (8)

No.	曲名	歌手名など	年代	分類	原調	拍子	音域	音程
26	襟裳岬	森進一	1973年 昭和48	フォーク ソング	C	4	C-F	11
27	王将	村田英雄	1961年 昭和36	流行歌	C	3	G-C	11
28	オー・ シャンゼリゼ	ジョー・ダッサン	1969年 昭和44	ポップス	G	4	D-D(♪)	8 (7)
29	おーい中村君	若原一郎	1958年 昭和33	流行歌	G	4	B-E	11
30	大きな古時計	−	19世紀	唱歌	F	4	A-C	10
31	オールド ブラックジョー	フォスター歌曲	1853年 嘉永6	外国曲	D	4	D-E(♪×2)	9 (8)
32	丘を越えて	映画「姉」／ 藤山一郎	1931年 昭和6	映画 主題歌	C	2	C-E	10
33	お座敷小唄	和田弘と マヒナスターズ	1964年 昭和39	流行歌	C	4	C-E(♪×2)	10
34	お正月	−	1901年 明治34	唱歌	F	4	C-C	8
35	お富さん	春日八郎	1954年 昭和29	流行歌 (映画)	F	2	A(♪)-F(♪)	13
36	オブラディ・ オブラダ	ビートルズ	1968年 昭和43	ポップス	B♭	4	A-B♭	9
37	朧月夜	−	1914年 大正3	唱歌	(B♭) C	3	C-D(♪×2)	9 (8)
38	思い出のグリーン グラス	トム・ジョーンズ	1965年 昭和40	ポップス	G	4	B-D	10
39	母さんの歌	うたごえ運動・ 窪田聡	1958年 昭和33	ロシア 民謡原曲	Dm	4	A(♪×2)-D	11
40	学生街の喫茶店	ガロ	1972年 昭和47	フォーク ソング	Dm	2/2	C♯(♪)-F(♪ ×2)	11 (10)
41	学生時代	ペギー葉山	1964年 昭和39	歌謡曲	Am	2/2	G♯-B	10
42	影を慕いて	藤山一郎	1932年 昭和7	映画 主題歌	Dm	2/2	B-G(♪)	13
43	カチューシャ	ブランデル作曲	−	ロシア 民謡	Dm	2	A-D	11
44	悲しい酒	美空ひばり	1966年 昭和41	流行歌	Am	3	E-C	13
45	鐘の鳴る丘 (とんがり帽子)	川田正子	1947年 昭和22	ＴＶ	C	4	C-E	10
46	川の流れのように	美空ひばり	1989年 平成1	流行歌	D	4	D-A	12
47	神田川	かぐや姫	1973年 昭和48	フォーク ソング	Em	4	D-E	9
48	カントリーロード	ジョン・デンバー／映画音楽	1971年 昭和46	カントリー ーソング	F	4	C-D	9
49	岸壁の母	二葉百合子／ 菊池章子	1954年 昭和29	流行歌	B♭	4	G(♪)-D	12 (10)
50	祇園小唄	映画 「絵日傘」	1930年 昭和5	主題歌	Am	2	A-E	12

No.	曲名	歌手名など	年代	分類	原調	拍子	音域	音程
51	北上夜曲	映画・和田弘とマヒナスターズ	1961年 昭和36	流行歌	Dm	6/8	A(♪)-E(♩)	12
52	北国の春	千昌夫	1977年 昭和52	流行歌	G	4	G-B	10
53	北の宿から	都はるみ	1975年 昭和50	演歌	Em	4	G-C	11
54	希望	岸洋子	1970年 昭和45	流行歌	Em	4	D♯-G(♪)	11 (10)
55	君といつまでも	弾厚作作曲 加山雄三	1965年 昭和40	歌謡曲	G	4	G-D	12
56	今日の日は さようなら	ハーモニィサークル／森山良子	1967年 昭和42	フォークソング	C	3	A-A	8
57	きよしの ズンドコ節	氷川きよし	2002年 平成14	流行歌	Em	4	E-G	10
58	銀色の道	ダーク・ダックス ザ・ピーナッツ	1966年 昭和41	流行歌	Em ～F♯	4	E-B	12
59	銀座カンカン娘	高峰秀子	1949年 昭和24	映画主題歌	F	4	A-C(♪)	10 (9)
60	銀座の恋の物語	映画『街から街へつむじ風』 石原裕次郎・牧村旬子	1961年 昭和36	主題歌	Am	4	G♯-C	11
61	空港	テレサ・テン	1974年 昭和49	演歌 歌謡曲	Em	4	G- C	11
62	くちなしの花	渡哲也	1973年 昭和48	流行歌	Am	4	A-C(♪)	10 (9)
63	靴がなる	－	1919年 大正8	童謡	C	4	C-C	8
64	黒田節	福岡県民謡	－	民謡	Gm	4	A-F(♪)	13
65	結婚しようよ	吉田拓郎	1971年 昭和46	フォークソング	C	4	A-C	10
66	こいのぼり (屋根より～)	－	1931年 昭和6	唱歌	C	3	C-C	8
67	高原列車は行く	岡本敦郎	1954年 昭和29	流行歌	C	4	C-E(♪×3)	10
68	高校三年生	舟木一夫	1963年 昭和38	流行歌	Am	2	A-D(♪×2)	11
69	荒城の月	－	1901年 明治34	唱歌	Am (♭)	4	A-C	10
70	故郷の空	スコットランド民謡	1888年 明治21	唱歌	G	2、 6/8	D-E	9
71	ここに幸あり	映画 大津美子	1956年 昭和31	映画主題歌	C	4	C-F(♪)	11 (10)
72	心の旅	チューリップ	1973年 昭和48	フォークソング	F	4	D-F	10
73	心もよう	井上陽水	1973年 昭和48	フォークソング	B♭m	4	F-G♭	9
74	古城	三橋美智也	1959年 昭和34	流行歌 (映画)	Dm	4	A-F(♪×2)	13
75	この世の花	島倉千代子	1955年 昭和30	映画主題歌	Am	4	A-C	10

No.	曲名	歌手名など	年代	分類	原調	拍子	音域	音程
76	五番街のマリーへ	ペドロ＆カプリシャス（髙橋真梨子）	1973年 昭和48	歌謡曲	C	4	G-A	9
77	小指の想い出	伊東ゆかり	1867年 昭和42	歌謡曲	Am	4	A-B	9
78	こんにちは 赤ちゃん	梓みちよ	1963年 昭和38	流行歌	D	4	A-B	9
79	さくら	作者不詳	江戸末期	日本古謡	Am (♭)	4	B-C	9
80	さざんかの宿	大川栄作	1982年 昭和57	演歌、 歌謡曲	Dm	4	A-F(♪)	13 (12)
81	里の秋	－	1941年 昭和16	童謡	C	4	G-A	9
82	寒い朝	吉永小百合/和田弘 とマヒナスターズ	1962年 昭和37	歌謡曲	Dm-D- Dm	4	A-D(♪)	11 (10)
83	サン・トワ・ マミー	アダモ 越路吹雪	1962年 昭和37	シャンソン	C	4	D(♪)-A	12 (10)
84	三百六十五歩の マーチ	水前寺清子	1968年 昭和43	流行歌	C	4	G-C	11
85	幸せなら 手をたたこう	坂本九	1964年 昭和39	流行歌	G	4	D-C	7
86	四季の歌	芹洋子	1972年 昭和47	流行歌	Am	4	A-F	6
87	シクラメンの かほり	布施明	1975年 昭和50	歌謡曲	Em	4	B-D	10
88	十五夜お月さん	－	1920年 大正9	童謡	Em	4	A-B	9
89	証城寺の狸囃子	－	1925年 大正14	童謡	B♭	2	B♭-D	10 (8)
90	昭和ブルース	ザ・ブルーベル ・シンガーズ	1969年 昭和44	歌謡曲・ フォーク	Em	4	B- B	8
91	知床旅情	加藤登紀子	1970年 昭和45	流行歌	C	3	G-D(♪)	12
92	白い花の咲く頃	岡本敦郎	1950年 昭和25	流行歌	Dm	4	A-E(♪×2)	12
93	白いブランコ	ビリーバンバン	1968年 昭和43	フォーク ソング	C	4	C-C	8
94	スキー	－	1942年 昭和17	唱歌	B♭	4	B♭-D	10
95	砂山	北原白秋作詞	1922年 大正11	唱歌	G	4	D-D	8
96	聖夜 （きよしこの夜）	讃美歌（クリス マスキャロル）	1818年 文政11	外国曲	B♭	6/8	B♭-E♭	11
97	背くらべ	－	1923年 大正12	童謡	C	3	C-D(♪×2)	9 (8)
98	瀬戸の花嫁	小柳ルミ子	1972年 昭和47	流行歌	B♭	4	B♭-D	10
99	船頭小唄	映画「船頭小唄」 「雨情」	1923年 大正12	映画 主題歌	Am	4	A-C	10
100	早春賦	－	1913年 大正2	唱歌	C	6/8	G-C	11

No.	曲名	歌手名など	年代	分類	原調	拍子	音域	音程
101	ソーラン節	北海道民謡	－	民謡	Em	2	B-D	10
102	蘇州夜曲	霧島昇／ 渡辺はま子	1940年 昭和15	映画 主題歌	G	4	G-B	10
103	卒業写真	荒井由実 (松任谷由実)	1975年 昭和50	J-POP	C	4	G- G	8
104	そっとおやすみ	布施明	1970年 昭和45	歌謡曲	C	4	C-E	10
105	太陽がくれた季節	青い三角定規／ ＴＶ主題歌	1972年 昭和47	歌謡曲	Am	4	G- B♭	10
106	たきび	(ラジオ番組)	1941年 昭和16	童謡	C	4	C-C	8
107	達者でナ	三橋美智也	1960年 昭和35	流行歌	Am	4	A-E	12
108	旅の宿	吉田拓郎	1972年 昭和47	フォーク ソング	F♯m	4	F♯E(♪)	7 (6)
109	旅の夜風	霧島昇とミス・ コロンビア	1938年 昭和13	映画 主題歌	Am	4	A-C	10
110	旅人よ	弾厚作作曲 加山雄三	1966年 昭和41	歌謡曲	Dm	4	A-D(♪)	11 (10)
111	誰もいない海	トワ・エ・モワ	1967年 昭和42	フォーク ソング	G	4	G-C	11
112	炭坑節	福岡民謡	－	民謡	B♭	2	C-G(♪)	13 (12)
113	ちいさい秋 みつけた	－	1955年 昭和30	童謡	Em	4	B-E	11
114	小さな日記	フォー・ セインツ	1968年 昭和43	フォーク ソング	Dm	4	D-D	8
115	茶摘	－	1912年 明治45	唱歌	F, G	4	D-D	8
116	津軽海峡冬景色	石川さゆり	1977年 昭和52	流行歌	Am	4	A-D	11
117	月がとっても 青いから	菅原都々子	1955年 昭和30	歌謡曲	C	2	G-E	13
118	月の砂漠	－	1923年 大正12	唱歌	Am	4	A-C	10
119	翼をください	赤い鳥	1973年 昭和48	フォーク ソング	C	4	E-F(♪)	9 (8)
120	鉄道唱歌 (東海道編)	－	1900年 明治33	唱歌	G	2	D-E(♪)	9 (8)
121	てんとう虫の サンバ	チェリッシュ	1973年 昭和48	歌謡曲・ フォーク	D	4-2-4	D- F♯	10
122	東京音頭	映画	1933年 昭和8	主題歌	Am	2	B-E	11
123	東京のバスガール	コロンビア・ ローズ	1957年 昭和32	流行歌	Am	4	C-E	10
124	東京ブギウギ	映画「春の饗宴」 ・笠置シズ子	1948年 昭和23	映画 主題歌	C	4	G-C(♪×2)	11
125	東京ラプソディー	映画・藤山一郎	1936年 昭和11	流行歌	Dm	2	A-E(♪)	12

No.	曲名	歌手名など	年代	分類	原調	拍子	音域	音程
126	遠くへ行きたい	ジェリー藤尾	1962年 昭和37	歌謡曲	Dm	4	C#-E	10
127	通りゃんせ	－	1921年 大正10	童謡	Dm	4	D-E(♪)	9 (8)
128	時には母のない子のように	カルメン・マキ	1969年 昭和44	歌謡曲	Am	4	G-G	8
129	どこかで春が	－	1923年 大正12	唱歌	G	4	B-D	10
130	ドナドナ	ジョーン・バエズ他	1940年 昭和15	ミュージカル	Dm	4	D-C	7
131	ともしび	うたごえ運動	－	ロシア民謡	Am	4	A-C	10
132	ドリフのズンドコ節	ザ・ドリフターズ	1969年 昭和44	コミックソング	Dm	4	D-F	10
133	どんぐりころころ	－	1921年 大正10	唱歌	C	2	C-C	8
134	長崎の女	春日八郎	1963年 昭和38	流行歌	D	3	A-F#(♪)	13 (12)
135	長崎の鐘	藤山一郎	1949年 昭和24	映画主題歌	Dm	4	A-D	11
136	長崎は今日も雨だった	内山田洋とクール・ファイブ	1969年 昭和44	流行歌	G	4	G-D(♪×2)	12 (10)
137	啼くな小鳩よ	岡晴夫	1947年 昭和22	流行歌(映画)	Am	2	A-E(♪)	12
138	なごり雪	かぐや姫/イルカ	1974年 昭和49	フォークソング	F	4-2-4	F-A	10
139	夏の思い出	藤山一郎	1949年 昭和24	童謡	C	4	A-C	10
140	夏は来ぬ	－	1896年 明治29	唱歌	C(A)	4	C-E	10
141	七つの子	－	1921年 大正10	童謡	G (E♭)	4	B(♪)-E(♪)	11 (8)
142	なみだ恋	八代亜紀	1973年 昭和48	歌謡曲	G	3	G-E	13
143	涙そうそう	森山良子/夏川りみ/BEGIN	2000年 平成12	J-POP	F	4-2-4	C-D	9
144	涙の連絡船	都はるみ	1965年 昭和40	演歌	Dm	4	A-F	13
145	南国土佐を後にして	映画・ペギー葉山	1959年 昭和34	流行歌	Am	4	A-C	10
146	庭の千草	アイルランド民謡	1884年 明治17	唱歌	C(E)	3	C-C	8
147	函館の女	北島三郎	1965年 昭和40	流行歌	C	4	C-E	10
148	花	滝廉太郎作曲	1900年 明治33	唱歌	G(F)	2	B(♪)-E	10 (8)
149	花（すべての人の心に花を）	喜納昌吉作曲	1995年 平成7	流行歌	D	4	A-E(♪)	12 (11)
150	花笠音頭（花笠おどり）	山形県民謡	－	民謡	G	2	B-D	10

No.	曲名	歌手名など	年代	分類	原調	拍子	音域	音程
151	埴生の宿	－	1889年 明治22	唱歌	C	4	C-C	8
152	浜千鳥	－	1923年 大正12	唱歌	C	3	C-C	8
153	浜辺の歌	－	1918年 大正7	唱歌	F	6/8	C-D	9
154	バラが咲いた	マイク真木	1966年 昭和41	流行歌	C	2/2	C-C	8
155	春の小川	－	1912年 大正1	唱歌	C	4	C-C	8
156	春よ来い	－	1923年 大正12	唱歌	F	2	A-A	8 (6)
157	ビューティフル・サンデー	ダニエル・ブーン /田中星児	1972年 昭和47	ポップス	C	4	C-E	10
158	富士の山	－	1910年 明治43	唱歌	D(C)	4	D-D	8
159	二人は若い	映画「のぞかれた花嫁」・ディック・ミネ/星玲子	1935年 昭和10	映画 主題歌	C	4	G-C	11
160	冬の星座 (他郷の月)	ヘイス作曲 堀内敬三 (訳)	1947年 昭和22	唱歌	C	4	C-D(♪×2)	9 (8)
161	ブルー・シャトー	ジャッキー吉川と ブルー・コメッツ	1967年 昭和42	グループ・サウンズ	C	4	A-E	12
162	ブルーライト ヨコハマ	いしだあゆみ 松坂慶子	1968年 昭和43	歌謡曲	Dm	4	G-C	11
163	ふるさと	－	1914年 大正3	唱歌	G(D)	3	D-E	9
164	ふれあい	中村雅俊	1974年 昭和49	フォークソング	Am	4	G-C	11
165	ペチカ	山田耕筰作曲 北原白秋作詩	1925年 大正14	童謡	D♭	4	B♭-C	9
166	星影のワルツ	千昌夫	1967年 昭和42	流行歌	D	3	A-D	11
167	星の流れに	菊池章子	1947年 昭和22	流行歌	C	4	G-C	11
168	星はなんでも 知っている	平尾昌章	1958年 昭和33	ロカビリー	Dm	2/2	C(♪)-F	11 (10)
169	蛍の光	スコットランド 民謡	1881年 明治14	唱歌	G	4	D-E	9
170	牧場の朝	－	1932年 昭和7	唱歌	D(C)	4/8	D-E(♪)	9 (8)
171	見上げてごらん 夜の星を	坂本九	1963年 昭和59	劇中 主題歌	F	4	C-D	9
172	みかんの花咲く丘	川田正子	1946年 昭和21	童謡	C	6/8	C-F(♪)	11 (10)
173	みちづれ	牧村三枝子	1978年 昭和53	演歌 (歌手)	C	3と4 (転拍子)	G-A	9
174	港が見える丘	平野愛子	1947年 昭和22	流行歌	C	4	G-C	11
175	港町十三番地	美空ひばり	1957年 昭和32	流行歌	D	4	A-E(♪)	12 (11)

No.	曲名	歌手名など	年代	分類	原調	拍子	音域	音程
176	皆の衆	村田英雄	1964年 昭和39	歌謡曲	Dm	4	A-F(♪)	13
177	麦と兵隊	東海林太郎	1938年 昭和13	主題歌	Am (♭)	2	A-E	12
178	虫のこえ	－	1910年 明治43	唱歌	D	2	D-D	8
179	村祭	－	1912年 明治45	唱歌	G	2	D-E	9
180	もみじ(紅葉)	－	1911年 明治44	唱歌	F(D)	4	C-D(♪)	9 (8)
181	木綿の ハンカチーフ	太田裕美	1975年 昭和50	ニューミュージック	A	4	A-C♯	10
182	森の水車	－	1942年 昭和17	童謡	C	2/2	B-D	10
183	山小舎の灯	近江敏郎	1947年 昭和22	流行歌 ラジオ歌謡	G	2/2	D-E	9
184	柔	美空ひばり	1965年 昭和40	流行歌	G	4	G-D	12
185	有楽町で 会いましょう	フランク永井	1958年 昭和33	映画 主題歌	Gm	4	G-D(♪)	12 (11)
186	雪の降る町を	高英男	1953年 昭和28	流行歌 ラジオ歌謡	Gm	4	D-D	8
187	雪山讃歌	三高山岳部部歌 ダーク・ダックス	1928年 昭和3	部歌／アメリカ民謡	F(C)	3	C-D(♪)	9 (8)
188	湯の町エレジー	近江敏郎	1948年 昭和23	映画 主題歌	Dm	4	A-F	13
189	夢は夜ひらく	園まり/藤圭子	1966年 昭和41	歌謡曲	Am	4	A-A	8
190	夜霧よ 今夜も有難う	石原裕次郎	1967年 昭和42	映画 主題歌	C	4	A(♪)-E	12 (10)
191	与作	北島三郎	1990年 昭和53	流行歌	Em	4	B-B	15
192	喜びも悲しみも 幾歳月	若山彰	1957年 昭和32	映画 主題歌	Em	4	D♯-C	7
193	ラバウル小唄 (南洋航路)	波岡惣一郎	1944年 昭和19	軍歌	Am	4	C-E	10
194	旅愁	－	1907年 明治40	唱歌	C	4	B(♪×2)-C	9 (8)
195	リンゴの唄	映画「そよかぜ」/並木路子	1945年 昭和20	映画 主題歌	C	2	C-E♭	10
196	露営の歌	霧島昇	1937年 昭和12	歌謡曲	Am (♭)	2	A-C(♫)	10
197	若いお巡りさん	曽根史郎	1956年 昭和31	流行歌	Am	4	A-C	10
198	若者たち	ザ・ブロードサイド・フォー	1976年 昭和41	TV 主題歌	C	4	C-C	8
199	別れても好きな人	ロス・インディオス&シルヴィア	1970年 昭和45	歌謡曲	Dm	4	C-D(♪×2)	9 (8)
200	忘れな草を あなたに	梓みちよ	1965年 昭和40	流行歌	Bm	4	F-B	11

高齢者参考曲一覧

No.	地名・国名	故郷・祖国（日本）	山（丘）	道(径)・場所（庭・年など）
1	青葉茂れる桜井の	ああ上野駅	青い山脈	ああ人生に涙あり
2	赤い靴	青葉茂れる桜井の	赤とんぼ	あざみの歌
3	いい湯だな	赤とんぼ	あざみの歌	いい日旅立ち
4	潮来笠	いい日旅立ち	朧月夜	オー・シャンゼリゼ
5	五木の子守唄	いい湯だな	カチューシャ	朧月夜
6	襟裳岬	うみ	北国の春	学生街の喫茶店
7	王将	思い出のグリーングラス	黒田節	学生時代
8	オー・シャンゼリゼ	カチューシャ	高原列車は行く	川の流れのように
9	お座敷小唄	川の流れのように	古城	今日の日はさようなら
10	祇園小唄	きよしのズンドコ節	さくら	銀色の道
11	北上夜曲	黒田節	寒い朝	靴がなる
12	銀座カンカン娘	故郷の空	知床旅情	ここに幸あり
13	銀座の恋の物語	心もよう	白い花の咲く頃	たきび
14	黒田節	さくら	スキー	達者でナ
15	五番街のマリーへ	里の秋	背くらべ	月がとっても青いから
16	知床旅情	十五夜お月さん	瀬戸の花嫁	通りゃんせ
17	砂山	白い花の咲く頃	達者でナ	ドナドナ
18	瀬戸の花嫁	旅人よ	小さな日記	夏の思い出
19	船頭小唄	茶摘	茶摘	花
20	ソーラン節	ともしび	どこかで春が	みかんの花咲く丘
21	蘇州夜曲	南国土佐を後にして	どんぐりころころ	麦と兵隊
22	旅の夜風	富士の山	七つの子	山小舎の灯
23	津軽海峡・冬景色	ふるさと	函館の女	若者たち
24	東京音頭	麦と兵隊	富士の山	
25	東京のバスガール	雪の降る街を	二人は若い	
26	東京ブギウギ	喜びも悲しみも幾年月	ふるさと	
27	東京ラプソディ	旅愁	牧場の朝	
28	長崎の鐘	露営の歌	みかんの花咲く丘	
29	長崎は今日も雨だった	若いお巡りさん	港が見える丘	
30	夏の思い出		湯の町エレジー	
31	なみだ恋		与作	
32	南国土佐を後にして			
33	函館の女			
34	花笠音頭			
35	ブルーライトヨコハマ			
36	港町十三番地			
37	皆の衆			
38	麦と兵隊			

No.	地名・国名	故郷・祖国（日本）	山（丘）	道(径)・場所（庭・年など）
39	山小舎の灯			
40	有楽町で逢いましょう			
41	ラバウル小唄			
42	若いお巡りさん			
43	別れても好きな人			

No.	空・雲	月・星（陽）	港・海（波・浜）	川
1	アカシアの雨が止むとき	赤い花白い花	赤い靴	潮来笠
2	憧れのハワイ航路	雨降りお月さん	憧れのハワイ航路	母さんの歌
3	雨降りお月さん	いつでも夢を	あざみの歌	カチューシャ
4	いい日旅立ち	上を向いて歩こう	うみ	川の流れのように
5	潮来笠	うみ	四季の歌	神田川
6	一月一日	王将	知床旅情	祇園小唄
7	王将	朧月夜	砂山	北上夜曲
8	丘を越えて	影を慕いて	瀬戸の花嫁	船頭小唄
9	朧月夜	鐘の鳴る丘	ソーラン節	蘇州夜曲
10	カチューシャ	祇園小唄	誰もいない海	達者でナ
11	川の流れのように	北上夜曲	津軽海峡・冬景色	旅の夜風
12	今日の日はさようなら	君といつまでも	遠くへ行きたい	どこかで春が
13	きよしのズンドコ節	銀色の道	時には母のない子のように	夏の思い出
14	銀色の道	結婚しようよ	長崎の女	夏は来ぬ
15	靴がなる	荒城の月	涙の連絡船	花
16	結婚しようよ	故郷の空	南国土佐を後にして	花（すべての人の心に花を）
17	高原列車は行く	この世の花	函館の女	春の小川
18	高校三年生	里の秋	浜千鳥	ふるさと
19	故郷の空	十五夜お月さん	浜辺の歌	もみじ
20	ここに幸あり	証城寺の狸林	みかんの花咲く丘	山小屋の灯
21	古城	知床旅情	港の見える丘	
22	さくら	白い花の咲く頃	港町十三番地	
23	寒い朝	砂山	喜びも悲しみも幾年月	
24	白い花の咲く頃	聖夜（きよしこの夜）	ラバウル小唄	
25	スキー	そっとおやすみ	忘れな草をあなたに	
26	旅人よ	達者でナ		
27	誰もいない海	旅の宿		
28	翼をください	旅人よ		
29	ドナドナ	炭坑節		
30	長崎の鐘	月がとっても青いから		
31	夏の思い出	月の砂漠		
32	埴生の宿	てんとう虫のサンバ		
33	浜辺の歌	東京音頭		
34	ビューティフルサンデー	長崎の鐘		
35	富士の山	夏は来ぬ		
36	二人は若い	南国土佐を後にして		
37	星の界	函館の女		
38	星はなんでも知っている	花		
39	麦と兵隊	埴生の宿		
40	旅愁	浜千鳥		
41	リンゴの唄	浜辺の歌		

No.	空・雲	月・星（陽）	港・海（波・浜）	川
42	若者たち	星の界		
43		星の流れに		
44		星はなんでも知っている		
45		みちづれ		
46		港町十三番地		
47		山小屋の灯		
48		湯の町エレジー		
49		与作		
50		喜びも悲しみも幾年月		
51		若者たち		
52		喜びも悲しみも幾年月		
53		別れの一本杉		

No.	出会い（再会）・幸せ	別れ・涙	父・母（祖父母）	兄弟・姉妹・友
1	あなた	青葉茂れる桜井の	ああ上野駅	嬉しい雛祭り
2	いつでも夢を	赤い靴	青い山脈	襟裳岬
3	襟裳岬	赤とんぼ	青葉茂れる桜井の	オー・シャンゼリゼ
4	オー・シャンゼリゼ	憧れのハワイ航路	赤とんぼ	おーい中村君
5	お富さん	雨ふり	雨降りお月さん	オールドブラックジョー
6	祇園小唄	いい日旅立ち	いい日旅立ち	学生街の喫茶店
7	希望	いつでも夢を	大きな古時計	学生時代
8	君といつまでも	上を向いて歩こう	思い出のグリングラス	カチューシャ
9	今日の日はさようなら	大きな古時計	鐘の鳴る丘	鐘の鳴る丘
10	銀座の恋の物語	オールドブラックジョー	岸壁の母	北国の春
11	五番街のマリーへ	お座敷小唄	北国の春	今日の日はさようなら
12	小指の想い出	思い出のグリングラス	きよしのズンドコ節	きよしのズンドコ節
13	こんにちは赤ちゃん	学生街の喫茶店	こいのぼり	結婚しようよ
14	寒い朝	影を慕いて	里の秋	こいのぼり
15	寒い朝	悲しい酒	四季の歌	高校三年生
16	シクラメンのかほり	神田川	十五夜お月さん	故郷の空
17	十五夜お月さん	祇園小唄	昭和ブルース	四季の歌
18	てんとう虫のサンバ	北上夜曲	瀬戸の花嫁	十五夜お月さん
19	遠くへ行きたい	北国の春	旅人よ	昭和ブルース
20	長崎は今日も雨だった	北の宿から	時には母のない子のように	砂山
21	なみだ恋	希望	南国土佐を後にして	背くらべ
22	函館の女	きよしのズンドコ節	浜千鳥	瀬戸の花嫁
23	ブルーライトヨコハマ	銀座の恋の物語	ふるさと	ともしび
24	ふれあい	くちなしの花	星の流れに	南国土佐を後にして
25	見上げてごらん夜の星を	高校三年生	みかんの花咲く丘	ふるさと
26	有楽町で逢いましょう	心の旅	旅愁	星の流れに
27	夜霧よ今夜もありがとう	古城	露営の歌	蛍の光
28	別れても好きな人	この世の花	若いお巡りさん	麦と兵隊
29	忘れな草をあなたに	五番街のマリーへ		若者たち
30		シクラメンのかほり		
31		十五夜お月さん		
32		昭和ブルース		
33		知床旅情		
34		白い花の咲く頃		
35		砂山		
36		瀬戸の花嫁		
37		そっとおやすみ		
38		達者でナ		
39		旅の夜風		
40		小さな日記		
41		津軽海峡・冬景色		

No.	出会い（再会）・幸せ	別れ・涙	父・母（祖父母）	兄弟・姉妹・友
42		東京のバスガール		
43		ともしび		
44		どんぐりころころ		
45		長崎の女		
46		長崎の鐘		
47		長崎は今日も雨だった		
48		なごり雪		
49		なみだ恋		
50		涙の連絡船		
51		函館の女		
52		ビューティフルサンデー		
53		ブルー・シャトー		
54		星影のワルツ		
55		星の流れに		
56		星はなんでも知っている		
57		蛍の光		
58		港の見える丘		
59		港町十三番地		
60		皆の衆		
61		柔		
62		雪の降る街を		
63		湯の町エレジー		
64		夢は夜ひらく		
65		夜霧よ今夜も有難う		
66		ラバウル小唄		
67		別れても好きな人		
68		忘れな草をあなたに		
69		別れの一本杉		
70		別れのブルース		
71		忘れな草をあなたに		

No.	雨・風・嵐・雪・霧	夕陽（夕焼け）・日暮れ	夜	朝（夜明け）・明日
1	青い山脈	青葉茂れる桜井の	アカシアの雨が止むとき	アカシアの雨が止むとき
2	青葉茂れる桜井の	赤とんぼ	潮来笠	明日があるさ
3	アカシアの雨が止むとき	憧れのハワイ航路	いつでも夢を	雨降りお月さん
4	雨ふり	いい日旅立ち	上を向いて歩こう	一月一日
5	雨降りお月さん	朧月夜	希望	オー・シャンゼリゼ
6	いい日旅立ち	川の流れのように	君といつまでも	大きな古時計
7	潮来笠	北上夜曲	荒城の月	朧月夜
8	いつでも夢を	君といつまでも	ここに幸あり	希望
9	上を向いて歩こう	高校三年生	小指の想い出	君といつまでも
10	嬉しい雛祭り	故郷の空	こんにちは赤ちゃん	今日の日はさようなら
11	お座敷小唄	シクラメンのかほり	里の秋	さくら
12	お富さん	砂山	白いブランコ	さざんかの宿
13	影を慕いて	瀬戸の花嫁	聖夜（きよしこの夜）	寒い朝
14	鐘の鳴る丘	旅人よ	そっとおやすみ	スキー
15	川の流れのように	夏は来ぬ	東京ラプソディ	浜辺の歌
16	岸壁の母	花	なみだ恋	蛍の光
17	北国の春	浜辺の歌	涙の連絡船	牧場の朝
18	北の宿	星はなんでも知っている	浜千鳥	みちづれ
19	君といつまでも	もみじ	ブルー・シャトー	村祭
20	きよしのズンドコ節	与作	星の流れに	柔
21	銀座の恋の物語	ラバウル小唄	星はなんでも知っている	与作
22	くちなしの花	リンゴの唄	見上げてごらん夜の星を	若いお巡りさん
23	黒田節		みちづれ	
24	結婚しようよ		港の見える丘	
25	荒城の月		港町十三番地	
26	故郷の空		村祭	
27	ここに幸あり		湯の町エレジー	
28	心もよう		夢は夜ひらく	
29	古城		夜霧よ今夜も有難う	
30	さくら		旅愁	
31	寒い朝		若いお巡りさん	
32	白いブランコ		別れても好きな人	
33	スキー			
34	砂山			
35	背くらべ			
36	早春賦			
37	たきび			
38	旅の夜風			
39	旅人よ			
40	小さな日記			
41	どこかで春が			

No.	雨・風・嵐・雪・霧	夕陽(夕焼け)・日暮れ	夜	朝(夜明け)・明日
42	ドナドナ			
43	長崎の女			
44	長崎は今日も雨だった			
45	啼くな小鳩よ			
46	なごり雪			
47	夏の思い出			
48	なみだ恋			
49	涙の連絡船			
50	庭の千草			
51	函館の女			
52	花笠音頭			
53	浜辺の歌			
54	富士の山			
55	二人は若い			
56	ブルー・シャトー			
57	ふるさと			
58	ペチカ			
59	星の界			
60	蛍の光			
61	牧場の朝			
62	港の見える丘			
63	麦と兵隊			
64	有楽町で逢いましょう			
65	雪の降る街を			
66	湯の町エレジー			
67	夢は夜ひらく			
68	夜霧よ今夜も有難う			
69	喜びも悲しみも幾年月			
70	旅愁			
71	別れても好きな人			

No.	恋・愛・恋人（妻）	夢・幻・希望	色（赤・青・etc.）	植物（花・木・葉）
1	赤い花白い花	赤とんぼ	赤い花白い花	青い山脈
2	あなた	あざみの歌	アカシアの雨が止むとき	青葉茂れる桜井の
3	潮来笠	あなた	あなた	赤い花白い花
4	いつでも夢を	いい日旅立ち	いい湯だな	アカシアの雨が止むとき
5	嬉しい雛祭り	いつでも夢を	潮来笠	赤とんぼ
6	王将	オールドブラックジョー	嬉しい雛祭り	あざみの歌
7	オー・シャンゼリゼ	お富さん	朧月夜	あなた
8	おーい中村君	思い出のグリングラス	鐘の鳴る丘	雨ふり
9	大きな古時計	学生時代	川の流れのように	潮来笠
10	思い出のグリングラス	カチューシャ	神田川	一月一日
11	学生街の喫茶店	祇園小唄	銀座カンカン娘	五木の子守唄
12	悲しい酒	希望	くちなしの花	嬉しい雛祭り
13	神田川	今日の日はさようなら	結婚しようよ	お富さん
14	北上夜曲	くちなしの花	荒城の月	朧月夜
15	北の宿から	古城	心もよう	思い出のグリングラス
16	希望	この世の花	この世の花	学生街の喫茶店
17	君といつまでも	さざんかの宿	さざんかの宿	学生時代
18	きよしのズンドコ節	寒い朝	寒い朝	カチューシ
19	銀座カンカン娘	白いブランコ	シクラメンのかほり	祇園小唄
20	銀座の恋の物語	旅人よ	白い花の咲く頃	北上夜曲
21	くちなしの花	誰もいない海	白いブランコ	北国の春
22	黒田節	月がとっても青いから	スキー	くちなしの花
23	結婚しようよ	翼をください	蘇州夜曲	結婚しようよ
24	心の旅	てんとう虫のサンバ	そっとおやすみ	高原列車は行く
25	心もよう	東京のバスガール	旅の宿	高校三年生
26	五番街のマリーへ	東京ラプソディ	旅人よ	荒城の月
27	小指の想い出	遠くへ行きたい	月がとっても青いから	故郷の空
28	こんにちは赤ちゃん	長崎の女	月の砂漠	この世の花
29	さざんかの宿	啼くな小鳩よ	翼をください	さくら
30	四季の歌	夏の思い出	てんとう虫のサンバ	さざんかの宿
31	シクラメンのかほり	なみだ恋	長崎の女	里の秋
32	昭和ブルース	函館の女	長崎の鐘	寒い朝
33	白いブランコ	ふるさと	夏の思い出	三百六十五歩のマーチ
34	船頭小唄	星の界	浜千鳥	四季の歌
35	蘇州夜曲	星はなんでも知っている	バラが咲いた	シクラメンのかほり
36	そっとおやすみ	見上げてごらん夜の星を	春よ来い	証城寺の狸林
37	旅の夜風	みちづれ	ブルー・シャトー	知床旅情
38	旅人よ	港の見える丘	ブルーライトヨコハマ	白い花の咲く頃
39	誰もいない海	山小舎の灯	もみじ	砂山
40	小さな日記	柔	雪の降る街を	船頭小唄
41	月の砂漠	湯の町エレジー	夢は夜ひらく	早春賦

No.	恋・愛・恋人（妻）	夢・幻・希望	色（赤・青・etc.）	植物（花・木・葉）
42	てんとう虫のサンバ	夢は夜ひらく	リンゴの唄	蘇州夜曲
43	東京のバスガール	旅愁		たきび
44	東京ラプソディ	リンゴの唄		達者でナ
45	時には母のない子のように	若者たち		旅の夜風
46	長崎の女			茶摘
47	長崎の鐘			月がとっても青いから
48	長崎は今日も雨だった			てんとう虫のサンバ
49	啼くな小鳩よ			東京音頭
50	なごり雪			東京ラプソディ
51	涙の連絡船			どこかで春が
52	函館の女			長崎の女
53	ビューティフル・サンデー			長崎の鐘
54	二人は若い			夏の思い出
55	ブルー・シャトー			夏は来ぬ
56	ブルーライトヨコハマ			なみだ恋
57	ふれあい			庭の千草
58	星影のワルツ			花
59	星はなんでも知っている			花（すべての人の心に花を）
60	みちづれ			花笠音頭
61	港町十三番地			埴生の宿
62	皆の衆			バラが咲いた
63	山小舎の灯			春の小川
64	柔			春よ来い
65	有楽町で逢いましょう			ブルー・シャトー
66	湯の町エレジー			ペチカ
67	夢は夜ひらく			牧場の朝
68	夜霧よ今夜も有難う			みちづれ
69	与作			港の見える丘
70	喜びも悲しみも幾年月			港町十三番地
71	ラバウル小唄			村祭
72	リンゴの唄			もみじ
73	別れても好きな人			山小舎の灯
74				夢は夜ひらく

No.	鳥・動物・虫	酒・グラス
1	アカシアの雨が止むとき	嬉しい雛祭り
2	赤とんぼ	おーい中村君
3	雨降りお月さん	お座敷小唄
4	潮来笠	お富さん
5	おーい中村君	悲しい酒
6	朧月夜	北国の春
7	カチューシャ	銀座カンカン娘
8	鐘の鳴る丘	黒田節
9	今日の日はさようなら	知床旅情
10	きよしのズンドコ節	長崎は今日も雨だった
11	靴が鳴る	みちづれ
12	黒田節	夢は夜ひらく
13	高原列車は行く	別れても好きな人
14	荒城の月	
15	故郷の空	
16	ここに幸あり	
17	古城	
18	里の秋	
19	寒い朝	
20	知床旅情	
21	スキー	
22	砂山	
23	早春賦	
24	ソーラン節	
25	達者でナ	
26	旅の夜風	
27	旅人よ	
28	小さい秋見つけた	
29	津軽海峡・冬景色	
30	月の砂漠	
31	翼をください	
32	てんとう虫のサンバ	
33	どこかで春が	
34	ドナドナ	
35	どんぐりころころ	
36	啼くな小鳩よ	
37	夏は来ぬ	
38	七つの子	
39	涙の連絡船	
40	庭の千草	
41	埴生の宿	

No.	鳥・動物・虫
42	浜千鳥
43	春の小川
44	ふるさと
45	蛍の光
46	牧場の朝
47	虫の声
48	喜びも悲しみも幾年月
49	ラバウル小唄
50	露宮の歌

No.	春	夏	秋	冬
1	いい日旅立ち	憧れのハワイ航路	赤とんぼ	一月一日
2	上を向いて歩こう	五木の子守唄	上を向いて歩こう	お正月
3	嬉しい雛祭り	上を向いて歩こう	学生時代	母さんの歌
4	襟裳岬	うみ	影を慕いて	祇園小唄
5	丘を越えて	襟裳岬	祇園小唄	銀色の道
6	朧月夜	祇園小唄	黒田節	さざんかの宿
7	影を慕いて	くちなしの花	荒城の月	四季の歌
8	カチューシャ	心もよう	故郷の空	旅人よ
9	祇園小唄	四季の歌	心もよう	津軽海峡・冬景色
10	北国の春	知床旅情	古城	冬の星座
11	銀色の道	茶摘	里の秋	ペチカ
12	結婚しようよ	夏の思い出	四季の歌	雪の降る街を
13	荒城の月	夏は来ぬ	旅の夜風	喜びも悲しみも幾年月
14	心もよう	バラが咲いた	誰もいない海	
15	さくら	みかんの花咲く丘	小さい秋見つけた	
16	さざんかの宿		どんぐりころころ	
17	寒い朝		庭の千草	
18	四季の歌		花笠音頭	
19	背くらべ		埴生の宿	
20	早春賦		虫の声	
21	蘇州夜曲		村祭	
22	旅の夜風		もみじ	
23	どこかで春が		旅愁	
24	なごり雪			
25	花			
26	埴生の宿			
27	春の小川			
28	春よ来い			
29	ペチカ			
30	港の見える丘			
31	雪の降る街を			
32	喜びも悲しみも幾年月			

音楽療法関連人物表

最後に音楽療法に関係の深い人物について挙げておきたい。

音楽・教育関係

A.P. メリアム	音楽の社会的機能10項目を次のように指摘した。 ①情緒的表現、②コミュニケーション、③象徴的表示、④社会への同化傾向の助長、⑤儀式の進行、⑥文化の継承、⑦社会的統合、⑧美的喜び、⑨娯楽、⑩身体反応。 民族音楽学者でもあった。
J. アルヴァン	音楽療法黎明期の日本に2度来日して、公演・実践を行なった。著名なチェリストでもあった。
オルフ	動作や舞踏、言語と結びついた根源的な音楽、エレメンタールな音楽を志向した。20世紀最大のオラトリオと言われる「カルミナ・ブラーナ」を作曲。
ガストン	「音楽療法の父」と呼ばれている。1946年カンザス大学に大学院での音楽療法コースのプログラムを開始。行動主義的視点を持ち、音楽療法に定量化スケールの重要性を指摘した。教育・研究者ではあったが、臨床家としては伝えられていない。
コダーイ	ハンガリー出身の作曲家、音楽教育家であり、歌劇「ハーリ・ヤーノシュ」が有名。コダーイメソッドはわが国の幼児音楽教育にも大きな影響を与えている。
シュタイナー	オイリュトミーの創始者。人智学とも呼ばれ、古代ギリシャの文化に源泉が求められる。ヨーロッパで発展している。わが国でもシュタイナー教育として児童教育に影響を与えている。
タウト	コロラド州立大学で教鞭を取り、科学的根拠に基づく神経学的音楽療法を提唱。MIT（メロディック・イントネーション法。失語症に対するリハビリテーション治療での音楽療法的アプローチ）を行なった。
ダルクローズ	リトミックの創始者。ウィーン出身の作曲家で、心、体、感情の統合、五感を通した学習が効果的であるとした。

ノードフ・ロビンズ	作曲家のノードフと児童指導員のロビンズが行なった即興を中心とした音楽療法。すべての人に、「ミュージックチャイルド」と彼らが呼ぶものがあるとしており、その「ミュージックチャイルド」にどのように音楽で働きかけるかが重要視される。理論的背景にシュタイナーの人智学がある。
ヘレン・ボニー	ジーアイエム（GIM：Guided Imagery and Music）を創造。LSD（日本では麻薬に指定されている薬物）と音楽を利用した変性意識状態の研究を行なっていた。その後、音楽だけで変性意識状態を作り出す研究を行なう。使用する音楽はすべて録音されたクラッシック音楽で、目的に応じて10種類ほどの音楽群に区分されている。
マリー・シェーファー	工場などの労働効率をあげることをめざしたミューザック社（アメリカ）のBGMが、あらゆる都市空間（デパート、ホテル、レストランなど）で利用され、強制的に音楽を聞かせられるといった情況が発生した。これに対抗する形で、サウンドスケープの概念を提出。日常生活をとりまく音・音楽が与える影響を追求していくものとして、音環境の重要性を指摘した。
モンテッソーリ	イタール・セガンの野生児教育に大きな影響を受けた。やがてモンテッソーリ教具を創作し、発達障害児のあらゆる感覚に訴えかけることで発達を促すことが重要であると提唱。
加賀谷哲郎	「いつでも、どこでも、誰でも」を標語に活動を行なう。日本音楽療法協会（1967年）を創設し、知的発達遅滞児童の音楽療法に尽力した。
山松質文	トランポリン上の自閉症児に合わせて音楽を提示する音楽療法士と、自閉症児に直接関わる臨床心理士の、二人三脚方式を提唱・実践した。
鈴木鎮一	鈴木メソッドを開発。当初はヴァイオリンであったが、近年はピアノなどにもメソッドの応用を進めている。メソッドの基礎に大脳生理学をおいて、すべての子どもが「キラキラ星変奏曲」を最初に学ぶ独特の教育スタイルを生み出した。
櫻林仁	日本音楽心理学音楽療法懇話会を発足させ、音楽療法を日本に紹介した。チェリストで高名な音楽療法士でもあったジュリエット・アルヴァンを、2度にわたり日本に招いた。

医学、心理学、哲学関係

A.T. ベック	認知療法（認知〈物の見方や考え方、感じ方の歪み〉を変えることで障害を修正しようとする治療法）を提唱した。特に鬱病に有効であるとされているが、現在では不安障害をはじめとして適用の範囲を拡げてきている。
H. セリエ	カナダの生理学者。汎適応症候群（長期にわたってストレスが継続すると身体反応として高血圧や胃潰瘍、腎臓硬化症、糖尿病が起こる）を指摘した。警告反応期、抵抗期、疲弊期からなる。
ヘブナー	音楽に対する気分反応、8つの形容詞群による円形チェックリストを作成。
アリストテレス	プラトンの弟子であり、芸術の持つカタルシス効果（浄化作用）について言及した。
ウィニコット	イギリスの児童精神科医。幼児の発達には「環境としての母親」が必須であるとし、幼児の情緒発達における環境のあり方を重視した。幼児が肌身離さず持ち歩いているもの（人形、ぬいぐるみ、毛布など）を「移行対象」と名づけた。喃語や口ずさむメロディーなどを同様のものとして移行現象と呼ぶ。
エアーズ	アメリカの作業療法士。臨床家として初期に学習障害児の臨床に携わり研究を行なった。その過程で学習障害児の持つ様々な感覚運動機能の問題に着目した。後に、神経生理学、知覚ー運動、作業療法を統合した感覚統合療法を考案した。やがて、感覚統合療法は、自閉症児や知的障害児の指導案に大きな影響を与えた。
エリクソン	ライフサイクル論で「人は誕生から死に至るまで発達する」と述べている。フロイトが提唱した5段階の精神性発達（口唇、肛門、男根、潜伏、性器統裁各期に分けた）を基礎にして、心理・社会的発達に注目し、人生を8つの発達段階に分類し、各段階での発達課題をあげた。 乳児期　　　　　　基本的信頼ー基本的不信 幼児期前期　　　　自律性ー恥・疑惑 幼児期後期　　　　積極性ー罪悪感 学童期　　　　　　勤勉性ー劣等感 青年期　　　　　　自我同一性ー自我同一性の拡散 前成人期　　　　　親密ー孤立 成人期　　　　　　生殖性ー停滞性 老年期　　　　　　統合ー絶望

カナー	ジョンズ・ホプキンス大学の精神科医であり、自閉症のカナー型の発見者である。1943年に翌年、早期幼児自閉症（early infantile autism）と名づけることになる11の症例を発表した。症例についての詳細な記述は、以降の自閉症研究の大きな基礎となった。
キャノン	ホメオスターシス（外界や生体内部の変化に対抗して生体内を一定の安定した状態に保とうとする働き）について言及した。
キュブラー・ロス	アメリカの精神科医で死の臨床の5段階を発表した。5段階は、①否認、②怒り、③取引、④抑うつ、⑤受容からなっている。重要なことは、ある段階から必ずしも次の段階に向かうだけでなく、前段階に戻ることもあると指摘したことであろう。キュブラー・ロスはすべての段階でこのようなことが起こる可能性があると指摘している。
クレッチマー	体型による人格について以下のようにまとめた。 　　　闘志型：てんかん質、生真面目、秩序を好む、熱中しやすい 　　肥満型：躁鬱質、社交的、親切、善良 　　細長型：分裂質、非社交的、静か、控えめ
シシリー・ソンダース	ホスピスの母、1967年聖クリストファー病院のホスピス病棟設立にかかわる。
シュルツ	7段階の基本公式からなる、身体をリラックスさせ精神の安定を図る自律訓練法を創始した。自己暗示をかける一種の心理療法であり、自律神経失調症に適応される治療法である。自律神経は、交感神経と副交感神経からなっていて、互いを補いながら反対の作用をしている。例えば交感神経が優位になると胃腸の運動が抑制され、副交感神経が優位になると胃腸の運動が亢進する。演奏直前には交感神経が優位になるため、喉がからからになり、心臓がドキドキしてくる体験は、読者の多くも経験してきたことではないだろうか。 以上のことを改めてまとめると、以下のようになる。 　　交感神経優位：脈拍増加、口渇、抹消血管の収縮、瞳孔拡大、唾液・消化液の分泌抑制、血圧上昇 　　副交感神経優位：脈拍の低下、唾液・消化液の分泌増加、血圧低下、皮膚温の上昇

シュヴァーベ	調整的音楽療法（RMT）を不安神経症改善に向けて開発した。東ドイツ（当時）で音楽聴取時に、音楽・自分の身体・浮かび上がってくる考えの3つに、注意を振り子状に向ける練習を行なう治療法を作成した。
ピアジェ	知的発達段階（感覚運動期−前操作期−具体的操作期−形式的操作期）についての研究を行なった。
フランクル	実存的な悩みの研究を行なった。ゲットー（ナチスドイツの強制収容所）での体験を元に『夜と霧』を執筆。ウィーン学派と呼ばれる。
フロイト	パリでのシャルコーが行なうヒステリー、神経症者への治療に衝撃を受ける。抑圧された記憶（無意識）が神経症の症状を起こしていることに気づき、この「抑圧された記憶」の意識化が神経症の症状を消失させ得ることを見い出し、意識化させるための方法として前額法などを経て、自由連想法を生み出した。このような深層心理学の研究実践を経て、フロイトは、現代社会のあらゆる領域に影響を与えた精神分析という新しい領域を創造した。
プラトン	「音楽は魂の薬である」と著作『国家論』で述べている。
マーラー	乳幼児の心理的独立について著作を表す。 正常な自閉期（〜2〜3週）、共生期（〜6カ月）、分離個体化期（〜36カ月）で構成されているとした。
マズロー	欲求の5段階説を提唱した。基礎の部分に①生理的欲求を置き、次の段階として②安全、③所属と愛、④承認、と順次構成し、最終段階として⑤自己実現をあげている。 　　　自己実現 　　　承認 　　　所属と愛 　　　安全 　　　生理的欲求

モレノ	心理劇（サイコドラマ）を創始した。心理劇は、集団心理療法であり治療の実際は即興劇のスタイルで行なわれる。「今、ここで　here and now」を重視し、ドラマの持つ治療的効果を利用する。監督、主役、観客、補助自我、などからなっている。またソシオメトリーの提唱者でもある。ソシオメトリーとは、集団内の成員の理解をするもので、ソシオグラムを用いて集団成員間の心理関係（選択、無関心など）や集団の構造についての理解を深める。
ユング	フロイトの弟子であったが、フロイトが指摘した個人の無意識だけでなく、民族や集団が世代を超えて受け継ぐ普遍的無意識といったものがあるとした。無意識の中のイメージのまとまりとして「元型」（老賢人、大母、シャドー、アニマ〈男性の中の女性像〉、アニムス〈女性の中の男性像〉など）を呈示した。また、わが国では劣等感として言われるコンプレックスを、知識や理屈ではどうしようもない感情として定義している。フロイトの夢判断を夢分析へと発展させ、自身の経験を通してマンダラなどの東洋的な世界や錬金術にも興味を示した。
レヴィンソン	成人男性中年期（40〜60歳）の年代を4つに区分。過渡期と安定期とが交互に現れるとした。
ロジャース	来談者中心療法を提唱した。そのためにはカウンセラーは「共感的理解」、「無条件の肯定的配慮」、「真実性」を持つことが必要であるとした。これまでの精神分析療法や行動療法に対して第三の心理学（人間性心理学）と呼ばれる。
ワトソン	「行動主義」と呼ばれたワトソンの考え方は、客観的現象として測定可能な刺激（S）－反応（R）のみを研究対象にすべきだとし、最終的には観察可能な「行動」のみを研究対象にすべきだとした。「アルバート坊や」への「条件づけ」の実験は有名である。また人はタブラ・ラサ（何も書かれていない石板）であり、一人の赤ん坊を預けられたなら、素晴らしい芸術家や研究者にも、反対に極悪非道の悪人にも育ててみせようと言ったとされる。ワトソンのこの考え方は、人間（人格）形成における環境要因説を最も重要視したものであろう。

参考文献

[発達関係]

新保育士養成講座編纂委員会編『保育の心理学』（新保育士養成講座第 6 巻）全国社会
　　福祉協議会、2011

山口勝己『子ども理解と発達臨床』北大路書房、2007

松山郁夫編著『子どもの発達援助の実際と福祉』中央法規出版、2005

宇佐川浩『障害児の発達支援と発達臨床 —— 発達臨床心理学からみた子ども理解』全
　　国心身障害児福祉財団、2001

長谷龍太郎『発達障害児領域の作業療法』中央法規出版、2011

佐々木正美『子どもへのまなざし』福音館書店、1998

佐々木正美『子どもへのまなざし 続』福音館書店、2001

佐々木正美『子どもへのまなざし 完』福音館書店、2001

榊原洋一『ドクターサカキハラの ADHD の医学』学習研究社、2003

森孝一『LD・ADHD 特別支援マニュアル —— 通常クラスでの配慮と指導』明治図書出
　　版、2001

司馬理英子『のび太・ジャイアン症候群 —— いじめっ子、いじめられっ子は同じ心の
　　病が原因だった注意欠陥・多動性障害（ADHD)』主婦の友社、1997

司馬理英子『ADHD これで子どもが変わる』主婦の友社、1999

杉山登志郎・原仁『特別支援教育のための精神・神経医学』学習研究社、2003

杉山登志郎編著『アスペルガー症候群と高機能自閉症の理解とサポート —— よりよい
　　ソーシャルスキルが身につく』学習研究社、2002

小林重雄編著『実践自閉症児の集団適応 —— 社会的自立をめざす治療教育』学習研究
　　社、1982

石井哲夫『講座受容による自閉症児教育の実際 —— いま再びなぜ受容なのか』学習研
　　究社、1983

佐々木正美『講座自閉症療育ハンドブック —— TEACCH プログラムに学ぶ』学習研究
　　社、1993

片倉信夫・暎子『実践自閉を砕く —— 脳機能の統合訓練と人格教育をめざして』学習
　　研究社、1985

坂本龍生、花熊曉編著『入門新・感覚統合法の理論と実践』学習研究社、1997

村田茂・川村秀忠他『発達を促す　遊びの指導』学習研究社、1979

小林芳文ほか『動きを通して発達を育てるムーブメント教育の実践 2』学習研究社、

1985

林邦雄、向井剛編著『認知の基礎を育てる遊びと教材』学習研究社、1993

三宅和夫・内田伸子『乳幼児心理学』放送大学教育振興会、1997

片桐和雄、小池敏英、北島善夫『重症心身障害児の認知発達とその援助 ── 生理心理学的アプローチの展開』北大路書房、1999

竹下研三『こころを育てる』西日本新聞社、2003

ひよこクラブ・こっこクラブ編、秦野悦子監修『0 - 3才心と体が育つ親子遊び ── 子どもの発育・発達に合わせた遊び方・かかわり方がよくわかる！』改訂版　ベネッセコーポレーション、2006

兵庫重症心身障害児教育研究集会実行委員会編『重症児教育 ── 視点・実践・福祉・医療との連携』かもがわ出版、2004

野村寿子『遊びを育てる ── 出会いと動きがひらく子どもの世界』、協同医書出版社、1999

山下泰司『雨のち晴子 ── 水頭症の子と父のものがたり』晶文社、2000

テンプル・グランディン、マーガレット・Mスカリアノ著、カニングハム久子訳『我、自閉症に生まれて』学習研究社、1994

Karel Bobath 著、寺沢幸一・梶浦一郎監訳『脳性麻痺の運動障害』医歯薬出版、1973

佐々木正美監修・指導・文；宮原一郎画『自閉症児のための絵で見る構造化 ── TEACCH ビジュアル図鑑』学習研究社、2004

[音楽・音楽療法・音楽教育]
Even Rund、村井靖児訳『音楽療法 ── 理論と背景（第2版）』ユリシス出版部、1992

松井紀和『音楽療法の手引 ── 音楽療法家のための』牧野出版、1980

松井紀和編著『音楽療法の実際 ── 音の使い方をめぐって』牧野出版、1995

ケネス・Eブルシア編、酒井智華ほか訳『音楽療法ケーススタディ上（児童・青年に関する17の事例）』音楽之友社、2004

ケネス・Eブルシア編、よしだじゅんこ・酒井智華訳『音楽療法ケーススタディ下（成人に関する25の事例）』音楽の友社、2004

デボラ・サーモン著、生野里花日本語版監修・翻訳『歌の翼に ── 緩和ケアの音楽療法』春秋社、2004

加勢園子・ステファン・パップ『スウェーデンの FMT 脳機能回復促進音楽療法』春秋社、2007

中島恵子・山下恵子『音と人をつなぐコ・ミュージックセラピー』春秋社、2002

シャーリー・ラブ・ウィンストン、林陽訳『音楽療法』中央アート出版社、2003

トニー・ウィグラム、チェリル・ディレオ編著、小松明訳『振動音響療法 —— 音楽療法への医用工学的アプローチ』

日本音楽著作権協会『音楽の力を信じて』2006

稲田雅美『ミュージックセラピィ —— 対話のエチュード』ミネルヴァ書房、2003

スーザン・マンロー著、進士和恵訳『ホスピスと緩和ケアにおける音楽療法』音楽之友社、1999

赤星建彦、赤星多賀子、加藤みゆき著『高齢者・痴呆性老人のための療育・音楽療法プログラム』音楽之友社、1999

村井靖児『音楽療法の基礎』音楽之友社、1995

貫行子『高齢者の音楽療法』音楽之友社、1996

舌津智之『どうにもとまらない歌謡曲 —— 七〇年代のジェンダー』晶文社、2002

土野研治『心ひらくピアノ —— 自閉症児と音楽療法士との14年』春秋社、2000

梶田美奈子、こうべ音楽療法研究会編著『季節を歌おう心ゆたかに音楽療法春夏編（4月‐9月)』生活ジャーナル、2003

田中র্代『痴呆のお年寄りの音楽療法・回想法・レク・体操』黎明書房、2001

ロバート・ローレンス・フリードマン著：佐々木薫訳『ドラミング —— リズムで癒す心とからだ』音楽之友社、2003

加藤美智子・新倉晶子『音楽療法の実践』春秋社、2000

菅田文子『音楽療法の必須100曲子ども編』あおぞら音楽社、2010

菅田文子『音楽療法の必須100曲高齢者編』あおぞら音楽社、2009

菅田文子『音楽療法の必須100曲おとな編』あおぞら音楽社、2010

小松明、佐々木久夫編『音楽療法最前線・増補版』人間と歴史社、1996

桜林仁ほか『音楽療法入門』芸術現代社、1978

篠田知璋監修；日野原重明ほか『新しい音楽療法 —— 実践現場よりの提言』音楽之友社、2001

「音楽療法」編集委員会編「音楽療法JMT」vol 2、10、11、12　日本臨床心理研究所、1992、2000，2001，2002

浅野純『歌謡曲大全集』全音楽譜出版社

浅野純『歌謡曲のすべて　歌詞集』全音楽譜出版社

小森谷清編『今日から使える歌伴のすべて2004年度版』全音楽譜出版社、2004

壺井一歩、カワイ音楽教育室編曲『知っておきたい日本の名歌 —— 初級で弾いて歌える明治‐大正初期』河合楽器製作所・出版部、2007

壺井一歩、カワイ音楽教育室編曲『知っておきたい日本の名歌 —— 初級で弾いて歌える大正初期‐昭和初期』河合楽器製作所・出版部、2007

金田一春彦・安西愛子編『日本の唱歌』（上、中、下）講談社文庫、1977、1979、1982

志村建世編『思い出の歌集』野ばら社、1955

読売新聞文化部『愛唱歌ものがたり』岩波書店、2003

長田暁二、千藤幸蔵編著『日本の民謡』（東日本編・西日本編）社会思想社・現代教養文庫、1998

横田憲一郎『教科書から消えた唱歌・童謡』扶桑社、2002

帝国書院編集部『歌がつむぐ日本の地図 —— 歌謡曲・童謡・唱歌・民謡・J-POP』帝国書院、2013

黒田正実「集団音楽療法（歌唱）におけるピアノ伴奏について」19国立療養所東京病院付属リハビリテーション学院卒業論文

雪美里・堀川公平・堀川喜郎「コーラスを介した対人交流の援助」（「西日本芸術療法学会誌」Ｎo 21、1993）

鈴木千恵子「発達障害児の音楽療法における音楽の使い方の一考察」（「日本芸術療法学会誌」Vol23，No 1、1992

『学習音楽百科2　音楽の形と名曲』音楽之友社、1978

『学習音楽百科3　音楽のあゆみ』音楽之友社、1978

音楽之友社編『標準音楽辞典』音楽之友社、1966

グローヴ著、StanleySadieほか編、柴田南雄・遠山一行総監修『ニューグローヴ世界音楽大事典』第19巻、講談社、1995

ケネス・エイゲン、中河豊訳『障害児の音楽療法 —— ノードフ－ロビンズ音楽療法の質的リサーチ』ミネルヴァ書房、2002

佐々木和佳、伊志嶺理沙、二俣泉『認知症ケアと予防の音楽療法』春秋社、2009

アンドレ・ミシェル、桜林仁、森井恵美子訳『音楽の精神分析』音楽之友社、1967

石村真紀・高島恭子『即興による音楽療法の実際』音楽之友社、2001

ジュリエット・アルヴァン、山松質文・堀真一郎訳『自閉症児のための音楽療法』音楽之友社、1997（1982）

平田紀子『平田紀子のちょっと嬉しい伴奏が弾きたい ——「The ミュージックセラピー」実践ハンドブック』音楽之友社、2006

赤星建彦・赤星多賀子『懐かしの名曲120 —— 認知症高齢者と歌おう』雲母書房、2006

リサ・サマー、師井和子訳『音楽療法のためのGIM入門 —— 施設での音楽によるイメージ誘導法応用』音楽之友社、1997

レイフ・エドヴァルド・オーロ、ブリュンユルフ・ステーゲ著、杉田政夫監訳『コミュニティ音楽療法への招待』風間書房、2019

[医学・心理学・薬学]

東京カウンセリング研究会『心理療法の基礎と実際』1997

林洋一監修『史上最強図解よくわかる発達心理学』ナツメ社、2010

太田昌孝編著『発達障害児の心と行動』放送大学教育振興会、2002

医療情報科学研究所編『病気がみえる vol 7（脳・神経）』メディックメディア、2011

山下格『精神医学ハンドブック「医学・保健・福祉の基礎知識」』日本評論社、2000

児島美都子監修、見浦康文・大野勇夫編集『精神障害・薄弱百問百答』中央法規出版、1983

川島隆太『川島隆太教授の童謡・唱歌が脳をよみがえらせる大人の脳力ドリル —— 心に響く童謡・唱歌20曲を聴いて書いて歌う60日』インフォレスト、2005

森岡周・古谷千佳子『脳を学ぶ2 —— 写真家、古谷千佳子さんとの対話)』協同医書出版社、2010

片桐和雄・小池敏英・北島善夫『重症心身障害児の認知発達とその援助』（前掲）

藤本忠明・東正訓編『ワークショップ人間関係の心理学』ナカニシヤ出版、2004

平澤久一監修『精神科看護の非言語的コミュニケーション UP 術 —— 事例で学ぶマンガでわかる』メディカ出版、2010

久保田牧子『精神科領域における音楽療法ハンドブック』音楽之友社、2003

日本作業療法士協会編著『作業療法学全書第5巻（作業治療学2精神障害)』協同医書出版社、1994

松井紀和監修、佐野直哉・松井紀和・山田州宏・吉田弘宗『ソーシャルワーカーのための精神医学』相川書房、1989（2001）

ＤＪハーグリーブス著；小林芳郎訳『音楽の発達心理学』田研出版、1993

師岡宏之編著『心理治療としての音楽療法 —— 音楽療法とカウンセリングの実際』音楽之友社、2001

長谷川和夫『老人の精神機能検査法』サンド薬品、1977（前出）

神宮英夫・青木紀久代『徹底図解心理学』新星出版社、2011

長谷川嘉哉『患者と家族を支える認知症の本』学研メディカル秀潤社、2010

小阪憲司著；レビー小体型認知症家族を支える会編『知っていますか？レビー小体型認知症 —— よくわかる、病気のこと＆介護のこと』メディカ出版、2009

近藤喬一、鈴木純一編『集団精神療法ハンドブック』金剛出版、1999

赤塚英則・大塚成人ほか「精神病院における集団音楽療法の展開 —— 治療の"枠"に関して・他の治療との統合をめざして」（「音楽療法 JMT」vol 1、日本臨床心理研究所、1991

齋藤考由「精神医療での音楽療法」（同前「音楽療法 JMT」Vol 1）

参考文献

高江洲義英「病院音楽と音楽療法」(「芸術療法」Vol 8、1997

宇佐川浩『障害児の発達臨床とその課題 —— 感覚と運動の高次化の視点から』(淑徳大学社会学部研究叢書)学苑社、1998

松井紀和「音楽活動」(「理学療法と作業療法」17巻8号、医学書院、1983)

石福恒雄『身体の現象学』精神医学文庫、金剛出版、1977

松本和雄監修、小原依子編著『音楽療法士のための心理学』朱鷺書房、2008

牛島定信『精神分析学』放送大学教育振興会、1999

宇佐川浩『障害児の発達支援と発達臨床 —— 発達臨床心理学からみた子ども理解』(前掲)

野田幸裕・吉尾隆編『臨床精神薬学 —— 薬剤師レジデントライブラリー』南山堂、2013

桑島巌『高齢者に対する薬の安全処方』JMDO 6号

前田重治『図説　臨床精神分析学』誠信書房、2000

竹下研三『こころを育てる』(前掲)

アイブス・ヘンドリック、前田重治・杉田峰康訳『フロイド心理学入門』岩崎学術出版社、1975

松井紀和編『精神科作業療法の手引き』牧野出版、1978

浦上克哉『認知症は怖くない　18のワケ』JAFMate 社、2011

榊原洋一『子どもの脳の発達臨界期・敏感期 —— 早期教育で知能は大きく伸びるのか?』講談社+α新書、2004

榊原洋一『ドクターサカキハラの ADHD の医学』(前掲)

上田敏『リハビリテーション —— 新しい生き方を創る医学』講談社ブルーバックス、1996

長谷川和夫『老人の精神機能検査法 ガイドブック』(前掲)

山鳥重『言葉と脳と心 —— 失語症とは何か』講談社現代新書、2011

野村寿子『遊びを育てる』(前掲)

村井靖児『精神治療における音楽療法をめぐって』音楽之友社、2001

杉山登志郎編著『アスペルガー症候群と高機能自閉症の理解とサポート』(前掲)

杉山登志郎・原仁『特別支援教育のための精神・神経医学』(前掲)

黒川徹監修『重症心身障害医学　最近の進歩』日本知的障害福祉連盟、1999

兵庫重症心身障害児教育研究集会実行委員会編『重症児教育』(前掲)

日本認知症ケア学会『改定・認知症ケアの実際Ⅰ　総論』ワールドプランニング、2011

佐々木正美監修・内山登紀夫・青山均・古屋照雄『自閉症のトータルケア』ぶどう社、1999

前田真治『老人のリハビリテーション』医学書院、2003

坂東浩『音の不思議!?　ピアノの不思議!?』メディカル情報サービス、2012

西園昌久『精神医学の現在』中山書店、2003

ダイアナ・ドイチュ著、寺西立年・宮崎謙一・大串健吾訳『音楽の心理学』西村書房、
　　1987

デビット・テイラー著、木部則雄・長沼佐代子・浅沼由美子訳『トーキング・キュア ——
　　ライフステージの精神分析』金剛出版、2013

坂本真士・杉山崇・伊藤絵美編『臨床に生かす基礎心理学』東京大学出版会、2010

Helen Odell-Miller and Eleanor Ribards (Eds.) (2009), *Supervision of Music Therapy: A
　　theoretical and practical handbook*, Routledge

マーク・ウィリアムズ、ダニー・ペンマン著、佐渡充洋・大野裕監訳『自分でできるマ
　　インドフルネス —— 安らぎへと導かれる8週間のプログラム』創元社、2016

行場次郎、大渕憲一『心理学概論』サイエンス社、2021

下山晴彦監修・編著、佐藤隆夫・本郷一夫監修、石丸径一郎編著『公認心理師スタンダ
　　ードテキストシリーズ3　臨床心理学概論』ミネルヴァ書房、2020

日本心理療法統合学会監修、杉原保史・福島哲夫編『心理療法統合ハンドブック』誠信
　　書房、2021

野中猛『図説リカバリー —— 医療保健福祉のキーワード』中央法規出版、2011

山口裕幸・中村奈良江編『心理学概論』サイエンス社、2020

願興寺礼子・吉住隆弘編『心理検査の実施の初歩』ナカニシヤ出版、2011

川村光毅「音楽する脳のダイナミズム」（小泉英明編『恋う・癒やす・究める　脳科学
　　と芸術』工作舎、2008）

[福祉・介護]

高齢者社会対策室「高齢者の生活と意識に対する国際比較調書」1995

日本老年行動科学会監修『高齢者の「こころ」事典』2000

大田仁史・三好春樹編『完全図解介護予防リハビリ体操大全集（介護ライブラリー)』
　　講談社、2010

岡本民夫・三ツ木任一編『社会福祉入門』放送大学教育振興会、2000

島津淳・鈴木眞理子編著『地域福祉計画の理論と実践 —— 先進地域に学ぶ住民参加と
　　パートナーシップ』ミネルヴァ書房、2005

松山郁夫編著『子どもの発達援助の実際と福祉』（前掲）

関なおみ『時間の止まった家 ——「要介護」の現場から』光文社新書、2005

中山あゆみ『病院で死なないという選択 —— 在宅・ホスピスを選んだ家族たち』集英

　　　社新書、2005

河野正輝・杉澤秀博他『高齢者福祉』放送大学教育振興会、2000

中村優一・秋山智久『社会福祉概論』ミネルヴァ書房、2002

三好春樹『介護タブー集』講談社、2006

大田仁史・三好春樹『新しい介護 —— 基本のき』講談社、2004

大熊一夫『ルポ老人病棟』朝日文庫、1992

[雑誌・冊子]

臨床精神医学　Vol.18 No.12　アークメディア、1989

集団精神療法　Vol.14 No.1 1998、Vol.19 No. 2　2003

奈良市音楽療法研究会［編］「臨床音楽療法研究」第10号、2008

ニュートンムック「人体の不思議 —— からだと脳の秘密／がんとエイズは治るか?」
　　　ニュートンプレス、1992

上島国利監修「こころのくすり箱 —— うつかもしれないあなたへ」2005

上島国利「強迫性障害」2006

越野好文監修「『パニック障害について』患者さんおよびご家族の方へ」

「西日本芸術療法学会誌」No. 28 2000、No. 29 2001

「第33回あすへの療育研究報告書」2005

「日本音楽療法学会誌」　Vol.15 No.1,2 2015 ／ Vol.17 No.1 2017 ／ Vol.19 No.1 2019 ／
　　　Vol.20 No.1,2 2020 ／ Vol.21 No.1 2021

[実践楽曲200]

『歌謡曲大全集』全音楽譜出版社、2019

『歌謡曲のすべて　歌詞集』全音楽譜出版社

『歌伴のすべて』全音楽譜出版社

『知っておきたい日本の名歌』カワイ出版

前掲『日本の唱歌』講談社文庫

『思い出のうた』のばら社

『日本のうた』のばら社

読売新聞文化部『愛唱歌ものがたり』岩波書店、2014

『歌がつむぐ日本の地図』帝国書院、2013

長田暁二・千藤幸蔵『日本の民謡』現代教養文庫

横田憲一郎『教科書から消えた唱歌・童謡』扶桑社文庫

索　引

【事　項】

▶あ

アイデンティティ論　105
アヴェロンの野生児　55, 69
アブゴベル　162
アセスメント　44, 45
後追い　58
後知恵バイアス　100
アプガーの採点法　55
雨乞いの踊り　27
アルツハイマー型認知症　136-138, 169
a（アルファ）波　35
安静時振戦　134
意識　106
一語文　58, 61
一次老化　129
一般社団法人　158
イナイイナイバア　57, 61
意味記憶　140
イメージ　59, 63
陰性症状　112
ウェルニッケ失語（感覚性失語）　133
うたごえ運動　22, 198
うつ病　110, 113-115, 117, 135
卯辰山式　50
エス（願望）　106
エピソード記憶　140
嚥下障害　134
遠城寺式乳幼児分析的発達検査法　72
オイリュトミー　36
大島の分類　71
オープングループ　41, 42, 47
オペラ　15, 16

▶か

音楽教育　20
音楽処方　33
音楽聴取　32-34
音楽の治療的特性　117
音源探し　58

介護保険法　158
介護予防　143, 158
回折　11
回想法　141
改定長谷川式簡易知能評価スケール　138
雅楽　19
確証バイアス　100
加賀谷方式　37
楽音　13
学習障害（LD）　67, 68, 70, 74
歌詞　48, 118
歌詞幕　48
歌集　48
仮性認知症　135
カタルシス（効果）　24, 25, 42
仮面うつ病　115
空の巣症候群　128
ガランタミン　169, 171
感音性難聴　13
感覚運動期　62
感覚統合法　76
間接検査法　72
間奏　189-190
記憶　138, 140
記憶障害　133, 134, 137, 172, 174
気分（感情）障害　110, 113
気分測定　33

吸啜反射　56
教育訓練的音楽療法　120
教育訓練的な治療　74
境界性人格障害　116
教会旋法　14
共生期　60, 61
共同注視　58
京都府癲狂院　91
強迫性障害　111, 116
局所論　106
記録　50, 51
具体的操作期　62, 63
くも膜下出血　133
グレゴリオ聖歌　14, 15
クローズドグループ　41
ゲート・コントロール理論　34
ゲシュタルト心理学　93, 94
幻覚　112, 113, 137, 172, 173
原始反射　55, 56, 62
見当識　135
見当識障害　137
構音障害　133
高次脳機能障害　133, 137
公助・自助・共助　166
口唇探索反射　55
構成的な遊び　58
構造論　106
行動主義・行動療法　95, 96, 101
広汎性発達障害　67, 68, 70, 74, 75
合理化　108
交流分析　110
高齢者　128, 130-132, 134, 139, 141, 142, 169, 171, 174, 175
5音音階　38
小刻み歩行　134
胡弓　20
刻印づけ　55
心の理論　75

古事記　27, 68
個体化期　60, 61
ごっこ遊び　59, 60, 63, 65, 66, 75
骨相学　91
孤独感　131, 132
コミュニケーション　39, 40, 43, 49, 50, 61, 64, 71, 73, 75, 79, 87, 119
コミュニティー音楽療法　164, 165
混合性難聴　13

▶サ

再接近期　60, 61
再動機づけ活動　36
催眠法　105
雑音　13, 14
猿楽　19
三語文　67
三半規管　12
θ（シータ）波　35
自我　60, 106, 107-110
自我機能　109, 120
視覚　55, 129
自己認知　59
ジスキネジア　173
失語症　133, 140
シニアコーラス　145
自閉　112
自閉期　60, 61
自閉症　67, 68, 70, 74-76
ジャーゴン（意味不明の）言語　57, 61, 67
社会的微笑　56
社会的役割の喪失　131
ジャズ　15, 18, 19, 22, 23
三味線　19, 20
ジャンプ　59, 65
重症心身障害児　40, 46, 71, 77
集団　41-44, 47, 66, 118-120, 188, 190, 191

集団精神療法　42, 43, 47, 187
集団力動　42, 44, 47, 119, 165, 168
周波数　13, 35
周辺症状（BPSD）　136, 137, 169, 170
自由連想法　105, 106
手掌把握　57, 58
受動的音楽療法　32, 34, 85, 121
受動的精神療法　74
循環反応　62
昇華　108, 109
少女ジェニー　69
振幅　14
声明　19
神経学的音楽療法　36
神経症　111, 115-117
神経変性疾患　134, 172
信号合図説　10
心身症　117
新生児　55, 56, 64
振動　12, 34, 35, 79
振動音響療法　34
心理劇　39, 43
心理テスト　123
心理的発達　60
生理的早産　55
生理的微笑　56
睡眠障害　173, 174
スキップ　60, 66
すくみ足　135
スレイベル　162
正常圧水頭症　136
精神医学　28, 90-92
精神衛生法　92
精神機能　130, 131, 139
精神病者監護法　92
精神分析　36, 91, 95, 105
精神療法　28-30, 37, 43, 51, 114
摂食障害　116

性的同一性　66
前意識　106
前奏　188, 189
前操作期　62, 63
全日本音楽療法連盟　32
躁うつ病　110, 113
想像　59
喪失感　128
創造的音楽療法　33, 36, 121
相馬事件　28

▶タ

第一次反抗期　59
対象関係　44, 48, 57, 67, 109, 120
大正琴　22
タイプ　115
タイプA　115
タイプB　115
ダウン症　70, 72, 73
多語文　60
田中・ビネー知能検査　72
短期記憶　138, 140
タンゴ　18, 22
探索活動　61
ダンス　38, 66, 117, 118, 120, 121
地域包括ケアシステム　168
知的障害　67, 70, 71, 72, 73, 76
知能検査　72
知能指数（IQ）　71, 72
注意欠陥・多動性障害（ADHD）　67, 70,
　　74, 76
中核症状　136-138, 169
長期記憶　140
直接検査法　72
超自我　106, 109
つかまり立ち　54, 57, 64
筑紫箏　20
手続き記憶　140

適応水準　49, 50, 81, 87, 119, 146
適応的退行　108, 110
δ（デルタ）波　35
伝音性難聴　13
動作の模倣　57, 58
東京府癲狂院　28
投影　123, 124
統合失調症　104, 110-113, 116, 124
統合的心理療法　103
同質の原理　24, 25, 40, 50
ドップラー効果　11
ドネペジル　169-171
取り入れ　107
トーンチャイム　162

▶ナ

内耳　12, 13, 35
なぐり書き　58, 59
喃語　57, 61, 64, 67
難聴　13
二語文　59, 61, 67
二次老化　129
日内変動　115
日本音楽療法学会　32
乳児期　56, 64
認知機能　62
認知機能検査　138, 169
認知行動療法　102
認知症　36, 46, 135-139, 169-172, 175
念仏踊り　27
脳血管障害　132, 136, 170
脳血管性認知症　136, 170, 171
脳梗塞　132, 133, 136, 170
脳出血　132, 133, 136
脳性麻痺　56, 70, 70, 71, 77, 81, 84
能動的音楽療法　32-36, 85, 117, 118
脳波　35

▶ハ

把握反射　56, 64
パーキンソン病　134, 172-174
パーソナリティ障害　111, 116
バイオミュージック協会　32
バイオミュージック研究会　31
倍音成分　14
パイプオルガン　12
廃用性症候群　130
破瓜型　113
歯車現象　134
箱庭療法　125
抜粋アセスメント　45
発達　54, 55, 60, 61, 62, 63, 64-67, 80, 82
発達課題　65-67, 130
発達障害　67, 68, 70, 76
発達障害者支援法　67, 68, 70
パニック障害　111, 115, 116
反射　11
伴奏　48, 119, 145, 186-192
半側空間無視　133, 137
引きこもり　112
ヒステリー研究　91
ピック病　136, 138
否認　108
ビブラスラップ　162
評価　45, 50, 51
びわこ学園　70
フィードバック　47
ふり遊び　59, 63
プレイソング　66
プレバーバル　39
ブローカ失語（運動性失語）　133
プログラミング　46, 119, 186, 191
分析的音楽療法　36
分離　108

分離・個体化　60, 61
分離不安　61, 96
分裂　108
β（ベータ）波　35
編曲　48, 146, 149
ペンタトニック　21
防衛機制　107, 109, 110
忘却曲線　140
ボーンコンダクション　35
ボーンコンダクション理論　34
保存の概念　63
ボディソニック　34
ホメオスタシス　40
ボレロ　18

▶マ

マインドフルネス　102
マザーグース　64
味覚　129
見たて遊び　59, 63
３つ山実験　63
ミュージカル　15
ミュージックセラピィ研究会　31
ミュージックチャイルド　36
無意識　36, 106, 107, 110
無差別微笑　56, 57, 61
無動　134
メマンチン　170
メランコリー親和型性格　113
メロディー　64, 65, 66
妄想　107, 112-114, 116, 135, 137, 172, 173
目標設定　45, 46, 49
物忘れ　136, 137
模倣　62
模倣活動　58

▶ヤ

夜間せん妄　175

薬剤性パーキンソニズム　174, 175
山松方式　31, 37
遊戯療法　39, 74, 76
滝乃川学園　69
幼児期　58, 66, 68
幼児教育論　68
陽性症状　112
抑圧　106, 108
抑制　56, 106
予防医学　142
四体液論　24, 25

▶ラ

ライシャワー事件　92
来談者中心療法　96, 101, 227
ライフサイクル　105, 130
リーチング　57, 64
力動精神医学　91
リズム起源説　10
リバスチグミン　170, 171
臨界（敏感）期　55, 69
臨床音楽療法協会　32
臨床心理学　96
レビー小体型認知症　136, 138, 169, 171
レム睡眠　56
老化　128-130
老人性うつ病　114, 115
老人性難聴　129
労働起源説　10

AMTA（アメリカ音楽療法学会）　27
BASIC TONE　37, 39
BED-MUSIC　37, 39
BGM　18, 39, 45, 48, 82
FMT　37
GIM　34
MCL-S　50
MMSE（Mini Mental State Examination）

138
POMS　33
QOL　151,-153, 155
RMT　34
TAT　38
TEACCH プログラム　74, 76
Wearing off　172, 173

【人　名】

▶ア

アスペルガー　74
アトリー　25
アリストテレス　14, 24, 68
アルヴァン　30, 31
アルトシューラー　24, 25, 40, 50
アンダートン　26
伊沢修二　20
石井十次　69
石井亮一　69
イタール　69
糸賀一雄　70
糸川英夫　34
イルセン　26
ヴェルトハイマー　94
ウォール　26
ヴント　93
エアーズ　76
エーレンフェルス　94
エビングハウス　140
エミール　68
エラスムス　68
エリクソン　98, 105
エリック　110
エーレンフェルス　94

▶カ

ガーシュウィン　19

加賀谷哲郎　31, 37
ガストン　26
加藤普佐次郎　29, 30
カナー　74
ガル　91
キャノン　40
グリージンガー　91
呉秀三　29, 92
クレッチマー　91, 111, 115
クレペリン　91, 92, 111
ケーラー　95
コメニウス　68

▶サ

斎藤茂吉　91
サウル　23, 90
榊淑　28, 29
桜林仁　30, 32
サリヴァン　47
下田光造　113
シャルコー　91, 105
シューベルト　17
シューマン　33
シュタイナー　36
シュヴァーベ　34
ショパン　17
ショプラー　74
菅原道真　27
スピッツ　56, 57, 61
セイモア　26
セガン　69

▶タ

タウト　36
ダウン　72
田中穂積　21
ダビデ　23
チャイコフスキー　17

テレンバッハ　113
遠山文吉　31
ドビュッシー　18, 33

▶ナ

中井常次郎　28
ノードフ-ロビンズ（ポール・ノードフ，
　　クライブ・ロビンズ）　36

▶ハ

ハーロウ　61
ハイドン　16, 187
長谷川和夫　138
バッハ　15, 16, 33
バトラー　141
パブロフ　91
ピアジェ　62
日野原重明　31, 32
ピネル　91, 92
ファリネリ　25
フェリペ5世　25
プッチーニ　20
ブラッキング　10
プラット　42
プラトン　14, 24, 68
フリードマン　115
フロイト　91, 95, 101, 105-107, 110
ブロイラー　111
ベートーヴェン　16
ペスタロッチ　69
ヘレン・ボニー　34
ボウルビィ　96
ヘンデル　15, 33
ポドルスキー　30, 33
ポルトマン　55

▶マ

マーラー　60
マシュー　25
マズロー　96, 101
松井紀和　31, 32, 37, 43, 49, 117, 118, 122
源博雅　27
村井靖児　31, 32
メリアム　23
モーツァルト　15, 16, 33, 187
森田伍朗　22
モレノ　43
モンテッソーリ　69

▶ヤ

ヤーロム　42
八橋検校　20
山松質文　30, 32, 37
ユング　105, 115

▶ラ

ラヴェル　18, 33
ラター　74
ルソー　10, 20, 68, 69
ルター　69
レヴィン　95
ロールシャッハ　91, 123
ローレンツ　55
ロジャーズ　96, 101

▶ワ

ワーグナー　10, 15
ワトソン　95, 96, 115

■著者一覧

古賀　幹敏　（こが・みきとし）武蔵野音楽大学音楽学部器楽学科（ピアノ専攻）卒業。一般社団法人日本音楽療法学会認定音楽療法士。日本臨床心理研究所福岡支所長、西日本藝術療法学会理事

石内貴代美　（いしうち・きよみ）福岡女学院短期大学英語科卒業。一般社団法人日本音楽療法学会認定音楽療法士、公益財団法人音楽文化創造生涯学習音楽指導員Ａ級、公益財団法人音楽文化創造地域音楽コーディネーター、一般社団法人石内音楽療法研究所代表

江口奈々子　（えぐち・ななこ）第一薬科大学薬学部製薬学科卒業。昭和60年薬剤師資格取得。一般社団法人日本音楽療法学会認定音楽療法士

遠江　亮子　（とおとみ・りょうこ）活水女子大学音楽学部応用音楽学科（音楽療法コース）卒業。一般社団法人日本音楽療法学会認定音楽療法士。精華女子短期大学 非常勤講師

中垣　美子　（なかがき・よしこ）一般社団法人日本音楽療法学会認定音楽療法士。北九州市八幡医師会看護専門学院講師、中間市小中学校音楽ゲストティーチャー、北九州臨床音楽療法研究会所属

枡田　素子　（ますだ・もとこ）熊本音楽短期大学（現平成音楽大学）電子オルガン科、東京国際音楽療法専門学校、日本福祉大学福祉経営学部医療・福祉マネジメント学科卒業。一般社団法人日本音楽療法学会認定音楽療法士、精神保健福祉士、社会福祉士、公認心理師、長崎リハビリテーション学院非常勤講師

宮本　幸　（みやもと・さち）大分県立芸術文化短期大学音楽科器楽（ピアノ）専攻卒業。一般社団法人日本音楽療法学会認定音楽療法士、作業療法士、保健医療福祉学修士、精華女子短期大学准教授

［再改訂版］基礎から学ぶ音楽療法

■

2014年10月10日　初版第1刷発行
2023年3月30日　再改訂版第1刷発行

■

編著者　古賀幹敏

著者　石内貴代美、江口奈々子、遠江亮子、
中垣美子、枡田素子、宮本幸

発行者　杉本雅子

発行所　有限会社海鳥社

〒812-0023　福岡市博多区奈良屋町13番4号

電話092(272)0120　FAX092(272)0121

印刷・製本　大村印刷株式会社

ISBN 978-4-86656-141-7

http://www.kaichosha-f.co.jp

［定価は表紙カバーに表示］

JASRAC　出1411754-401